한국의 금서

김 길 연 지음

지식과교양

머리말

『한국의 금서』를 내며

「한국금서의 시대별 양상 연구」 박사학위를 받은 지도 벌써 수년이 흘렀다. 논문을 쓰며 기력을 소진했던 기억 때문에 다시 되돌아보기가 부담스러웠기에 책 쓰기는 두고두고 숙제처럼 나를 압박해왔다. 그러나 한국의 금서를 시대별로 통관하여 정리한 책이 없는 상황에서 금서에 흥미를 가진 후학들이 혹시 나처럼 금서를 공부하고자 할 때, 참고할 만한 책이 되어줄 수 있다면 이를 마다할 이유가 없다.

시간의 흐름이 워낙 빨라서 불과 몇 년 전 논문이 수십 년 전 것인 양 말하기도 어색해질 때가 있다. 그러나 우리의 옛것은 엄연히 옛것이므로 바로 알고 그 토양위에 새로운 것이 생성되어야 한다. 요즘 학문을 하고자하는 연구자들이 옛것은 무조건 낡은 것, 고리타분한 것으로 치부해 버린다면 우리 선학들이 몸소 실천했던 온고지신(溫故知新)의 정신은 어디서 찾을 것인가? 그런 의미에서 학문은 옛 바탕 위에 쌓아가는 금자탑이 아니겠는가?

이 책에서 적용한 생극론은 일견 서양이론 변증법적 논리인 '정과 반이 합'이 된다고 주장한 유물론적 사고보다는 훨씬 범위가 큰 우주 운행논리로 본 것일 수도 있다. 태극의 극과 극이 운행을 계속하면 결국 하나의 원이 되듯이 인간의 본성과 자연의 이치와 하늘의 운행을 이해하면 생극론적 대입이 오히려 당연해 보인다.

조동일 선생은 생극론은 역사전개를 이해하는 철학으로서 의미가 깊다고 한다. 역사를 상극이 상생, 갈등이 조화, 발전이 순환이라고 보면 이념의 대립을 극복하는 새로운 전략으로서 구체적 의미를 가진다고 설명한다. 그런 의미에서 금서조치를 내린 주체와 금서를 지은 주체와는 일견 상극관계이지만, 크게 보면 상생관계가 된다는 관점으로 보았다.

그러나 금서의 속성은 정치적, 이념적, 사회적 이해관계에 얽혀 이치를 완전히 역행한 결과물로 책이 불타거나 사람이 다치거나 죽거나 하여 역사적 사건으로 결말지어지고 역사의 흐름을 바꾸어 놓기도 하였다. 그렇기 때문에 지금 우리에게 전해지는 책이나 글은 역사 속에 존재했던 일부만 전해지고 있다고 봐야한다. 결국 각 시대별로 이념의 갈등에서 오는 금서조치는 사상과 논리의 발전을 상생하고 순환하며 조화롭게 하여 극복하였는가도 연구가 더 진행되어야 한다.

그간 왕조 시대를 거쳐 분단시대인 현재에 이르기까지 모든 시대를 통관해 살펴본 이 작업을 통해 금서라는 그 총체적인 모습을 보이고자 했다. 오늘날의 문화 상대주의적 관점에서 보더라도 금서 조처는 문제가 있다. 어떤 특정 이념이나 지식만을 절대화한 데서 말미암은 처사이기 때문이다. 그런 의미에서 금서는 다분히 중세적 현상이라 할 수 있는데, 근대에 들어와서도 여전히 지속되었다는 데 문제가 있다.

정보화 시대인 지금은 어떠한가? 물론 현대에도 다른 형태의 금서 현상이 있지 않을까? 가령 어떤 연예인이나 유명인사가 자신의 SNS에 글을 올렸을 때 무차별 악성댓글을 달아 그 글을 지우고 목숨을 끊게 하는 현상도 직간접적 금서현상이라 볼 수 있지 않을까?

필자가 주장하는 금서는 한 줄의 글도 '글 서(書)'로서 책과 같이 적용되므로 요즘의 소통 수단으로서 한 줄의 글까지도 금서로 적용해 본다면 더 많은 금서의 양상을 찾아 볼 수가 있을 것이다. 그런 의미에서 이 연구는 계속되어야 할 것이다.

그리고 이 연구가 책으로 출판되도록 많은 도움을 주신 이복규 교수님과 정리를 맡아준 양정화 선생에게 진심으로 감사의 말씀을 드립니다.

2018년 봄

저자 김길연

목차

한국의 금서

서론

책의 역사가 시작된 이후 출판은 되었지만 여러 이유에서 읽을 수 없게 된 책이 존재했다. 바로 금서이다. '금서(禁書)'의 사전적 정의는 '출판이나 판매 또는 독서를 법적으로 금지한 책'[1)]이라고 되어 있다. 그러니 금서라고 하면 '책'만 포함될 것 같으나 그렇지 않다. '글'도 금서의 범위에 포함시켜 다루는 것이 관행이며, 이를 존중해 이 책에서는 '글'까지 연구에 포함하였다. 그렇다고 단순히 관행을 존중하기 위한 목적은 아니다.

지금까지 많은 연구가들이 해 온 우리나라의 금서 연구에서 통일 신라시대까지는 금서가 없었다고 서술해 온 점을 시정하기 위해서는

---

1) 국립국어원의 『표준국어대사전』: 한국도서관협회의『문헌정보학용어사전』(2010년 개정판)에는 금서를 "정치적, 종교적, 도덕적인 이유 또는 기타의 이유로 관청에서 출판 및 판매를 금지한 도서"라고 정의하며, 한국정신문화연구원에서 간행된『한국민족문화대백과사전』에는 "기존의 정치, 안보, 규범, 사상, 신앙, 풍속 등의 저해를 이유로 법률이나 명령에 의해 간행, 발매, 소유, 열람을 금지한 책자"로 정의하고 있다. 또한 한글학회 편『우리말 큰사전』의 "읽지 못하도록 금지한 책" 이라는 정의도 모두 동일한 개념 규정 양상을 보여준다.

'글'까지 연구 대상에 적극적으로 포괄하여 다룰 필요가 있다고 판단했기 때문이다.

주지하듯, 우리 역사에서 글과 책의 등장은 혁명적인 것이었다. 고대에서 중세로의 전환이자, 이른바 구술문화에서 문자문화로의 전환[2]을 초래하는 계기였다. 글과 책이 없던 원시와 고대 즉, 구술문화만이 존재한 단계에서는 말로 표현되는 정보가 일회적으로 특정 시공간 속에서만 존재하다가 사라져 버려 영향력의 범위가 그 현장에 있는 사람들로만 한정될 수밖에 없었다. 하지만 중세의 문자문화 단계에서는 동일한 정보가 글과 책을 통해 시공간을 초월해 존재하고 유통 · 전승됨으로써, 수많은 사람에게 지속적이고도 반복적인 영향을 미치게 되었다. 금서가 발생하는 이유가 여기에 있다.

책이나 글이 지닌 힘이 막강하기에 권력층은 기득권 유지에 방해가 된다고 판단되면 유통을 차단하는 일에 적극적으로 개입하였다. 책이나 글의 힘이 미미하다면 굳이 개입할 필요가 없다. 실제로 글이나 책 가운데에는 지배집단의 이념에 동조하거나 뒷받침하는 것만 있는 게 아니라 비판적이거나 위배되는 것도 많이 있었다. 이를 방치할 경우에 체제 안정을 위협할 수 있다고 여겨졌고, 그 책이나 글은 탄압의 대상이 되어 금서 조치를 당할 수밖에 없었다.[3]

서양의 경우, 중세 로마 교황청의 천동설에 위배되는 지동설 및 성찬식의 빵과 포도주의 실체 변화를 부정하는 주장을 담은 책을 발간

2) Ong, W. j., 이기우, 임명진 역, 『구술문화와 문자문화』(서울: 문예출판사, 1995) 참조.
3) 김삼웅, 『금서』(서울: 백산서당, 1987), p. 14 참조.

했다가 종교재판을 받아 연금 조치되고 관련 책이 금서 처분을 받았던 갈릴레오 사건이 이를 극명하게 보여주는 사례라 하겠다.[4)]

우리 역사를 보면 수많은 책과 글이 금서 조처를 당해 사라졌다. 그러므로 현전하는 책이나 글이 역사에 존재했던 책과 글의 전부가 아님을 알아야 한다. 훨씬 더 많은 책과 글이 생산되었으나, 여러 가지 이유로 금서 처분 당해 그 일부만 살아남아 우리에게까지 전해지고 있다. 금서 조처를 내린 주체의 판단이 절대적인 것도 아닌데, 시간이 흐른 뒤에는 그 책이 정당했다는 것이 드러날 것인데도 불구하고 수많은 책과 글이 사라지고, 검열을 통과한 책과 글만 우리 앞에 남아 있는 게 현실이니, 우리는 진실의 일부만 보고 있는 셈이다.

금서를 연구하는 까닭이 여기에 있다. 각 시대별로 누가 왜 어떻게 어떤 책과 글을 금서 조처했을까? 그 결과들은 각각 무엇일까? 이와 같은 실증적인 측면에서의 호기심 때문만은 아니다. 이 금서 현상을 시대별로 체계적으로 조명해야만 지금은 사라지고 없지만, 엄연히 존재하여 집권층에게 두려움을 안겨주며 그것을 읽은 사람들에게 보이게 보이지 않게 영향력을 행사했던 책과 글들이 무엇인지 알 수 있다. 그래야만 역사의 전모를 제대로 들여다 볼 수 있다. 아울러 각 시기의 지배집단과 금서와의 팽팽한 대립 상, 다시 말해 서로가 서로를 상극으로 여겨 배척했던 갈등양상을 선명히 파악할 수 있다. 그 상극 관계를 살펴, 양자가 지향했던 궁극적이고 총체적인 가치는 무엇이었으며, 바람직한 세상은 무엇이었는지 객관적으로 드러내 보임으로써, 다시는 금서가 필요 없는 사회를 만드는 데 기여할 수 있다.

---

4) 마이클 화이트, 『교회의 적, 과학의 순교자 갈릴레오』(서울: 사이언스북스, 2009).

이 책은 우리나라 금서의 시대별 양상을 전반적으로 그리고 일정한 체계를 갖추어 검토하는 것이 목적이다. 지금까지 왕조 시대를 거쳐 분단시대인 현재에 이르기까지 어느 특정 시기만을 대상으로 금서의 양상을 검토한 사례들은 있지만, 모든 시대를 통관해 살펴본 일은 아직까지 없는 실정이기 때문에 총체적으로 정리했다. 아울러 금서 조처의 양상과 대상, 금서 조처에 따른 결과 등 관련 항목들을 추출해, 이를 일관되게 적용해 각 시기의 금서 현상을 체계적으로 살폈다. 그 과정에서 각 시대와 시기별 지배집단과 금서 조처를 당한 책과 글 사이의 길항관계(拮抗關係)가 밝혀져 거시적으로 보면, 그 시대 지배집단이 배척했던 금서가 지배집단의 결핍 요소를 보완했던 사실을 드러내어 보고자 했다.

이를 위해 조동일 교수가 원효와 서경덕의 철학을 바탕으로 연역한 생극론(生克論), 즉 '생성이 극복이고 극복이 생성이며, 상극이 상생이고 상생이 상극'이라는 관점[5]을 적용해 보았다. 생극론에 따르면 금서 조처를 내린 주체와 금서를 지은 주체와는 일견 상극 관계이지만, 크게 보면 상생 관계이다. 모순 관계이면서 동시에 조화 관계이다. 이 사실을 몰라서 금서 조처한 주체가 금서 조처를 하였기에 상생과 조화의 길로 나아가는 게 단절되었거나 지연되었다는 게 필자의 생각이다.

오늘날의 문화 상대주의적 관점에서 보더라도 금서 조처는 문제가 있다. 어떤 특정 이념이나 지식만을 절대화한 데서 말미암은 처사이

---

5) 조동일, 『한국문학통사 1』4판 (서울: 지식산업사, 2005), pp.44-49 : 조동일, 『학문론』(서울: 지식산업사, 2012), pp.291-306 : 김헌선, 「조동일 생극론의 생극관계」, 『조동일 학문의 성격과 위상』(학술발표요지, 경기대학교 서울교사, 2012, 12.7), pp. 37-79 참조.

기 때문이다. 신이 아닌 이상 인간이 가진 생각은 모두 상대적이거나 일면적인 의의만 지닌다는 점을 인정해야 하는데 그렇지 않아서 일어나는 사건이 금서 현상이다. 그런 의미에서 금서는 다분히 중세적 현상이라 할 수 있는데, 근대에 들어와서도 여전히 지속되었다는 것이 문제다.

앞에서 서술한 것처럼 금서 및 금서 현상이 이렇게 중요하지만, 우리나라 금서에 대한 연구는 그다지 활발하지 않은 편이다. 특정 시대의 금서 연구만 일부 이루어지고 있고, 작품 혹은 작가 연구의 일환으로 다뤄지고 있는 정도이다. 시각도 서지학이나 출판 또는 정책적인 연구가 주를 이루고 있다.

그간에 이루어진 연구에서는 우리나라 금서의 출발점인 삼국시대와 통일신라시대 금서를 연구한 사례는 아직 없는데, 관련 기록이 없다고 판단한 때문인 듯하다. 범위를 '책'과 '글'로 다룬다고 하면서도 '책'으로 한정하거나 거기에 무게중심을 두어 다루다 보니 그렇게 된 것으로 판단된다. 책 출판이 일반화하지 않은 시기의 금서를 연구할 때는 더욱 더 금서의 범위를 '글'에까지 탄력성 있게 적용할 필요가 있다고 본다.

금서 목록이 본격적으로 나타나는 고려시대 금서에 대한 연구는 여럿 있으나 주로 출판학의 관점에서 접근한 것이어서 금서 현상의 총체적인 면모를 보이는 데는 아쉬움을 안고 있다. 더러는 금서라고 보기 어려운 것도 금서에 포함하여 다루고 있다. 조선시대에서 현대에 이르기까지의 금서에 대한 연구는 수나 양적인 측면에서 더욱 활발하게 전개되고 있는 가운데 다양한 학술지를 통해서 발표되는 논문도 늘어나고 있다. 조선시대 금서를 다루는 책에서는 금서를 학문의 대상이 아니라 사상 및 권력에 의한 사건이 중심이 되어 금서를 소개하거나, 많은 소재들 가운데 하나의 대상이 되어 독자들이 쉽게 접근할 수 있도록 했다.

하지만 지금까지 여러 연구가에 의해서 다양한 모습으로 우리나라 금서에 대한 접근이 이루어져 왔으나, 삼국시대부터 현대까지 통관하여 다룬 예는 아직 없다. 일정한 시대만을 대상으로 각자의 틀에 맞추어 조명하다 보니, 모든 시대를 일목요연하게 같은 항목을 가지고 체계적으로 정리한 사례도 아직 없다. 관례적으로 금서의 개념에 '글'을 포괄하면서도 실제로는 '책'에 무게를 두다 보니, 통일신라시대까지는 금서가 없는 것으로 치부되어 왔던 게 그간의 현실인데 이것은 엄연한 잘못이다.

이와 같은 문제의식에서 이 책은 다음과 같은 관점과 순서로 논지를 전개한다.

첫째, 금서의 개념에 '글'까지 포괄하는 관점으로 각 시대별 금서 현상을 다룬다. 둘째, 통일신라시대까지, 고려시대, 조선시대, 일제 강점기, 분단 시대로 구분하여 다루되, 분단 시대는 남한과 북한으로 나누어 고찰한다. 그간 일정한 시기의 금서를 다룬 연구 성과들을 최대한 종합 수렴하여 활용한다.

셋째, 시대별 금서를 정리하되 금서의 내용과 함께 금서 조처의 이유, 필자 · 유통자 · 간행자 등에 대한 처분이 어떻게 이루어졌으며, 금서 조처 이후에 어떤 결과가 초래되었는지를 살펴본다. 특히 금서 조처의 이유를 보면 명분으로 내건 것과 실제적인 이유가 일치하지 않은 경우가 많은바 이 점을 드러내며, 시대적 배경이 잘 밝혀져 있고 금서 이해에 긴요하다고 여겨질 경우에는 따로 시대적 배경 항목을 두어 서술한다.

넷째, 각 시대를 대표할 만한 금서에 대해서는 집중적으로 분석해 그 양상을 제시함으로써 그 시대나 시기 지배집단과 금서 사이의 갈등 대립상을 예각적으로 이해하게 한다. 다섯째, 생극론(生克論)의 관점으로 금서 현상을 해석하려 시도한다. 조동일 교수가 제창한 생극론을 금서 현상에 처음으로 적용하는 셈이다.

1장 통일신라시대까지의 금서

1. 책의 유입과 배척된 책들

삼국시대에 중국으로부터 불교와 도교와 도참서 등이 유입되기 시작하였다는 기록은 찾을 수 있다. 그러나 금서 조처에 대한 기술은 눈에 띄지 않는다. 즉 삼국시대 관련 기록에서는 금서 현상이 발견되지 않는다. 그것은 '삼국시대의 금서' 항목을 두지 않고 '통일신라시대까지'로 설정했기 때문이다.

삼국사기 고구려 영류왕 7년(624년) 2월의 기사에서 "왕이 당에 사신을 보내 역서(曆書)의 반급(班給)을 청하였으며…… 도사에게 명하여 천존상과 도법을 가지고 가서 노자를 강(講)하게 하였다."[1]고 기록된 것을 볼 수 있다. 여기서 도사는 도교 교사, 천존상은 신선상, 노자

---

1) 『삼국사기』, 고구려본기 권20, 영류왕 7년 2월.

는 도덕경을 지칭하는 것이다. 이후 당과 수와의 왕래가 빈번해진 신라가 중국에서 발행된 도참서, 풍수지리, 잡서류 등을 끊임없이 들여오는데, 신라 조정이 당으로 사신을 보내 각종 책을 구청했다는 기록도 보인다. 신문왕 6년(686년) 2월에 "사신을 당에 보내어 예기와 문장에 관한 서를 청했더니 당주 측천무후가 소사(所司)로 하여금 길흉요례를 등사하고 문관사림 중에서 규잠(規箴)에 관한 글을 선택하여 50권을 만들어 주게 하였다."[2] 고 기록되어 있다.

당시 신라는 삼국을 통일하고 영토 확장과 더불어 국가 체계를 정비하자 차츰 통치기반을 조성해야 할 필요성을 느꼈고, 이에 중국의 윤리, 예, 규잠 등에 관한 책이 필요했던 것으로 보인다. 이후 효성왕 2년(738년) 4월에는 당 사신이 『노자』 등을 왕에게 바쳤고, 이에 대한 답례로 금은불상과 불경 등을 전하기도 했다. 이러한 정황을 미루어 보건대, 신라 말 당으로 유학을 갔던 사람들이 귀국을 하면서 각종 도서(道書), 비문(秘文), 마법서 등을 들여왔을 가능성이 크다.

이 시기에 이렇게 책을 도입했다는 기록을 비롯해, 역사서를 간행하고 금석문을 새겼다는 기록은 분명히 보이지만, 금서 관련 기록은 찾기 어렵다. 그렇다고 아무 책이나 환영받았던 것 같지는 않다.

신라 36대 혜공왕 때에 세워졌다고 전해지는 경주 고선사 서당화상탑비문에 "……왕성 서북쪽에 작은 절이 하나 있는데, ○참기○○ 외서 등 세상에서 배척당하는 것을……(王城西北 有一小寺 ○讖記○○ 外書等 見斥於世○)"이라는 기록이 있기 때문이다.[3] 결자가 있어 정

2) 『삼국사기』, 신라본기 권8, 신문왕 6년 2월조.
3) 배창섭, 「조선시대 금서의 서지적 연구」(경북대학교 대학원 석사학위논문, 1993), p. 17 참조.

확한 판독은 어렵지만 '讖記'라는 표현을 보아, 신라시대에 이미 참서가 존재했으며, '見斥於世'라는 구절을 통해, 참서가 일반적으로 허용되지 않았다는 것을 알 수 있다. 금서 조처를 당해서 그랬는지의 여부는 확인할 길이 없으나, 아무튼 삼국시대에도 무슨 책이든 환영받았던 것은 아니었다는 것만은 분명하다 하겠다.

2. 정치비방문과 비종교적인(정치적인) 동기로서의 금서

통일신라시대와 관련하여 지금까지의 금서 논의에서는 삼국시대와 마찬가지로 금서가 없었다고 서술해 왔다. 하지만 앞에서 언급한 것처럼, 금서를 책과 글까지 포괄해서 다루는 관점을 택하면, 이 시기에도 금서가 존재했다고 보아야 한다. 왕거인이 진성여왕의 실정을 규탄하는 글을 썼다가 곤욕을 치렀다는 기록 때문이다.

이때 이름 없는 자가 당시의 정치를 비방하는 글을 지어 조정의 길목에 내걸었다. 왕이 사람을 시켜 그 자를 찾도록 했으나 잡지 못했다. 어떤 자가 왕에게 말하기를, "이는 분명 뜻을 이루지 못한 문인의 행위일 것입니다. 아마 대야주의 은자 거인(巨仁)이 아닌가 합니다."라고 하였다. 왕이 거인을 잡아 도성의 감옥에 가두게 하고 장차 처형하려 하였다. 거인이 분하고 원통해 감옥의 벽에 다음과 같은 글을 썼다. "우공(于公)이 통곡하자 3년간 가물었고, 추연(鄒衍)이 슬픔을 품으니 5월에 서리가 내렸는데 지금 나의 근심을 돌이켜 보면 옛날과 비슷하건만 황천은 말이 없고 단지 푸르기만 하구나." 그날 저녁에 갑자기 구름과

안개가 덮이고 벼락이 내리치면서 우박이 쏟아졌다. 왕이 두려워 거인을 풀어주고 돌려보냈다.[4)]

이 기록은 지금까지의 금서 논의에서는 전혀 주목하지 않았던 것이지만, 우리나라 금서 관련 기록의 첫 사례라고 적극 평가할 필요가 있다. 역사에서 '최초'에 해당하는 것들은 모두 불완전성을 지니고 있다. 그렇기에 무시당하곤 하지만 처음에는 모두 일정하게 소박하거나 불완전하게 출발하는 법이다. 위에서 보이는 첫 금서라고 할 수 있는 것은 책이 아니라 글이며 오늘날의 대자보 형태로 존재했고, 이후의 전형적인 금서에 비교하면 금서라고 하기도 어려울 수 있는 게 사실이다. 하지만 본질적인 측면에서 보았을 때, 엄연히 지배집단에 대한 저항담론으로 글이 씌어졌고, 이를 견제하기 위해 탄압이 가해진 게 명백하므로 금서로 볼 수 있다.

이 기록에는 글에 대해 이후 어떤 처분이 내려졌는지는 나오지 않으나, 작자로 여겨지는 왕거인을 잡아들여 처형하려고 한 것을 보면, 그 글도 당연히 수거되어 없앴다고 보는 게 자연스럽다. 문맥을 보건대, 진성여왕의 실정을 비판한 그 글은 왕거인이 지은 것으로 여겨진다. 조동일 교수의 언급처럼 당시에 범인으로 왕거인이 의심받은 것은 그럴 만한 개연성이 있었을 터이고, 시의 내용과 같은 사연을 당당히 외칠 만한 사람이라면 큰길에 그런 글을 쓸 만하다. 옛 사람의 전례

4) 『삼국사기』권11, 신라본기 11, 진성왕 2년조 : 時有無名子欺謗時政構辭 榜於朝路 王命人搜索不能得或告王曰此必文人不得志者所爲殆是 大耶州 隱者 巨仁 耶王命拘 巨仁 京獄將刑之 巨仁 憤怨書於獄壁曰 于公 慟哭三年旱 鄒衍 含悲五月霜今我幽愁 還似古皇天無語但蒼蒼其夕忽雲霧震雷雨雹王懼出 巨仁 放歸.

를 드는 데 그치지 않고, 하늘에다 호소하기까지 한 것은 자기가 정당하다고 확신했기 때문일 것이다.[5)]

진성여왕이 이 글과 작자에 대해 탄압한 이유로 기록에서는 '당시의 정치를 비방'했기 때문이라고 되어 있다. 진성여왕이나 당시의 집권층인 진골귀족들은 만약 왕거인의 글을 방치하면 민심이 교란되어 통치 권력이 약화된다고 여겨 마침내 극형으로 다스리려 했던 것으로 보인다. 하지만 처형하기 위해서 구체적으로 어떤 명분을 내걸었는지는 위 기록에 나타나지 않는다. 아마도 '허위 사실'을 유포했다는 이유로 그랬을 가능성이 크다. 그렇게 해석하는 이유는 왕거인이 감옥의 벽에다 썼다는 글에 있다.

글의 요지는 '선인들이 국정을 걱정하자 하늘이 일정하게 감응했건만, 왜 지금 내게는 감응하지 않으시는가?' 하는 원망과 간구이다. 이 글을 써 붙이자 구름과 안개와 벼락과 우박 기적이 일어났고, 진성여왕이 이를 보고 두려워하여 왕거인을 석방했다는 것을 보면, 허위 사실이라고 탄압하다가 하늘도 기적으로 왕거인의 글이 진실임을 입증해 주자 물러선 것으로 이해된다.

이 시기의 금서 처분에서 다른 시대와의 차이점은 종교적인 이유 때문이 아니라는 점이다. 철저하게 정치적이거나 세속적이거나 현실적인 차원에서 고려하는 가운데 금서 처분을 할 뿐, 특정한 종교나 이데올로기 때문에 금압하지는 않고 있다. 이때까지만 해도 종교적으로 다원적이었다.

---

5) 조동일, 『한국문학통사 1』4판 (서울: 지식산업사, 2005), p. 269 참조.

3. 필자 탄압의 금서조처와 벽서 역사의 시작

왕거인의 글에 대한 금서 조처의 방법은 필자를 옥에 가두고 난 다음에 처형하는 것이었다. 옥에 갇힌 후 하늘을 원망하는 시를 지어 붙여 기적이 일어나면서 석방되기는 했지만, 진성여왕이 애초에 의도했던 조처는 투옥 및 사형이었던 게 분명히 드러나 있다.

투옥과 사형은 이후 금서의 역사에서 반복되어 나타난다. 문필가는 나라가 망하는 것을 경고하고 집권층의 잘못을 고발하는 사명을 지니고 있으며, 이러한 사명을 수행하다가 박해를 받을 경우, 하늘이 그 정당성을 입증해 준다는 생각도 여기에 나타나 있어 주목된다.[6)]

왕거인 이후 국정의 잘못을 비판하는 글을 공개적으로 써 붙이는 일은 역대 왕조에서 계속되었다. 바로 역사서에 자주 출현하는 '괘서(掛書)' 또는 '벽서(壁書)' 사건 기록이다.[7)] 구술문화만 향유한 일반

---

6) 조동일, 『한국문학사상사』(지식산업사, 1978), p. 36 참조.

7) 두 가지 괘서 사례만 들면 다음과 같다.

명종 2년 정미(1547) 9월 18일 (병인): 부제학 정언각(鄭彦慤)이 선전관 이노(李櫓)와 함께 와서 봉서(封書) 하나를 가지고 입계(入啓)하기를, "신의 딸이 남편을 따라 전라도로 시집을 가는데, 부모 자식 간의 정리에 멀리 전송하고자 하여 한강을 건너 양재역(良才驛)까지 갔었습니다. 그런데 벽에 붉은 글씨가 있기에 보았더니, 국가에 관계된 중대한 내용으로서 지극히 놀라운 것이었습니다. 이에 신들이 가져와서 봉하여 아룁니다. 이는 곧 익명서이므로 믿을 수는 없습니다. 그러나 국가에 관계된 중대한 내용이고 인심이 이와 같다는 것을 알리고자 하여 아룁니다."

숙종 37년 신묘(1711) 4월 30일 (무자): 지난밤에 연은문(延恩門)에 괘서(掛書)한 사건이 있었는데, 조선국(朝鮮國)에 고유(告諭)한다고 일컬은 글이었다. 그 글에 이르기를, "대개 듣건대 이적(夷狄)을 물리치고 악인[凶穢]을 제거하는 것은 임금[天吏]의 큰 책무인지라, 사양(辭讓)할 수 없는 바이며, 먼저 고유(告諭)하고 뒤에 갑병(甲兵)을 일으키는 것은 왕이 된 자의 성대한 절차이니, 소홀히 할 수 없는 것이다.……"

민중이 국정에 대한 저항 담론을 참여 형태로 표출했다면, 식자층에서는 글을 통해 나타낸 셈인데, '괘서' 즉 오늘날의 대자보(大字報)의 효시는 왕거인이 내건 글이라고 해도 과언이 아니다.

금서 조처를 당한 수많은 필자들도 그런 확신으로 지금까지 위험한 글쓰기를 계속하고 있는지도 모를 일이다. 그런 이유에서 왕거인의 선례는 암암리에 영향을 미치고 있다 할 수 있다. 국가에서 탄압을 하지만 통치 집단에 대해 비판적인 견해를 제시하는 것은 식자로서의 사명일뿐만 아니라 크게 보아 건강한 국가를 만드는 데 필요한 일이라고 한다면, 최초의 금서인 왕거인의 글은 이후에 등장하는 수많은 금서의 길잡이요 모델이 된다.

앞에서도 언급했듯이 통일신라시대까지는 중국으로부터 왕성하게 책을 도입하고, 역사책을 간행하거나 금석문을 새겼다는 기록만 보일 뿐, 도서에 대한 탄압 조처는 눈에 띄지 않는다. 왕거인이 진성여왕의 실정을 비판하는 글을 썼다 탄압받은 게 유일한 사례이다. 왜 금서 현상이 희소한 것일까? 세 가지 정도의 가설을 제기해 본다.

첫째, 기록문화의 초기라서 외래의 선진 문물을 받아들이기에 급급하여 그랬던 것일 수도 있다. 특히 한자와 한문이 전래되어 퍼지기 시작한 삼국시대에 우리에게 도움이 된다면 어떤 종류의 책이든 경계하지 않고 받아들였을 가능성이 있기 때문이다.

둘째, 삼국과 통일신라시기만 해도 종교적으로 다원적이었기 때문에 그랬던 것이 아닐까 해석해 본다. 주지하듯, 삼국시대에 동양의 고전종교인 불교, 유교, 도교가 수용된다. 종교의 수용은 고대국가의 체제 정비와 밀접한 관련이 있다. 즉 고구려, 백제, 신라 삼국은 왕권 중심의 고대국가 체제를 정비하는 과정에서 이를 뒷받침할 수 있는 정치이념을 필요로 하고 있었다. 그때 불교는 왕권의 초월성을 뒷받침하는 논리를 제공할 수 있었고, 유교는 충효의 덕목으로 이에 기여할 수 있었다. 바로 이런 이유 때문에 불교와 유교가 수용될 수 있었던 것이다.

도교는 신선사상에 노장사상을 결합시켜 체계화한 것이다. 고대사회에서 도교 역시 유·불과 함께 지식인들의 필수적인 교양이었고, 고구려의 연개소문은 이를 이용하여 자신의 권력 기반을 강화하려고 했다. 이러한 과정에서 도교는 문화의 저변으로 확산되었지만, 개인적 성격이 강하여 사회에 대한 영향력은 낮은 편이었다. 이들 외래 종교와 함께 토착종교도 있었지만, 이미 정치적 기능을 상실하고 점차 기층사회로 침전되어 갔다.[8] 결과적으로 다종교 상황이 되어 어느 한 종교가 헤게모니를 쥐지 않고, 상호 보완적인 관계로 공존하고 있었기에 특정한 종교서적이 탄압받을 가능성은 희박하였다고 해석된다.

셋째, 이 시대의 책은 모두 관의 주도로 생산과 유통이 관리 통제되었으며, 민간 유통은 거의 일어나지 않았기에 원천적으로 금서가 발생하기 어려웠던 것으로 해석할 수도 있다.

자료가 절대적으로 부족해 이 시기의 통치 이념과 금서와의 관련성을 타진하기는 어렵지만, 왕거인이 탄압받은 사례를 통해서라도 진성여왕 시기 통치정책의 방향성이라도 짐작해 볼 필요는 있다고 본다. 위 기록을 자세히 살펴보면 진성여왕은 매우 폐쇄적이었던 것으로 보인다. 이는 설총의 「화왕계(花王戒), 일명 '풍왕서(諷王書)'」를 포용

---

8) 국사편찬위원회, 『한국사 1』(국사편찬위원회, 2002), pp. 440-442 참조.

한 신문왕과는 차이가 있다.

「화왕계」는 온갖 꽃이 피어 있는 꽃 나라를 다스리는 화왕(花王)이 처음에는 아름다운 여인인 장미에게 마음이 쏠렸다가, 머리 센 할미꽃의 말을 듣고 요망한 무리를 멀리하고 정직한 도리를 숭상하게 되었다는 내용이다. 원래는 말로 한 것인데, 신문왕이 이 말을 듣고, "그대의 우언(寓言)은 참으로 깊은 뜻이 있으니 글로 써두어 임금을 경계하는 말로 하라."고 했다 한다. 아마도 설총이 글로 써두었던 것을 이야기하듯 신문왕에게 꺼냈던 것으로 해석할 수도 있는데,[9] 비판의 수위와 정도에 일정한 차이는 있지만, 왕에게 바른말하는 글을 대하는 태도 면에서 신문왕과 진성여왕은 크게 구별된다. 요컨대 같은 글이라도 글을 대하는 권력자의 태도와 자세와 정책적인 방향성에 따라 금서가 될 수도 있고, 양서로 대우받을 수도 있다는 사실을 명료하게 확인하는 것만 같아 흥미롭다.

왕거인 사태를 생극론의 관점에서 해석해 보면 어떻게 말할 수 있을까? 진성여왕은 왕거인의 글을 상극으로만 보았다. 자신의 권력을 유지하는 데 적대적인 것이라고만 여겼을 뿐, 그것이 지닌 상생적인 의미와 가치는 간과하였다. 역사에는 가정이 허락되지 않는다지만, 만약 진성여왕이 왕거인의 비판적인 글을 수용했다면 진성여왕은 실패한 왕이라는 오명을 갖지 않았을 수 있다. 숙부이자 남편인 각각 위홍 사후에 초래된 정치적으로 기강이 문란해진 상황에서 나온 왕거인의 글은 어쩌면 진성여왕에게는 약이었을 수 있다. 탄압 일변도로 가지 않고 상생을 지향하는 자세로 수용했다면 백성의 신뢰를 얻어, 세

9) 조동일, 앞의 책, p. 261 참조.

금이 걷히지 않거나 사방에서 도적이 들끓고 반란이 일어나는 사태는 예방할 수 있었다고 여겨지기 때문이다.

상생으로 가지 않고 상극으로만 갔기 때문에 화를 자초했다 할 수 있다. 왕거인의 글을 탄압했다고 그 영향력이 소멸된 것도 아니다. 위에서 언급한 대로 그런 류의 반정부적이거나 체제비판적인 괘서와 벽서가 역사에 계속 등장한 것을 보아 그렇게 말할 수 있다. 왕거인의 그 글은 결코 사라진 게 아니라, 후세의 지식인들을 통해 부활하였다. 왕거인의 글이 후대의 괘서와 벽서를 생성하는 동인으로 작용한 셈이다.

2장
고려시대의 금서

1. 금서의 양상

1) 금압정책과 사곡서 통제

고려 왕조의 국시는 불교였다. 그 결과 초기부터 불교 경전 간행이 국가 차원에서 이루어졌으며, 국정 수행을 위해 중국을 통해 불교서적, 과학서적 등 다양한 분야의 책을 유입하고 국내에서도 책을 간행하기 시작했다. 많은 도참서도 인쇄되어 유행했으며, 역서와 의서의 편찬 간행도 활발했다. 뿐만 아니라 신라 말에 발생한 도참 풍수지리에 관한 책의 유통도 상당했다. 이런 가운데 중국에서 수입된 역서는 민간에 크게 유행해 위역서(緯曆書)가 편간되기도 했다.[1)]

---

1) 『한국사론 2』(국사편찬위원회, 1986), pp. 190-191 참조.

고려는 건국 초기부터 금압정책을 시작했고, 이전 시대에 비해 보다 구체적인 금서조치도 실시했는데, 특히 각종 비기류(秘記類)에 대한 열람과 소지까지도 국가 차원에서 금지시킨 것으로 보인다. 국가 차원의 필요에 의해 중기 이후에도 책에 대한 금압은 계속되었고, 비기, 음양서, 지리서 등이 민간에 널리 난립하자 서운관에서 직접 항간의 사곡서(邪曲書)를 통제했다. 여기에는 도참, 지리, 음양서, 노장학서, 불서 등이 주류를 이루었다.[2)]

2) 훼서와 피화된 책

고려시대는 국가가 정한 금서를 압류라는 강력한 방식으로 통제하고 유통을 금지시켰다. 금서 명단에 오른 모든 비기류와 도참, 지리, 음양서, 노장학서, 불서 등은 개인소장이 엄격하게 금지되었고, 발각되는 즉시 개인에 대한 직접적인 제재도 가해졌다. 삼국시대 역사서는 일체의 유통을 금지시켰고, 도덕경 등 노장학서 관련 서적에 대한 열독 및 강론이 금지되었다.

고려시대 서적의 수난은 금서 지정으로 인한 금압조치만이 아니었다. 훼서(毁書)로 사라지기도 했다. 서적이 피화(被火)된 것을 보면 일부러 불태워버린 일도 있었다고 여겨진다. 광종 26년에 참서를 소각한 일[3)]이 바로 증거이다. 조정은 물론 민간에서도 책으로 혹세무민하

---

2) 배창섭, 「조선시대의 금서의 서지적 연구」(경북대학교 석사학위논문, 1993), pp. 17-18 참조.

3) 『고려사절요』, 광종 26년 5월조 : "태자가 왕위에 올라 (중략) 참서(讖書)를 불살라 버리니, 조정과 민간에서 크게 기뻐하였다(太子 卽位 … 焚讖書 中外大悅)."

는 일이 없도록 방지하기 위한 목적에서였다.[4)]

한편 정책상 책을 금지한 사례도 있다. 당시 유행했던 역서로 천문학 이론이 과학적으로 합리적이지 않다고 하여 천문서적을 제작한 사람에게 벌을 주고, 저술도 금지시킨 일[5)]이다.

음양서를 위조하다 발각되어 처벌받은 일[6)]도 있으며, 노장학이 금지당한 일[7)]도 있고, 지도를 외국으로 유출하는 것도 금했다[8)]. 국가의 공인을 받지 않고 사제로 꾸민 역서도 역시 금지시켰다.[9)]

---

4) 박문열,「고려시대 서적의 반포와 금훼에 관한 연구」,『인문과학논집』12집 (청주대 인문과학연구소, 1993), p. 180.

5) 『고려사』권11 숙종 5년 3월 을유일 : "중서성(中書省)에서 아뢰기를 현행 역서에 틀린 것이 있으니 역서 편찬자의 관직을 삭탈하자고 하였다. 왕이 이 제의를 좇았다. (中書省奏 見行曆 有乖錯處 請削撰曆者職 從之)."

6) 『고려사』 권11 숙종 6년 3월 경진일 : "광명사의 중 광기(光器), 주부 손필(孫弼), 진사 이진광(李震光) 등이 공모하여 음양 술서를 위조하다가 일이 발각되었다. 그들에게 장형(杖刑)을 가하고 귀양을 보내었다. (廣明寺僧光器 主簿孫弼 進士李震光 詐造陰陽書事 覺 杖流之)."

7) 『고려사』 권16 인종 9년 갑자일 : "금령을 내려 제생(諸生)들로 하여금 노장(老莊) 학설을 배우지 못하게 하였다 (禁諸生 治老莊之學)."

8) 『고려사절요』의종 2년 10월조 : "일찍이 이심(李深), 지지용(智之用)이 송나라 사람 장철과 공모하고, 심이 변명(變名)하여 동방흔(東方昕)이라 일컬으며, 송나라 태사 진회(秦檜)에게 글을 통하기를, '만약 금나라를 정벌한다고 말하여 고려에 길을 빌고 우리가 안에서 호응하면, 고려를 가히 도모할 것이다'하여, 지용이 그 글과 유공식(柳公植)의 집에 간직했던 고려지도를 송나라 상인 팽인(彭寅)에게 부쳐서 진회에게 바쳤던 것인데, 이때에 송나라 도강(都綱) 임대유(林大有)가 그 글과 지도를 얻어 가지고 왔으므로, 고하여 철 · 심 · 지용을 옥에 가두고 국문하니, 모두 자복하여 심과 지용은 옥중에서 죽고 철은 처형되었으며, 그 아내는 모두 먼 섬에 귀양 보냈다.(初, 李深, 智之用, 與宋人張喆, 同謀, 深, 變名稱東方昕, 通書宋太師秦檜, 以爲若以伐金爲名, 假道高麗, 我爲內應, 則高麗, 可圖也, 之用, 以其書, 及柳公植家藏高麗地圖, 附宋商彭寅以獻檜, 至是, 宋都綱林大有, 得書及圖, 來告, 囚喆, 深, 之用于獄, 鞫之, 皆伏, 深及之用, 死獄中, 喆伏誅, 其妻, 皆配遠島)"

9) 박문열, 앞의 글에서는, 고려시대의 금서로서 이 밖에 인종10년 윤사월조의 "공거의 부제(賦題)가 향본에 의거하여 잘못 출제되다"와 윤5월 "공원(貢院)이 시험과목

〈표 1〉 고려시대의 금서

조대	년도	기 록
광종26년	975년 5월	광종이 죽고 태자가 왕위에 올라 참서를 소각하다.
숙종 5년	1100년 3월	현행역서가 착오되어 역서 편찬자의 직을 삭제하다.
숙종 6년	1101년 3월	음양서를 위조하다 발각되다.
인종 9년	1131년 3월	제생(諸生)에게 노장의 배움을 금하다.

3) 필자 · 책 · 유통주체에 대한 금압

고려시대에 금압 조치를 당한 대표적인 대상은 역서(曆書)이다. 처음으로 중국의 역법을 그대로 도입했지만, 초기부터 문제가 발생했다. 문종 6년(1092년) 3월에 김성택이 십정력(十精曆)을 편찬했고, 이인현이 칠요력(七曜曆)을, 김정이 태일력(太一曆)을 편찬했으나 중국의 역법과 오차가 심했다. 그러자 조정은 역법의 운용에 폐해를 느끼고 단호한 조치를 내렸다.

을 착오로 출제하다", 고종 5년 1월조 "김덕명이 자의로 고법을 변경한 신력(新曆)을 바치다" 등도 포함해 소개하고 있으나, 잘못이다. 앞의 두 건은 과거 시험 문제를 잘못 내었다는 사실일 뿐 금서 조처와는 아무런 관련이 없기 때문이고, 맨 마지막의 새 달력 건도 잘못된 달력을 만들어 최충헌에게 바친 것은 사실이지만 이로 말미암아 어떤 처벌도 받은 일이 없으므로 금서의 사례라고 할 수 없다. 참고로, 맨 마지막 사례의 원문을 보이면 다음과 같다.

『고려사절요』고종 5년 정월조 : "봄 정월에 지태사국사 김덕명(金德明)이 새 달력을 바치었다. 덕명이 일찍이 중이 되어, 망령되게 음양설(陰陽說)로 최충헌에게 아첨하여 벼슬을 얻었는데, 바친 새 달력은 모두 자기 마음대로 옛 법을 변경한 것이었다. 일관과 대간이 모두 마음속으로는 그 잘못된 것을 알면서도, 모두 충헌을 두려워하여 말을 내는 사람이 없었다."(春正月, 知太史局事, 金德明, 進新曆, 德明, 嘗爲僧, 妄以陰陽之說, 媚崔忠獻, 得官, 所進新曆, 率皆任意, 變更古法, 日官, 及臺諫, 心知其非, 皆畏忠獻, 莫有言者.)

숙종 5년(1099년) 3월에 중서성에서 "현행 역서를 보건대, 착오된 점이 있으니 청컨대 역서찬자(曆書撰者)의 직을 삭제하기를 청"하자 당시 유행하던 역서가 비과학적이며 사실에 어긋난다고 하여 편찬자의 직을 삭제했다. 이는 농경시대에서 하늘과 계절의 추이를 산정한 것은 매우 중요한 자료였기 때문에 시대적 정황으로 보아 수긍이 가는 조치였다[10]고 볼 수 있다.

숙종 6년(1100년) 3월에는 음양서를 날조해 민심을 혼란스럽게 했다는 이유로 승려 등을 징벌하였다. 광명사의 승 광기, 주부 손필, 진사 이진광이 음양서를 조작하다가 일이 발각된 것이다. 천문, 역수, 풍수지리 및 길흉화복을 예언한 음양서를 미신으로 받들고, 민심을 현혹한다는 죄목으로 장형(杖刑)과 유형(流刑)을 내렸다. 승려 개인이 금서조치에 연관됐음을 알 수 있는 사례이다.[11]

한편 같은 시기에 황해도 평주의 요승(妖僧) 각진이 음양을 망령되게 말하여 많은 사람을 현혹하여 조(詔)하여 곡주에 유배를 보낸 사실이 있다. 관은 이 음양서가 민심을 교란하게 하고, 풍속을 해치는 등 폐해가 많다고 판단하고 사상통제와 치안질서 차원에서 책은 물론 편저자를 동시에 금압했다. 금서가 지배층과 피지배층 사이의 갈등 관계가 심화되는 데에서 나오기도 하는데, 음양서는 지배층의 이념이나 통치철학에 어긋났다 하여 이단으로 규정하고 원천적으로 봉쇄하려 했던 것으로 보인다.

10) 정의성, 「고려조의 금서사상에 관한 고찰」, 『인문과학』(광주대학교 인문과학연구소, 1998), pp. 17-25 참조.
11) '법보신문' 1011호(2009. 8. 25일자) 참조.

2. 참서 · 노장서와 종교적(불교적)인 동기의 금서 조처

고려의 국시는 불교였으나, 국정 운영은 기본적으로 유교사상에 기초하고 있었다. 그래서 중앙의 문반 관인은 대체로 유교적 소양을 갖춘 인물이었다. 이러한 사유로 유교 관련 저술은 일체 금서 대상이 되지 않았다. 이때까지의 유교는 주로 원시유교로서 실천적인 성격이 강했기 때문으로 여겨진다. 후대에 와서 주자에 의해 성리학이 등장하면서는 넓은 의미의 종교적인 성격도 지니지만, 고려에서 통치하기 위해 채용한 유교는 실천철학이거나 학문적인 것이었기 때문에 금압의 대상이 되지 않았다고 보인다.

그러나 종교성을 지닌 책에 대해서는 달랐다. 불교 국가였던 고려는 태조 이래 불교에 대한 우대 속에서 승려와 사원에 대한 정책을 추진하고, 수많은 관련 도서를 수입하였고, 불서를 중심으로 유서, 사서, 과학서 및 기타 여러 책을 수입하는 데 힘썼다.

특히 태조는 독실한 도참설의 신봉자여서 고려 건국 도참사상에 깊숙이 빠져 태복감을 설치하고, 비기나 역서에 관한 책을 맡아서 관리했다. 그런데 관련 각종 비기류는 왕실에서만 볼 수 있도록 하고, 궁밖에서는 열람과 소지를 완전히 금지시켰다. 도선의 비기가 지형이나 지세가 국가나 개인의 길흉과 밀접한 관계를 가지며, 지리의 강약을 이용해 사람의 운명을 이끌어가게 한다는 것이었기 때문이다.

고려 중기 이후에는 각종 비기가 무분별하게 유행하고, 소견과 주장이 달라서 진위와 사정을 분별하기 어려웠다. 충렬왕 34년(1308년)에 설립된 서운관에서는 과다한 유포와 혹세무민을 방지하기 위하여 항간의 사곡서적 등을 금압 대처하기도 했다. 특히 고려 후기에는 묘청과 신돈이 지리도참과 음양 술수를 이용해 미신이 만연했으며, 술사, 승려, 무격 등이 창궐하자 강력한 단속을 시행했다.

이에 불서 간행에도 금압조처가 따랐다. 왕실 등 지배세력은 타 종파에 관한 불서의 간행을 비판하고 배제했다. 고려중기 화엄종의 대표 승려 의천은 균여(均如) 등을 비판하고 "그들이 편술한 책들은 잘못된 것이다. 그 말과 이치는 변통이 없어 조도(祖道)를 어지럽게 하므로 후생들을 미혹시키는 것으로서 이보다 심한 것이 없다."[12]라고 하여 신편제종교장총록(新編諸宗敎藏總錄)을 편찬할 때 균여의 저서를 일체 제외시키기도 했다. 이후로도 불교 자체 내의 인맥과 교리는 끊임없는 갈등과 대립이 지속되면서 특정 종파의 주술적이고 신이(神異)를 강조한 해당 책은 비판하고 제외시켰다.

고려 왕조에서 노장의 도서에 대해 금서 조처를 내린 이유는 지배이념이었던 불교와 배치되기 때문이었다. 무위자연과 자급자족을 주장하며 작은 나라를 이상으로 한 노장사상은 현세 이익을 추구했던 불교계와 왕실, 귀족으로부터 배척될 수밖에 없었던 것이다.

인종 9년(1131년)에 "제생(諸生)에게 노자와 장자의 학(學)을 닦는 것을 금[13]"하거나, 도덕경 등이 이단시되었으며, 협서(挾書)와 강론도 금지되었다. 고려에서의 책은 왕실을 비롯한 지배계층이 국가를 관리하기 위한 수단이었기에, 책에 대한 금지 및 금압은 국가 기밀 및 통치 원칙을 지키기 위한 것이었다. 이런 이유로 금서 처분의 이유는 아주 선명하였다.

이 시기 금서 처분의 이유를 볼 때, 앞 시대인 통일신라시대와 비교

---

12) 불교사학회, 『고려중후기불교사론』(서울: 민음사, 1989), p. 22.
13) 『고려사절요』숙종 6년 3월 경진조 : 平州妖僧覺眞 妄言陰陽 眩惑衆人 詔流谷州.

해서 달라진 점이 있다면 종교적인 이유에서의 금압이다. 전 시기에는 조정을 비방했다는 이유로 그게 싫어서 탄압한 것이었다면, 고려 왕조에서는 국시인 불교와 배치되는 신앙 즉, 이단적인 내용을 담고 있다는 이유로 배척되었다. 정치적인 논리나 가치보다 종교적인 논리와 가치가 우위에서 작용하는 시대로 이행하면서, 훨씬 더 많은 금서가 양산되는 양상을 보여준다. 특정 종교가 정치 권력화 될 때 금서를 양산할 수 있다는 사실을 일깨워 준 것이다.

3. 다양한 사상사를 소멸시킨 금서 조처

고려는 중국과 국내의 서적 수집을 바탕으로 많은 책을 편찬하고 간행하여 이를 중앙의 각 기관 및 사설문고, 사고 등에서 관장 · 관리했다. 고려조의 국시가 불교에 있었기에 이에 반하는 도서에 대해서는 제약을 가하였다. 광종이 참서를 소각한 일을 비롯해, 혹세무민하는 서적, 과학에 합리되지 않는 천문서, 위조된 음양서는 물론 노장학에 관한 서적 등에 대한 통제가 그런 사례들이다. 종교적 다원성을 보인 이전 시대에 비해, 불교가 중심 이데올로기화되면서 나타난 결과라 해석할 수 있다.

도선의 『도선비기』 등 비기류와 도덕경 등 노장사상을 전하는 서적이 배척되었음은 물론, 같은 불교 안에서도 타 종파에 대한 지배세력의 탄압은 다양한 불서 간행을 어렵게 했다. 고려시대 금서는 대체로 집권층의 정치, 종교, 사상의 견지에서 반대 입장에 있던 서적이었다. 금서 처분의 유형을 보면, 열독 금지, 내용 삭제, 편저자 징벌 등이었고, 서적은 필자의 처분과 연결되는 경우가 허다했다. 이 과정에서 서적과 관련한 사람에 대한 처단도 함께 행해졌고, 부차적으로는 금압 서적의 강론금지나 관련자 가족의 유형(流刑) 처분 등도 있었다.

고려시대의 금서에 대한 생극론적인 해석을 해본다면 고려 조정에서 불교와 배치되는 신앙을 담은 책에 대해 금서 조처를 내린 것은 불교만이 진리라는 일치적인 사고 때문이라 할 수 있다. 고려 조정에 상극이 되는 대상으로만 본 것이다. 하지만 샤머니즘만 있다가 불교가 수입된 것처럼, 다른 종교인 도교나 노장사상 등도 엄연히 필요에 의해서 생성되어 유입된 신앙체계이다. 불교만이 독점권을 가질 수는 없다. 샤머니즘의 약점을 불교가 보완한 것처럼, 불교가 해결해 주지 못하는 점을 다른 종교인 도교 및 노장사상이 보완할 수 있다.

불교 국가인 고려에서 도교나 노장사상을 상극관계로만 보아 금압하지 않고 장점을 취했더라면 금서도 발생하지 않았을 것이며, 당시에 생산된 수많은 도교와 노장사상 계열의 책들이 고스란히 후대에 전해져, 우리 종교사나 사상사는 아주 풍성해질 수 있었을 것이다. 하지만 많은 서적이 사라졌기 때문에 각 종교가 서로 경쟁하면서 건강하게 정상적으로 발전할 수 있는 길을 막고 말았다고 평할 수 있다. 심지어 같은 불교 안에서도 특정 종파만을 절대화하고 다른 종파를 백안시한 것도 불교의 건강성 면에서 아쉬움을 야기하였다고 하겠다.

비기류와 노장사상을 담은 책을 배척하였지만, 그것이 소멸된 것도 아니다. 풍수지리서는 계속된 탄압에도 불구하고 살아남아 다음 왕조인 조선의 개국과 한양 천도에 크게 작용하였다. 개국에서뿐만이 아니라 조선왕조 500년은 물론이고 지금까지도 생명력을 이어오면서 영향력을 행사했고, 후대 문화를 생성하는 동력으로 작용하고 있다.

그렇게 본다면 고려 조정에서 비불교적인 책에 대해 탄압한 것은 상극이 상생이고 상생이 상극이라는 생극론적 인식이 부족한 데서 말미암은 결과라 할 수 있다.

3장
조선시대의 금서

1. 금서의 양상

1) 유교 국가의 이념과 지배질서로 인한 금서

조선은 신유교인 성리학을 국시로 삼은 왕조였다. 조선 건국의 일등공신이자 새 왕조의 기틀을 만든 정도전은 성리학자인 목은 이색의 제자였다. 조선왕조 건국 주체들은 고려의 불교를 대체하여 신유교를 새로운 이념으로 받아들여 고려와 차별화함으로써 민심을 모으려 하였으며, 실제로 유교적인 이상 국가를 만들어 보려는 기획 아래 출발하였다.

고려 말의 시대적 모순의 격화를 극복해야 하는 과정에서 국제사회와 국내적 여건에 기초하여 성장해 온 신세력은 송 · 원나라에서 사회개혁사상으로 일정한 역할을 해온 성리학을 접하였으며, 이것을 우리 역사에서 적절한 신 개혁의 지표로 삼을 만한 이념으로 생각했다. 그런데 성리학은 전통유교보다 훨씬 더 배타적인 교의를 지닌 지배이념이었다. 그래서 이 시기의 지배층은 고려시대까지 국가적으로 숭상해오던 불교라든가 도교를 이단으로 인식하게 되었으며, 이에 따라 이단적인 서적에 대해 탄압하려 들었다.[1)]

이렇게 출범한 조선은 왕조 교체기의 불안 요인을 잠재우기 위해 풍수설이나 비기 등을 배척하는가 하면, 사림파와 훈구파의 권력 투쟁 결과로 인해 『소학』, 『근사록』 등이 금서로 지정되기도 했다. 조선 후기 유교의 성리학이 지배 이념으로 자리 잡았을 때 양명학으로부터 도전을 받게 되자, 바로 금서 조처에 들어갔던 것도 지배 질서를 뒤흔드는 정치문제로 전환되었기 때문이다. 지배체제가 유교이념을 바탕으로 유지되면서 사상과 더불어 왕권에 도전하거나 유교 이념에 위배되는 학설은 결코 용납될 수 없었다. 특히 조선에서 받아들인 주자학은 배타적인 성격이 매우 강하여 같은 신유교로서 좌파인 양명학마저도 이단시하여 배척했기에, 주자학의 정신만을 관철하려고 했던 조선

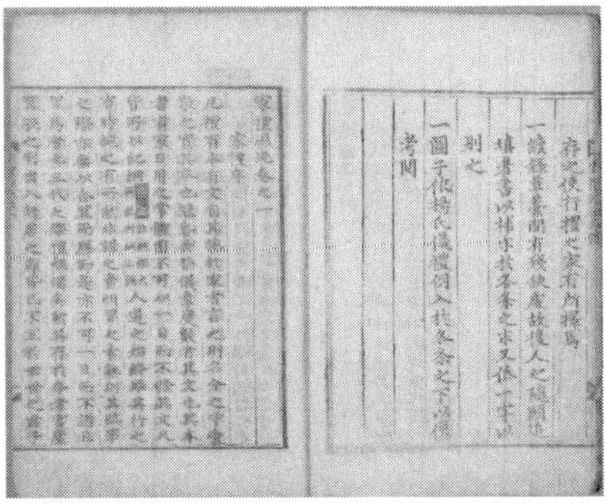

| 가례원류
-국립중앙박물관 제공

1)「조선초기의 문화 I」,『한국사 26』(국사편찬위원회, 1995), pp. 7-11 참조.

왕조 기간에 금서는 다양하게 발생하였다.

중세 시대에 다른 지역에서도 지배 사상이 이단을 배척했듯이 조선에서도 유교가 이단을 배척했다. 따라서 유교이념에 배치되는 사상은 금지의 대상이 되었고, 이에 비유교적 서적은 독서 간행이 억제되거나 때로는 심하게 금지되었다. 조선시대 금서 정책은 성리학이 유일한 정통사상으로 확립되는 데 커다란 기여를 하였다고 볼 수 있다.

성리학이 지배 이념화된 조선 왕조에서 불교와 도교는 이단으로 몰린 점에서는 같았지만, 그 서적들이 탄압을 받는 면에서는 온도 차가 있었다. 교단이 존재하지 않은 도교는 성리학의 견제를 덜 받은 편이었지만, 불교는 왕실불교와 명종 대의 보우와 같은 정치세력이 존재할 가능성이 있어서 유신들의 견제와 배척의 대상이 되기도 했다.[2)]

금서가 발생한 배경적인 요인에 따라 이 시기의 금서를 유형화해 보면 모두 다섯 가지로 구분할 수 있다. 왕조교체에 따른 금서, 사상과 종교에 의한 금서, 사화에 의한 금서, 정치와 권력에 의한 금서, 왕명에 의한 금서 등이다.

(1) 왕조교체에 따른 금서

모든 왕조교체기가 그렇듯이 고려 말부터 조선 초기에도 금서가 발생하였다. 옛 왕조의 지속을 바라는 세력은 새 왕조를 비판하게 마련인데, 이는 곧 새 왕조의 안정에 위협이 되므로 발각되면 무사할 수 없었다. 원천석이 그런 저술을 하였다. 고려조에 대한 절의를 지키려고

---

2) 이중연, 『'책'의 운명 조선-일제강점기 금서의 사회 · 사상사』(혜안, 2001), pp. 503-504 참조.

했던 원천석은 조선왕조가 들어서자 치악산에 숨어서 종신토록 나오지 않은 채, 저술에 몰두하면서 진실을 밝히는 증언을 남기고자 했는데, 고려가 망하게 된 내력을 알리고, 조선왕조에서도 도리를 찾고 명분을 내세우는 이면에서 어떤 일이 벌어지고 있는가 말하고자 했다.

원천석의 『운곡야사』는 조선왕조의 건국을 합리화하려고 왜곡한 사실을 낱낱이 밝힌 책이 아니었던가 예측된다.[3] 현재 전해지고 있는 『운곡시사』는 시로 쓴 역사의 성격을 지닌 저술로서 위험한 내용이 없는 것으로 미루어, 그런 내용은 후손들이 다 삭제하고 무방한 것만 남긴 결과일지도 모른다.

아무튼 원천석이 『운곡야사』를 짓고 나서 조심해 간직하라고 했고, 후손이 태워버렸다는 기록은 후대의 금서를 이해하는 데 아주 소중한 전례라고 보여 주목된다. 금서라고 하면 우리가 흔히 타율적인 금서만을 생각하는데, 경우에 따라서는 '자기검열'에 의해 스스로 금서 처분한 경우도 있을 수 있다는 것을 보여주는 사례이기 때문이다. 이는 이후 김시습의 『금오신화』에서도 반복되는 양상이기도 하다.

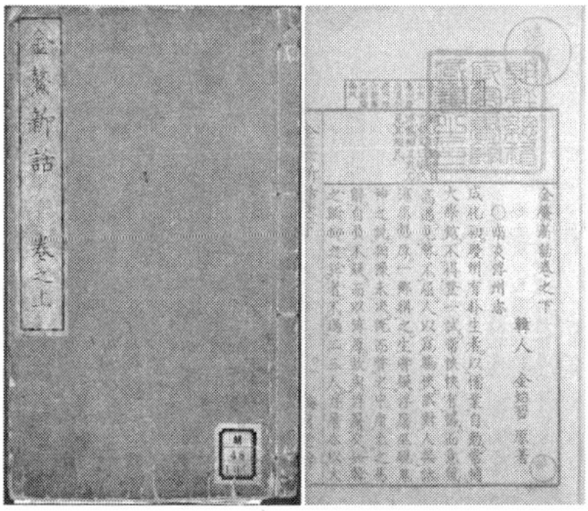

| 금오신화

3) 조동일, 『한국문학통사 2』(지식산업사, 2005), p. 253.

(2) 사상과 종교에 의한 금서

조선 중기에 들어 주자학과 함께 신유학의 한 유파를 이루는 양명학이 유입되었다. 양명학은 '성즉리(性卽理)'를 주장하는 성리학과는 달리 '심즉리(心卽理)'을 주장하는 학파로서, 조선 후기에 통치철학으로 굳어진 관념론적 주자학에 반대되는 개념이었다. 양명학은 중종 때 전해져서 지식인 사회에 확산되었다. 불교의 선종사상을 수용한 양명학은 주자 성리학과 대립된 학문으로 확산되면 될수록 그에 따라 배척의 강도도 강해졌다.

일본에서는 양명학이 전혀 탄압을 받지 않았지만 조선의 경우는 달랐다. 주자학만을 정통으로 삼고 나머지는 이단사설로 단죄하는 정책적 기조는 조선왕조 말까지 관철되었다. 이런 상황에서 『양명집』을 비롯한 양명학 관련 서적은 숙종 때에 이르러 몰래 읽거나 읽은 후 없애 버리는 금서가 되었다. 또 양명학을 몰래 연구하되 겉으로는 주자학을

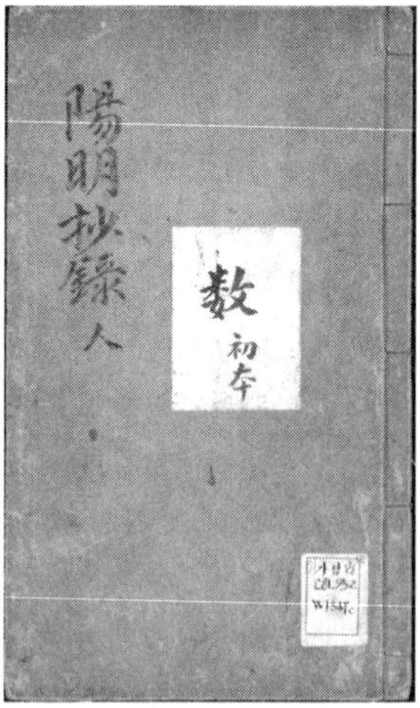

| 양명학록 - 서울대규장각 한국학연구원 제공

표방하기도 했다. 우리나라의 대표적인 양명학자 정제두는『하곡집』을 저술했는데, 간행이나 공개적 독서가 불가능해 은밀히 보관되거나 필사본만 전해질 수밖에 없었다. 현재 강화학파라는 이름으로 양명학이 연구되고 있는데, 정인재, 정양완 교수 등의 경우에도 가학을 중심으로 내려온 필사본 자료들로 연구한다고 하니, 공개리에 목판본으로 간행할 수 없었던 처지에 놓였던 양명학의 위상을 잘 알 수 있다.[4] 정제두만이 아니라, 당시 정치적 진보색채를 지녔던 정인홍이 처벌받으면서 그의 문집은 물론이고, 스승 조식의『남명집』도 문제시되는 글이 여러 차례에 걸쳐 삭제되는 등 금기의 대상이 되었다.

천주교도 이단으로 분류되었다. 성리학에서는 효를 절대시하여, 죽은 조상에게 제사하는 것을 '봉제사(奉祭祀)'라 하여 '접빈객(接賓客)'과 함께 사람 노릇의 중요한 요소로 여겼던 데 비해 천주교에서는 조상 제사를 거부했기 때문이다. 이 때문에 천주교 교리서를 포함하는 서학서에 대한 탄압이 극심하였다. 서학을 불교, 도교, 민간신앙 등의 참위(讖緯) 중에서도 첫 번째로 꼽을 정도였다.[5]

1860년대에 들어서 등장한 동학 관련 저술도 탄압을 받았다. 주지하듯, 동학의 교리가 민중 중심의 사회 변혁을 담고 있기에, 신분질서를 전제로 성립된 주자학의 가르침 및 조선왕조의 방침과는 배치되기 때문이었다.

---

4) 정인재,「양명학의 정신과 그 발전-석학과 함께하는 인문강좌 제6강 제5주차 강의 자료집」(서울역사박물관, 2011. 6. 18) 참조.

5) 강혜영,「조선후기의 서적금압에 대한 연구」,『서지학 연구』제 5 · 6호 (서지학회, 1990), p. 128, 131, 132 참조.

(3) 사화에 의한 금서

사화는 조선왕조의 담당층이었던 양반사대부 계층 내부의 헤게모니 다툼의 결과였다. 조선왕조 건국에 공을 세운 훈구파 즉 기득권 세력이 재야 사림파를 밀어낸 사건이 사화이다. 밀어내되 일본과는 달리 칼이 아니라 주자학적인 명분을 들어 사림파를 공격했지만, 본질은 권력의 주도권 경쟁이었다.

이 과정에서 유교 교육의 기본 문헌인 『소학』과 성리학의 중요 문헌인 『근사록』 조차도 사림파가 기묘사화로 몰락한 이후 금기되었다. 세조의 왕위찬탈을 소재로 삼은 『사육신전』, 『원생몽유록』 등은 신하의 절의를 드러내어 왕권으로부터 금기 서적으로 지목되었다. 만약에 이들이 권력의 주도권을 잡았다면 금서가 아니라 양서로 권장되었을 것이다.

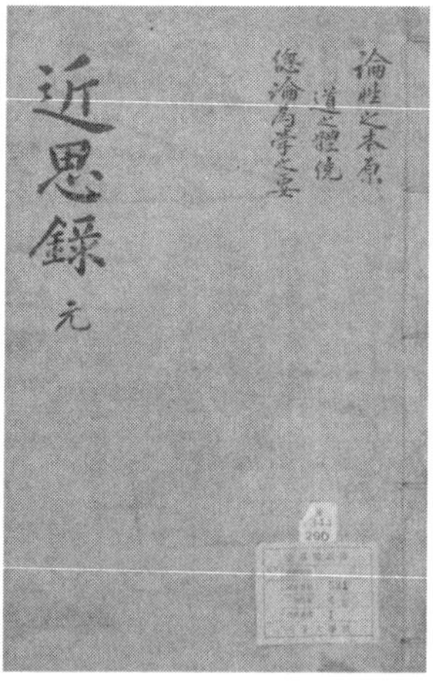

근사록
- 서울대규장각 한국학연구원 제공

(4) 정치와 권력에 의한 금서

세대교체가 이루어진 권력층은 과거의 왕권을 부정해야만 현 왕권 성립의 정통성을 내세울 수가 있다. 그래서 왕위 찬탈과 같은 권력층의 변화가 있었던 시대는 금서를 만들어낸다. 이런 이유로, 허균처럼 역적으로 몰린 인사의 저술도 금기였다.

이와 관련해 이이화는 조선시대에 금서가 생기게 된 정치적인 또는 사회적인 배경은 지배층과 피지배층 사이에 긴장과 갈등의 관계가 심화되는 데 있다고 보면서, 세 가지로 유형화하였다. 첫째, 피지배층이 통치세력에 맞서 변혁의 내용을 책에 적어 돌렸을 때, 지배세력이 이를 일반 민중이 보지 못하게 막기, 둘째, 그 시대의 지배이념이나 통치철학에 어긋나는 내용을 적은 책이 있을 때, 지배세력은 이단의 글로 몰아 원천적인 봉쇄를 꾀하기, 셋째, 어느 특정 인물이 국가 변란에 관계되는 범죄를 저질렀을 때 그 사람의 저술을 일반인이 읽지 못하게 하기 등이라고 설명한다.[6)]

(5) 왕명에 의한 금서

조선왕조 시대에는 갖가지 책이 비밀리에 나돌아 통치세력을 괴롭혔고, 각종 비기가 피지배층에 큰 영향을 주기도 했다. 건국초기에는 여러 종류의 비기가 나돌았고, 왕조가 안정기에 접어들면서는 이조 및 왕조에 반대하거나 새로운 세상을 거론하는 내용이 담긴 책이 비

---

6) 이이화, 「조선시대의 금서」, 『샘이 깊은 물』1968(8) (뿌리깊은나무, 1968), p. 150 참조.

밀리에 떠돌았다. 조선이 유교 국가를 지향하자 반유가적인 분위기를 풍겼으며, 이를 조직적으로 이용하고자 하는 민중세력이 커지기도 했다.

2) 금서 조처의 유형

(1) 책에 대한 조처

① 분서

조선시대에는 정치적인 이유에 의해 분서로 희생된 책이 많았다. 『도선비기』 등 참위술서는 "민간에 널리 퍼져 혹세무민을 일삼는다. 나라를 다스리는 자는 마땅히 먼저 이것을 없애야 한다"면서 책을 요서로 지목하고, 제3대 임금인 태종 11년 왕명으로 불살라 없애도록 지시하고 위반하는 자는 엄하게 다스린다고 경고했다. 요서로 지목되고 불태워진 배경에는 정치적 이유가 있었던 것으로 볼 수 있다.

운곡의 『운곡야사』는 화를 두려워한 후손에 의해 분서되었다. 태종의 스승으로 고려조에 대한 충성을 굽히려 하지 않았던 운곡은 『운곡야사』와 현재 전승되고 있는 『운곡행록』, 일명 『운곡시사』를 지었는데, 『운곡야사』에 얽힌 이야기가 있다. 그가 죽을 때 자손들에게 유언하기를, "이 궤짝 속에 있는 나의 저서들을 함부로 남에게 보이지 말라. 수백 년 후에 우리 자손 가운데 특출한 인물이 나오거든 그때 비로소 이 속의 원고를 간추려 책으로 출판하라"고 했다. 그래서 증손 대에 와서 그 원고를 살펴보니 당시의 세상에서는 공개되어서는 안 될 너무나 위험한 내용이기에 자손들이 화를 입을까 두려워 원고를 모조리 불살라버리고 말았다고 한다.[7] 운곡이 끝까지 지조를 굽히지 않고 고려왕조를 섬기면서 이씨 왕조에 대한 준열한 비판을 남겼을 것은 의심할 여지가 없는 일이다. 후손들은 이씨 왕조 시대에 살면서 결국 자신들에게 미칠 화를 두려워하여 분서 처분한 것이다. 『운곡야사』는 저자의 후손에 의해 분서되는 특이한 예를 기록한 금서가 되었다.

연산군 때 성종실록에 실린 「조의제문」이 문제가 되어 무오사화로 부관참시 당한 김종직의 『점필재집』도 소각 당했다. 이때 작품의 대부분이 분서되어 현전하는 것은 후에 수습하여 편찬한 일부이다.

채수의 『설공찬전』도 분서되어 한문 원본은 전해지지 않고, 국문본의 일부만 전해져 최근에 극적으로 발견되었을 따름이다. 귀신이 산 사람의 몸에 들어가 말을 하는 내용을 담고 있어서 금서가 되었지만, 사실 조선 전기는 '귀신의 시대'라고 할 만큼 귀신이 대접을 받았던 시기였다. 제사를 재정비한 조처를 설명하고 이해하기 위해 귀신에 대한 논의가 많았기 때문이다.[8] 훈구파인 성현은 『부휴자담론』에서 인귀를 논의의 대상으로 삼아 다양한 귀신의 예를 들기까지 하였다. 따라서 이와 같은 귀신의 문제는 조선 전기의 일반적인 문화현상의 하나였다. 문종도 "정이 없는 것을 음양이라 이르고 정이 있는 것을 귀신이라 이른다. … 귀신은 사람을 살리는 일도 있지만은 때로는 사람을 해치기도 한다."[9] 하였다.

비슷한 시기 소설인 『금오신화』나 『기재기이』 등 여러 패설의 작품

7) 김삼웅, 앞의 책, p. 27.
8) 김시습의 「신귀설」, 성현의 「신당퇴우설」과 『부휴자담론』에 있는 귀신설, 남효온의 「귀신론」, 서경덕의 「귀신사생론」, 그리고 이이의 「사생귀신책」 등이 예이다.
9) 『대동야승』(민족문화추진회, 1985), p. 275.

들에서도 귀신은 쉽게 찾아 볼 수 있으며 더욱이 귀신의 문제를 논하였다고 탄핵의 대상이 되지 않았다. 그런데 사헌부에서 『설공찬전』을 칭탈하여 중종 6년 9월 2일에 채수를 탄핵하고자 대간이 "채수가 지은 『설공찬전』은 윤회화복의 내용이 요망합니다. 조정과 민간에서 현혹되어 한자로 옮기거나 한글로 번역하여 백성들을 미혹시킵니다."라는 상소를 올렸다.

그로부터 사흘 뒤인 9월 5일에는 "『설공찬전』을 불살랐다. 숨기고 내어놓지 않는 자는 요서은장률로 치죄할 것을 명했다."[10]라는 기록이 있다. 즉, 채수의 『설공찬전』이 사회 윤리 기강을 해치기에 분서하고 숨긴 자는 요망한 내용을 담은 책을 숨겼기에 죄를 다스린다는 '요서은장률'로 치죄한다는 내용으로 보아, 이 책이 적잖이 사회에 퍼져 나갔다는 것으로 추측할 수 있다. 아마도 작품 안에 중종반정을 비판하는 듯한 발언이나 여성의 관료사회 진출을 허용해야 한다는 등의 진보적인 주장을 펴고 있는 것이 당대 집권층을 자극해 강경한 제재를 받았던 것이 아닌가 해석된다.[11]

성균관 유생 180명이 상소하여 사문난적으로 몰린 서계 박세당도 왕명에 의해 자신의 저서 『사서사변록』이 분서 당하는 것을 목격해야 했다. 조선시대에는 특히 많은 천주교 서적이 오랜 시간에 걸쳐 불태워졌다. 윤지충이 신주를 불태운 진산사건이 일어난 뒤 『천주실의』 등 천주교 관련 서적은 인륜을 저버린 '무부무군(無父無君)'의 사설(邪說)이라 하여 금서로 지목되었다. 천주교 신자의 집을 수색하여 십자가나 마리아의 동상과 함께 이 책을 찾아내면 어김없이 불태우게 하

10) 『중종실록』 6년 9월 5일 임자조.
11) 이복규, 『설공찬전-주석과 관련자료』(시인사, 1997) 참조.

고 역적의 율로 다스렸다. 천주교 관련 금서는 적어도 70여 년간 계속되었다가 개항 이후 차츰 해제되었다. 조선 말기에는 천주교를 탄압하면서 천주교 교리서를 대거 압수, 폐기 처분의 대상이 됐다. 유교 국가 질서에 대한 심각한 도전으로 지목되었기 때문에 소지한다는 것 자체가 목숨을 건 행위였던 것이다.

최시형의 주도로 『동경대전』과 『용담유사』가 간행된 뒤 동학교도들이 책을 비밀스럽게 간직하고 읽었다. 하지만 동학교도의 집을 수색해 이 책들과 부적 등이 발견되면 역적의 율로 다스렸고 어김없이 불에 태워졌다.

| 동경대전-천도교 중앙총부 제공

② 유입 및 수집 금지

16세기 이후 중국 선교사들에 의해 전래되기 시작한 천주교 서적은 18세기에 이르러 대표적인 금서가 되었고, 정조부터 순조에 이르기까지 장기간 동안 행해진 천주교 박해로 천주교도의 처형과 서적의 분서를 가져왔다. 정조 10년에는 금령을 내려 천주교를 법으로 금했으며, 홍문관에 소장된 한역 서양서적을 모두 불살라버리고, 천주교 서적의 유입, 수집 자체를 일체 금지시켰다.

③ 소장 금지 및 미간행

건국 초기부터 각종 비결서는 민간에 유통되거나 소장하는 것을 금지해 왔다. 그러나 다양한 방법으로 퍼지는 것을 막을 수가 없었다. 『홍길동전』도 공식적으로는 유통과 소장, 독서가 금지되어 있었다. 그러나 당시 사회의 모순을 대담하게 파헤친 이 소설은 국문소설이라는 점이 특징으로 사람들 사이에서 끈질기게 전해져 갔다.

정조의 문체반정 정책에 위배되는 책으로 지목된 연암 박지원의 『연암집』도 불온서적으로 지목되어 후손들이 간행을 꺼릴 정도였다. 후손들이 오랫동안 비밀리에 지켜오던 하곡 정제두의 『하곡집』은 일제강점기에 유고가 세상에 나왔지만 출판되지는 못했다.

(2) 필자 및 유통주체에 대한 조처의 유형

① 교수형

세조의 왕위찬탈을 소재로 삼았던 『사육신전』의 저자 남효온은 갑자사화 때 부관참시 당했는데, 그의 저술 또한 큰 화를 입어 대부분 소실되었다. 『홍길동전』의 작자로 알려진 허균은 조정을 뒤엎으려는 역모자로 몰려 끝내 비극적인 죽음을 맞게 된다.[12] 허균이 처형된 그 해,

12) 일반적으로 『홍길동전』이 금서였다고 기술하고 있다. 심한 경우에는 허균이 처형당한 것도 『홍길동전』을 지었기 때문이라고까지 기술하고 있다. [장동석, 「시대의 금서를 읽다」4.『기독교사상』2011(6) (대한기독교서회, 2011), p. 114.] 하지만

실록에는 그의 이름이 무려 185건이나 등장한다. 허균으로 인해 거의 매일 조정이 들끓었던 것이다. 당시 조정에서는 허균을 제거하는 데 급급해서 판결문도 남기지 않고 신문을 하는 도중에 사형시켜버렸다. 김종직은 『조의제문』 집필로 부관참시 당했다.

종교와 연관된 금서의 저자들도 권력의 칼날에 희생되었다. 천주교 서적인 『주교요지』를 저술한 정약종은 신유박해 때 순교했으며, 『동경대전』의 저자 최제우는 혹세무민의 죄목으로 40세에 처형되었다.

② 삭탈관직 및 유배

조선 시대에는 윤회화복설의 내용을 담은 『설공찬전』은 왕명으로 완전히 불태워지고 저자 채수는 교수형을 내려야 한다는 주장까지 제기되었다가 파직당하는 선에서 끝났다. 유교이념과 배치되는 불교의 가르침이라는 이유, 왕권에 대한 모독적인 발언을 노골적으로 했다는 점과 남녀유별의 유교질서를 뒤흔든 발언 등 채수에 대한 정치성이 가장 큰 문제가 되었을 것으로 평가된다.[13)]

이렇듯 금서의 저자는 정치, 사상, 종교 등으로부터 자유롭지 못했다. 『사서사변록』을 쓴 박세당은 명분에 사로잡힌 주자학의 고정관념에 반대한다는 입장 때문에 사문난적으로 몰려 삭탈관직 당한 뒤, 유

『조선왕조실록』은 물론 어느 기록에도 『홍길동전』이 금서였다는 명료한 기록은 아직 발견되지 않고 있으며, 허균이 처형된 것은 역모 때문이지 『홍길동전』 때문이 아니다. 어디에도 그런 기록은 없다. 『홍길동전』이 정말 금서였다면 어떻게 해서 방각본과 활자본이 지금까지 전하고 있는지도 의문이다. 금서 처분된 『설공찬전』의 경우, 철저하게 전승이 중단되어, 비밀리에 베껴둔 필사본 1종만 겨우 전하는 것과는 판이하기 때문이다. 누군가에 의해 이 문제는 재론되어야 한다는 점만 이 자리에서 지적해 두고자 한다.

13) 이복규, 앞의 책, pp. 20-25.

배를 가던 중 객사하고 말았다. 양명학 연구에 생애를 바친 정제두의 『하곡집』도 금서처분을 당했다. 다산 정약용은 신유사옥으로 강진으로 유배되어 있으면서 『목민심서』, 『경세유표』 등을 저술했다.

③ 구속 및 침탈

금서가 된 대부분의 서적을 소지한 자는 발각당하는 즉시 구속을 당했다. 특히 천주교 관련 서적은 소지자를 처형하기도 했다. 또 동학의 『동경대전』과 『용담유사』를 간행하거나 간직, 읽을 경우에는 역적의 율로 다스렸다.

한편 유교를 통치이념으로 삼았던 조선시대에 고려의 통치철학이자 이념이었던 불교를 그대로 수용할 수 없었다. 때문에 승려들의 저서까지도 탄압의 대상이 되었던 것이다. 당시 불교사상의 대부분이 승려를 중심으로 유지, 발전되었음을 잘 알던 유학자들은 직접 사찰과 승려를 탄압했다. 왕조실록이나 그밖에 전하는 여러 기록에서 확인할 수 있듯, 당시 유학자들은 사찰을 침탈해 불경과 경판을 불태우고, 사찰을 허물어 그곳에 서원을 세우거나 자신들의 유흥을 즐기기 위한 정자를 세우기도 했다.[14]

---

14) 「법보신문」, 앞의 기사.

2. 금서 조처의 대상과 이유

1) 역사서 및 음양서

(1) 『고조선비사』 등 역사기록 19종과 천문, 지리, 음양 서적

조선왕조실록 세조 편에 따르면 팔도 관찰사에게 『고조선비사』 등의 문서를 사처에 간직하지 못하게 하라는 명[15]을 내리는 등 비기를 일제히 수거하려 했다는 것을 알 수 있다. 단속령이 내려진 『고조선비사』, 『대변설』, 『조대기』, 『지공기』, 『표훈천사』, 『삼성밀기』, 『도징기』, 『통천록』 등 19종의 금서는 대부분 하늘사상과 고조선의 역사를 기록한 것으로 알려지고 있는데, 대부분 이름만 알려지고 내용이 상세히 전해지고 있는 책은 드물다. 다만 『자고조선비사』혹은 『비사』라고만 전해지는 책은 신지라는 사람의 저작으로 알려져 있을 뿐이다.

『대변설』은 고조선의 건국과 관련된 역사서이고, 『조대기』는 고조선 역대 단군들의 역사이며, 『지공기』는 고조선의 신지(이념 담당자)들이 남긴 기록이었다. 『표훈천사』는 고조선의 사상, 이념적인 역사를

---

15) 『세조실록』, 세조 3년 5월 무자 조 : 팔도 관찰사(八道觀察使)에게 유시(諭示)하기를, "고조선비사(古朝鮮秘詞), 대변설(代辯說), 조대기(朝代記), 주남일사기(周南逸士記), 지공기(誌公記), 표훈삼성밀기(表訓三聖密記), 안함노원동중삼성기(安含老元董仲三聖記), 도증기지리성모하사량훈(道證記智異聖母河沙良訓), 문태산(文泰山), 왕거인(王居人), 설업(薛業) 등 삼인기록(三人記錄), 수찬기소(修撰企所)의 1백여 권(卷)과 동천록(動天錄), 마슬록(磨蝨錄), 통천록(通天錄), 호중록(壺中錄), 지화록(地華錄), 도선 한도참기(道詵漢都讖記) 등의 문서(文書)는 마땅히 사처(私處)에 간직해서는 안 되니, 만약 간직한 사람이 있으면 진상(進上)하도록 허가하고, 자원(自願)하는 서책을 가지고 회사(回賜)할 것이니, 그것을 관청, 민간 및 사사(寺社)에 널리 효유(曉諭)하라."

기록한 책이고, 『삼성밀기』는 고조선 이전의 역사를 담은 문헌이며, 『도징기』와 『통천록』은 전통적 심신수련법과 그 역사를 서술한 서적이었다. 개인이나 공공기관은 물론 사찰에서도 소장하는 것을 금지했고, 소지하고 있으면 자진해서 관청에 가져올 것을 명령하고 있다.

예종은 모든 천문, 지리, 음양에 관계되는 서적을 거둬들이게 하는 강경한 금령을 내렸는데, 이를 거부하고 숨긴 자는 참형에 처하라고 명했다.[16] 현재 전승되고 있는 『청구풍아』에 실려 있는 『비사』의 내용에 "평양지방, 완달산 지방, 오덕지 등을 간, 추, 극기로 하는 삼경으로 균형을 이룬다. 이 삼경지방을 견고히 보전하면 국가가 흥륭할 것이며 인근 여러 나라의 조공도 있어 천신의 가호가 있을 것이나, 삼경지방을 보전치 못하면 왕기가 위태할 것이다"라는 부분이 있다. 이런 내용을 담고 있는 '비기'이기 때문에 이미 중국을 천자국으로 숭상하며 국토가 한반도로 좁혀진 조선이 만주 일대로 더 확대하여 영토를 보전해야 한다는 이 서적이 용납될 수 없었을 것이다. 특히 삼경을 유지하지 못하면 왕조가 위태하리라고 하는데 이르러서는 이 서적의 유통을 그대로 방치할 수 없다는 판단을 내렸을 것이다.

『비사』의 내용으로 추측해 보면, 단군조선 혹은 고구려 시대의 영토를 회복하자는 서적과 각종 참위설이 주류였을 것이 분명하다. 세조의 뒤를 이어 집권한 예종은 더욱더 강경한 금서령을 내려 모든 천문, 지리, 음양에 관한 서적을 수집[17]했다.

---

16) 『조선왕조실록』 CD-ROM 제 1집.

17) 『예종실록』, 예종 1년 9월 무술일 : 예조(禮曺)에 전교하기를, "주남일사기(周南逸士記), 지공기(誌公記), 표훈천사(表訓天祠), 삼성밀기(三聖密記), 도증기(道證記), 지리성모하사량훈(智異聖母河沙良訓), 문태(文泰) 옥거인(玉居仁) 설업(薛業) 삼인기(三人記) 1백여 권, 호중록(壺中錄), 지화록(地華錄), 명경수(明鏡數)

『성종실록』에서도 팔도 관찰사에게 명해 천문, 음양, 지리에 관한 책을 수집[18]한 것이 드러난다. 그리고 비기에 한해서는 예종과 같은 정책을 펼쳤으나, 뚜렷한 효과는 볼 수 없었다. 다만 이러한 과정에서 수많은 비기들은 발각되는 대로 불태워 없어졌다. 이러한 가운데 18세기 들어서는 비기가 더욱 극성스럽게 나돌았으며, 숙종 말년 뒤로는 민중의 동향이 집단화, 조직화되어 비기 등을 조직적으로 이용하고자 하는 민중세력이 커지자 관의 단속과 탄압이 가중되었다.

(2) 도선의 『도선비기』, 『참위술수서』 등 비기

신라시대 전라남도 영암 지방 사람으로서 신라 왕궁에까지 초청되어 법문을 열었을 정도로 명성을 날린 도선이 쓴 『도선비기』는 불교와 관련해 정확하게 작가나 책의 이름이 밝혀진 조선시대 첫 번째 금서

및 모든 천문(天文), 지리(地理), 음양(陰陽)에 관련되는 서적들을 집에 간수하고 있는 자는, 경중(京中)에서는 10월 그믐날까지 한정하여 승정원(承政院)에 바치고, 외방(外方)에서는 가까운 도(道)는 11월 그믐날까지, 먼 도(道)는 12월 그믐날까지 거주하는 고을에 바치라. 바친 자는 2품계를 상주며, 숨기고 바치지 않는 자는 다른 사람의 진고(陳告)를 받아들여 진고한 자에게 위의 항목에 따라 논상(論賞)하고, 숨긴 자는 참형(斬刑)에 처한다. 그것을 중외(中外)에 속히 유시하라.

18) 『성종실록』, 성종 원년 12월 무오일 : 여러 도의 관찰사에게 교서를 내리기를, "진일에 주남일사기(周南逸士記), 지공기(誌公記), 표훈천사(表訓天祠), 삼성밀기(三聖密記),도증기(道證記), 지리성모하사량훈(智異聖母河沙良訓), 문태(文泰) 옥거인(玉居仁) 설업(薛業) 삼인기(三人記) 1백여 권과, 호중록(壺中錄), 지화록(地華錄), 명경수(明鏡數)와 무릇 천문(天文), 지리(地理), 음양(陰陽) 등 여러 서책(書册)을 빠짐없이 찾아내어 서울로 올려 보낼 일을 이미 하유(下諭)했으니, 상항(上項) 명경수(明鏡數) 이상의 9책과 태일금경식(太一金鏡式), 도선참기(道銑讖記)는 전일의 하유(下諭)에 의거하여 서울로 올려 보내고 나머지 책은 다시 수납하지 말도록 하고, 그 이미 수납한 것은 돌려주도록 하라."

이다. 『도선비기』는 중국의 체계화된 풍수사상을 처음 전한 책으로 정치사상의 토대를 달리했던 조선 정권은 이를 그대로 두지 않았다.

당시 조선에는 『도선비기』와 함께 여러 종류의 참위술수서가 나돌아 백성들은 합리적인 생각이나 성실한 노력보다는 이런 허무맹랑하고 황당무계한 풍수지리설에 더욱 현혹되고 있었다. 특히 중국에서도 각종 술수서가 들어와 민심을 현혹시키고 있었기 때문에 왕명으로 모든 참위서에 분서의 영을 내렸다.

풍수지리와 음양 사상, 비결의 내용을 담은 책들이 권력자들 내부에서 적극적으로 이용되는 경우가 더러 있기도 했지만, 이런 책들의 대다수는 권력 유지에 부정적인 영향을 끼친다는 이유로 금서로 지정되었다. 유교 이념에 배치되는 요사한 내용으로 분류된 도참서와 비결서가 태종 때 대량으로 불태워졌으며, 과거시험에서도 노장과 관련된 내용은 출제 금지되었다.

태종 17년에는 정책적으로 비결 책을 금지하고 분서하였다. 이 해 6월에 태종은 서운관에 요서의 소각명령을 실행했는지 확인하는 것으로 보아, 분서 지시는 최소한 그 이전에 내려졌으며, 11월에는 예조에 공식적으로 비결서의 금지를 지시했다.[19] 태종이 지정한 대표적인 금서는 요서로 지목된 『도선비기』와 참위술서 및 비결서 등이다. 조선에서 금서를 규정한 법률은 '요서율'로서 이른바 요사스런 서적을 금지하는 것이 목적이었다. 조선이 세워진 것은 1392년의 일이지만, 태조나 정종 때만 하더라도 쉽게 금서조치를 내릴 형편이 아니었다. 나라를 세운 첫해에는 나라 이름조차 바꾸지 못하고 그대로 고려라고 불

---

19) 『태종실록』 1417년 11월 병진일.

렸으며, 성리학도 독단적으로 내세울 수 없는 처지였다.

그렇지만 힘으로 임금 자리에 오른 태종 때에 이르면 성리학파의 독단적인 정치가 이루어지는데, 이때부터 사상탄압을 위한 어두운 장막이 펼쳐지게 되었다. 태종은 '혹세무민'을 빌미로 당시 유행하면서 많은 영향을 주었던 『도선비기』를 요서로 지목하고 왕명으로 불살라 없앴으며, 예언서를 읽거나 소지한 자는 엄벌에 처하도록 했다. 현재 이 서적의 원본은 전해지지 않으나 그에 대한 기록이 고려사 등에 남아 있다.

영조 9년 8월에도 잡술에 관한 방서를 금지하는 문제가 거론되는 것을 약방제조(提調) 윤순, 부제조(副提調) 윤양래, 도제조(都提調) 서명균과의 대화[20]에서 확인할 수 있다. 조선 초창기에 거둬들였던 책

---

20) 『영조실록』 영조 9년 8월 : 임금이 말하기를, "……남사고(南師古)란 자는 어떠한 사람인가?"하니, 윤순이 말하기를, " 곧 명종조(明宗朝) 때 사람으로서 천문, 지리에 모두 통달했다고 고금에 이름이 나서 이인(異人)으로 일컫고 있습니다."하고, 도제조 서명균은 말하기를, "남사고의 비기가 세상에 전해지고 행해지자 세상 사람들이 말을 덧붙이고 부회(傅會)하여 와전된 것이 많습니다."하였다. 윤순이 말하기를 "대개 호남에서 신승(神僧) 의상(義相)과 도선(道詵)이 났기 때문에 남방(南方)에 그의 방서(方書)가 많이 전해지고 있습니다. 혹은 풍수(風水)로 전하고 혹은 추명(推命)으로 전하며 혹은 상술(商術)로 전해져 지난번 송하(宋河)의 무리와 같은 사람이 있는가 하면 승도(僧徒)가 더욱 혹신(惑信)하기 때문에 태진(太眞)과 같은 자가 있는 것입니다."하니, 임금이 말하기를, "신라에는 도선이 있었고, 우리나라에는 무학이 있어, 나라의 운수가 길다느니 짧다느니 하는 말이 있었다. 대개 신라와 고려는 불교를 숭상했기 때문에 우리나라의 초엽에도 오히려 여풍(餘風)이 있었고, 중엽 이후에서야 비로소 물리쳐 금지하게 되었다."하였다. 서명균이 말하기를 "고려는 상하가 오로지 불도를 숭상하여, 그 비기(秘記)에 고려는 5백 년이고 조선(朝鮮)은 8백 년이란 말이 있다고 합니다."하고 부제조 윤양래가 말하기를, "도선이나 남사고를 물론하고 비기로서 인심을 요혹(妖惑)시키는 자는 모두 처참하여야 합니다."하니 임금이 웃으며 말하기를, "승지의 말이 진실로 옳다."하였다. 윤순이 말하기를, "호남의 감사(監司)가 만약 도내의 잡술(雜術)에 관한 여러 방서(方書)를 죄다 거두어 금지시킨다면 저절로 종식되어 없어질 것입

자를 말살시켜 문제의 근본을 치유하기보다는 논의 자체를 없애버리려는 의도를 읽을 수 있다.

(3) 작자미상 『정감록』

『정감록』은 조선 중기 이후 민간에 성행한 국가 운명과 생민존망에 대한 예언서이자 신앙서이다. 『정감록』은 이심과 정가의 대화를 통해 조선의 국운 예언과 정씨조선의 역성혁명을 예언했다. 이 책은 여러 비기를 집성한 것으로, 참위설, 풍수지리설, 도교사상 등이 혼합되어 있으며, 그 종류가 무수히 많아 40~50종류를 헤아릴 수 있으나 정확한 저자의 이름과 원본은 발견되지 않았다.[21]

『정감록』은 「감결」을 비롯한 「비결」, 「비기」, 「비사」, 「도참」 등 여러 비기에다 「동국역대본관음양결」, 「역대왕부본관수」, 「삼한산림비기」 등을 합친 비기집성을 말하기도 하고, 단순히 『감결』 하나만을 떼어서 『정감록』이라 부르기도 한다. 또한 그 명칭도 다양하여 『정이감여론』, 『정이문답』, 『감결』, 『징비록』, 『정인록』 등의 이본[22]이 있으며, 『정감록』과 유사한 민간의 비결은 삼국시대 이래 줄곧 민간에 전해져왔다. 기록에 전하는 처음 비기로는 신라 혜공왕 때 세워진 고선사의 서동화상탑비문 중에 왕성 서북쪽 한 작은 절에 참기가 있었다는 기록이 보인다.[23] 이후 고려조 창업과 관련된 『도선비기』, 풍수설에 근거한

니다."하니, 임금이 말하기를, "지난번에 조현명(趙顯命)도 이러한 의논을 한 적이 있었다."하였다.

21) 김영귀, 앞의 책, pp. 53-54.

22) 『동아세계대백과사전』vol.24 (동아출판사, 1983), p. 552. '정감록' 항목 참조.

23) 신일철, 『한국의 민속 종교사』(삼성출판사, 1983), p. 270.

묘청의 난 또한 당시 횡행했던 비결과 무관하지 않았다.

이러한 예언서가 한국의 정치적 사건에 관련되었던 역사는 길다. 출발점은 7세기 후반까지 소급된다. 고구려와 백제의 패망에 관한 예언으로 시작된 예언서의 전통은 고려시대를 거치면서 더욱 풍부해졌다. 고려의 지배자들은 새 왕조의 건국을 정당화하는 수단으로 예언서를 이용하였으며, 그 후 내외로부터 환란이 닥칠 때에는 예언서를 끌어다가 극복 여부를 논의하는 일이 적지 않았다. 조선 왕조가 건국되고 나서 정당성을 홍보하기 위해 각종 예언이 활발히 거론되었던 것이다. 그러다가 조선 왕조가 안정기에 들어가게 되었던 15세기 후반부터 예언서는 어느덧 탄압과 금지의 대상으로 바뀌었다. 18세기에 이르러 사정은 다시 변했다. 정치 지배세력의 금압 조치에도 불구하고 예언서가 다시 유행의 바람을 타게 된 것이다.[24]

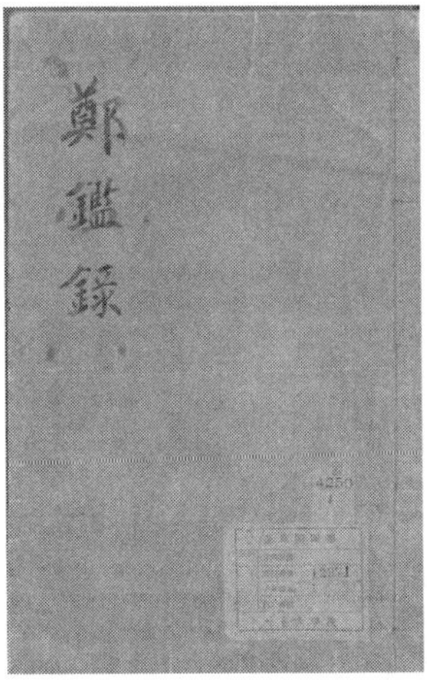

| 정감록
– 서울대규장각 한국학연구원 제공

24) 백승종, 「18-19세기 정감록을 비롯한 각종 예언서의 내용과 그에 대한 당시대인들의 해석」, 『진단학보』88 (진단학회, 1999), p. 265.

『정감록』은 조선 건국의 주도 세력인 이씨가 망한 다음 정씨가 계룡산에서, 조씨가 가야산에서, 범씨가 완산에서, 왕씨가 송악에서 차례로 한민족을 통치한다는 예언을 담고 있으며, 남조선의 건설, 또는 십승지와 같은 살 만한 곳 따위가 적혀 있다. 책은 실제로 광해군 이후 모든 변혁 세력과 조선 왕조의 실정에 염증을 느낀 민중들에게 지대한 영향을 끼쳤다. 고려의 쇠망과 조선의 흥망을 예언했고, 당시 봉건왕권을 합리적인 철학적 예증을 빌려 변혁하려는 혁명정신의 이론이 되었다. 『정감록』이 조정의 촉각을 건드린 것은 1793년이었다. 18세기 정씨 진인에 의한 왕조 교체를 예언했던 『도선비기』와 더불어 왕조의 몰락이나 이상적인 군주 등을 내용으로 하고 있다.

18세기 『정감록』 예언설은 이후 19세기까지 일어났던 여러 정치적 사건에 큰 영향을 미쳤다. 그리고 혹세무민하는 예언서이든, 난세 때마다 번지는 유언비어이든 오랫동안 우리 민족의 민간신앙과 사상에 큰 영향을 미치고 있었다는 것은 사실이다. 그것은 『정감록』이 가지고 있는 정서와 논리 구조가 우리 민족의 일상생활과 긴밀한 친화성을 가졌기 때문이라 생각해 볼 수 있다. 오랜 세월을 거치면서 여러 사람들에 의해서 첨가 보필되었다는 것이며, 사회의 변혁을 원하는 민중의 정서와 생각이 녹아들어 있음을 의미한다. 전통 사회에서 지배층의 종교가 사회의 안정을 위한 윤리 및 가치관과 이데올로기 생산의 중요한 역할을 했다고 한다면, 피지배층의 종교는 새로운 세상과 사회변혁에 대한 희망을 공급하는 원천이었다고 볼 수 있다. 특히 『정감록』은 '내세'의 좋은 세상을 예언하기보다 '현실' 개혁의 가능성을 제기하고 있다는 점에서 사회의 혼란기에 억압 받고 고통 받는 백성들에게는 물론 그들을 지배하는 지배층에게도 관심의 대상이 될 수밖에

없었을 것이다.[25]

또 『정감록』은 조선 사회에서 지배층과 피지배층에게도 다양한 측면으로 영향을 미쳤다. 사회변혁 또는 새로운 사회에 대한 기대와 희망은 피지배층뿐만 아니라 지배층 내부의 핵심 권력으로부터 소외되거나, 불만을 가진 세력의 권력 획득을 위한 세력 규합의 차원으로 이용될 수도 있다. 또 지배층 내부의 권력 다툼에 이용되어 정적을 쓰러뜨리기 위한 도구로 이용되기도 했다. 그러므로 『정감록』과 같은 참설은 조선조 사회 내부 갈등의 불씨와 같은 존재로 갈등을 확대하는 경우가 흔히 나타났다.[26]

선조 조 집권 당파인 동인의 중심으로 들어가지 못하고 전주로 낙향하여 대동계를 조직하고 사병을 훈련시키는 과정에서 『정감록』의 '목자망전읍흥(木子亡奠邑興)'의 참언이 이용되었다. 이처럼 권력에서 소외되거나 기존의 사회에 불만을 가진 자들을 부추기고 새로운 권력을 획득하고자 하거나 새로운 질서를 꿈꾸는 자들에게 이용될 수 있었다.

중종 9년에는 사림의 조광조가 등용되면서 훈구파와 사림파의 지배권의 다툼이 심화되었는데, 조광조의 과격한 개혁에 불안을 느낀 훈구파들이 조광조 일파를 몰아내기 위한 계략의 하나로 나뭇잎 위에 '주초위왕(走肖爲王)[27]'을 새겨 넣어 중종을 설득, 결국 기묘사화를 일으키고 정적을 몰아낸 사건은 지배층 내의 권력 투쟁에 정감록과 같

25) 윤병철, 「정감록의 사회변혁 논리와 사회적 의의」,『정신문화연구』제 28권 제1호. (한국학중앙연구원, 2005), pp. 95-96 참조.
26) 윤병철, 같은 글, pp. 95-125 참조.
27) '주초위왕'의 走肖는 趙의 파자로서 조 씨가 임금이 된다는 뜻이다.

은 참언이 이용된 전형적인 예라고 볼 수 있다. 『정감록』 예언의 핵심인 '조선이 망하고 새로운 나라가 선다(李亡鄭興)'라는 것은 기존의 지배층에게는 결정적으로 치명적인 것이었다.

이런 것이 지배자의 처지에서 볼 때는 '혹세무민'하는 책이니 금서의 맨 윗자리를 차지하고 끊임없이 불태워졌던 것이다. 그러나 『정감록』의 기본적인 서술이 우리 민족의 전통적인 사상의 중요한 흐름의 한 맥을 이루고 있는 음양오행에 기초한 풍수지리설을 근거함으로써 그 진술의 합리성과 논리의 여부와는 관계없이 그럴듯한 예언으로 받아들여질 수 있었다. 그리고 억압 받고 고통 받는 피지배층에게 새로운 사회변혁과 새 세상에 대한 희망을 줄 수 있었기에 수많은 통제와 금지, 분서를 이겨낼 수 있었던 것이다. 그리고 천재지변이나 민란, 지배층의 무능과 부패, 윤리의 피폐, 사회의 무질서가 발생될 때마다 정감록은 지배층을 각성하게 하고 정상적인 사회로의 회복을 위한 노력을 하도록 하는 의도하지 않은 결과를 낳기도 했다.

『정감록』이 민중을 대상으로 널리 전파되었다는 점에서 지배 권력의 문화독점을 해체시키고 독자적인 문화전달 경로를 구축했다는 점이 주목된다. 그리고 서적의 탄압의 면도 변란과 연관된 비결 유포 자에게는 엄격한 처벌이 집행되었으나, 단순 소지자에 대해서는 관대한 처분이 내려지고, 대대적인 압수와 수색도 하지 않는 등 교화 주의적 입장에서 극단적인 금압은 실행되지 않았던 것으로 보인다.[28]

---

28) 백승종, 앞의 글, pp. 265-290 참조.

2) 문집 및 학술서적

(1) 운곡 원천석의 『운곡야사』

운곡 원천석은 고려 말에서 조선 초의 정치적 격변기를 거치면서 목은 이색 등과 함께 성리학의 보급에 큰 역할을 했던 인물로서 조선 태종의 어릴 적 스승이기도 했다. 그러나 불사이군(不事二君)의 절의를 위해 강원도 치악산 부근에 은거해 출사하지 않았다. 운곡을 모시기 위해 태종 이방원이 직접 치악산을 찾아가기도 했으나 뜻을 굽히지 않았다. 치악산에 은신한 채 『운곡야사(野史)』와 『시사(詩史)』 등 많은 저술을 남겼는데, 그 가운데 고려 말 왕조의 혈통에 대한 내용이 담겨있었다는 『운곡야사』, 조선 후기에 간행되어 현재 여러 이름으로 전해지는 『운곡집』이 있다. 『운곡행록』에 기록된 1,144수의 시는 당시의 시국을 증언하고 있어, 정치에 관한 운곡의 사상이 드러나 있다.[29)]

만년 저술인 『운곡야사』에는 당시의 역사적 사실과 시사를 직필한 내용이 많아 가묘에 비장시키고 꺼내보지 말도록 유언을 했으나, 증손 대에 이르러 사당에 시제를 지낸 뒤 비장했던 책을 꺼내보니 국사와는 달리 직필한 내용이 많아 멸족의 화를 입을 것을 염려하여 모두 불태워버렸다. 이렇게 『운곡야사』는 후손에 의해 분서되는 특이한 사례에 속하는 금서이다.[30)]

---

29) 치악한문교육연구회, 「운곡 원천석의 삶과 얼을 찾아서」, 『강원문화연구』제 26집, 2007, p. 120 참조.

30) 시 "흥망이 유수하니 만월대 추초로다. 오백년 왕업이 목적(牧笛)에 붓쳤시니 석양에 지나는 객이 눈물겨워 하노라"에서 운곡의 고려조에 대한 충성을 잘 살펴볼 수 있으며, 치악산 부근에서 소일하면서 인생을 보낼 무렵 많은 저술을 남겼으며,

운곡의 저술은 『운곡집』 3권 2책이 있었으나, 이마저도 시사를 직필한 내용이 적지 않아 후손들이 비장함으로써 널리 알려지지 않았다. 200년이 지난 선조 36년 1603년에 세상에 알리고자 했으나 공개하지 못했고, 우여곡절 끝에 1800년대에 이르러서야 후손에 의해 초간본 『운곡행록』이 5권 3책으로 발행되었다. 현재 『운곡집』, 『운곡선생문집』, 『운곡행록』, 『운곡시사』 등 다양한 이름으로 사람들에게 소개되고 있다.[31]

(2) 김종직의 『점필재집』

김종직이 활동한 15세기 후반은 의례 및 제도문물이 완성에 이른 시기이면서 동시에 조선왕조의 위기 징후도 드러난 시기였다. 이는 조선의 집권지배체제가 사회의 변화와 발전의 흐름이나 요구에 제대로 따르지 못하고 오히려 가로막는 데서 연유했다.

단종을 폐위하고 세조가 즉위하며 훈구파가 권력을 독점하여 전횡하자 유교적 국가이상까지도 심각하게 훼손되었다. 그러자 성리학의 명분론과 의리론을 신봉하는 식자층은 정치개혁을 희망하게 되었고, 특히 신진사림은 세조의 즉위 자체를 부정하진 않더라도 그 아픔을 글을 통해서라도 표현해 그 상처를 치유하고자 하였다.[32] 김종직의 「조의제문」은 그런 입장을 대변하는 기록이었다. 이는 세조 즉위에 따

그 가운데서도 『운곡행록』현재 전승되고 있다. [김삼웅, 앞의 책, pp. 27-28 참조.]

31) 박문열,「운곡선생집초시사에 관한 연구」(청주대 한국문화연구소, 2011), pp. 55-57 참조.

32) 이종범, 「점필재 김종직의 내면세계와 초기 사림파」, 『동양한문학연구』제28집. (동양한문학회, 2009), p. 6 참조.

른 훈구공신의 권력기반을 해체하려는 정치개혁운동의 일환이 되었고, 훈구와 사림을 경계 짓는 상징적인 원형이 되는 적극적인 의미부여로 이어졌다."[33]

김종직은 원래는 평탄한 일상을 보낸 인물이었다. 세조와 한명회를 찬양한 적도 있었다. 그러나 국가의 학술편찬사업에 뛰어들어 훈구학인 일색의 문학권력을 해체하고자 했으며, 「조의제문」으로 훈구와 사림의 경계를 가르는 장본인이 되었다. 세조 3년(1457년) 10월에 노산군으로 강등당한 단종이 영월에서 죽었다. 실록에는 '노산군이 스스로 목매어서 졸(卒)하니, 예로써 장사지냈다'로 되어 있으나 세간에는 온갖 풍설이 난무하고 있었고, 바로 이 때 「조의제문」을 지었다.

김종직은 세조를 따르는 사람들과 가깝게 지내지 않았다. 남이의 옥사를 일으킨 유자광을 멸시했는데, 함양 군수 부임시절 정자에 유자광의 시가 걸려있는 것을 보고 떼어내 불태우기도 했다. 이 일로 원한을 품은 유자광이 훗날 무오사화에서 김종직의 제자를 대거 숙청했다. 김종직이 세상을 떠난 6년 후인 1498년 제자 김일손이 사관으로 있을 때, 훈구파의 비행을 적서한 것이 빌미가 되고, 성종실록 사초에 수록한 「조의제문」이 문제가 되었다.[34]

연산군 4년 유자광은 연산군에게 「조의제문」을 구절구절 세조와 단종의 사실에 빗대어 풀이하면서 김종직의 죄를 다스리고 아울러 『점필재집』과 판본을 모두 불사르며 이를 간행한 사람도 죄를 다스리라

---

33) 이종범, 같은 글, p. 25 참조.

34) 이상각, 『영광과 좌절의 오백년 조선황조실록』(도서출판 들녘, 2009), p. 211 참조.

고 요청했다.[35] 그리하여 연산군은 전라도 도사 정종보에게 『점필재집』의 판본을 소각하여 훼판하라는 유시를 내리고, 예조에 김종직의 문집을 소장한 자는 즉시 수납하게 하고, 수납하지 않는 자는 엄중히 처벌하라고 전교했다.[36]

『점필재집』 훼판 사건은 조선 최초의 문신의 저작에 대한 필화사건이고, 문집책판에 대한 훼판 사건이며 금서사건이다. 이후 문집을 편찬할 때 시사문제의 기휘문자(忌諱文字)는 삭제하고 수록치 않는 빌미를 제공한 것이다.[37]

김종직이 「조의제문」을 짓고 남긴 것은 고려 말의 충신으로 조선에 벼슬하지 않고 은거한 야은 길재의 정신을 잇고, 사육신과 생육신의 정신세계를 추종하기 위함이었을 것이다. 사육신과 생육신의 길을 걷지 못하는 처지의 문인으로서 할 일은 작품을 통해 그 정신을 표출하는 것이었다. 그래서 대의명분을 중시하던 김종직은 「조의제문」을 통해 단종의 폐위와 처참한 최후에 따른 충심과 분노를 기록하며 세조를 비판했다. 「조의제문」 어디에도 '항우는 세조이며, 의제는 노산군이다'는 언급은 없다. 그러나 노산군이 영월에서 죽은 달에 지었음을 생각하면 '항우가 관군을 멸족시켰다'는 구절은 수양대군의 김종서 척살을 비유한 것이며, '어찌 그를 잡아다가 처형하지 않았던가?'는 단종이 수양대군을 제거하지 못함의 은유라고 해석된다. 또한 의제의 시신이 잠겼다는 침강(郴江)은 두말할 나위 없이 영월의 동강이

35) 『연산군일기』, 권 30, 7월 15일 기유조.
36) 『연산군일기』, 권 30, 7월 17일 신해조.
37) 김윤수, 「점필재집의 판본 연구」,『서지학연구』제35집. (서지학회, 2006), p. 312 참조.

된다.[38)]

시집 23권, 문집 2권, 도합 25권 7책의 시문집 『점필재집』 초간본은 분서되고 현전하는 『점필재집』은 그 때 타고 남은 유지를 수습하여 8차례 정도 보판본으로 간행되었다. 김종직이 죽은 다음해 문도이자 외생(外甥)인 강중진이 원고를 수집하고 처남 조위가 편집하여 간행 준비를 했으나 무오사화로 훼손되었다. 1520년에 강중진이 다시 남은 원고를 정리해 선산에서 간행했다. 이후 여러 차례 증보 · 중간되었다. 밀양의 예림서원에서 「이존록」 2권을 추가했고, 1789년 「연보」와 「문인록」을 추가했다. 서문은 없고 권말의 만력 8년에 후손 김유와 홍귀달, 장현광 등이 쓴 후서가 있다. 본문은 시집 23권, 문집 2권에 「이존록」과 「부록」으로 구성되어 전하고 있다.[39)]

(3) 김시습의 『금오신화』

조선시대에 소설은 어원 그대로 '小說' 즉 '경서'에 비해 자질구레하거나 가치가 적은 무엇에 불과하였다. 부정적인 것으로 경계되기 일쑤였으며 독서를 금지당하기도 했다. 문학이란 재도지기(載道之器)란 인식이 지배하던 시대이다 보니, 문학은 도(道)를 담아야지 일상적이고 시시콜콜한 현실세계를 그대로 드러내는 것은 사람을 타락하게 만든다고 보았다. 그래 서, 소설을 읽으면 심성수양에 방해가 되고 인륜도덕을 해한다고 여기거나, 허구성과 비사실성(非史實性)을 혼동하게 하므로 교육에 해롭다고 보거나, 시간 낭비를 가져와 학문 성취

---

38) 이종범, 앞의 글, p. 8 참조.
39) 김윤수, 앞의 글, p. 325 참조.

에 방해를 초래한다고 생각하거나, 상스러운 문체에 대한 거부감 등등 여러 가지 이유로 소설을 부정적으로 인식하였다.[40)]

현실과 환상의 세계가 결합된 최초의 한문 소설 김시습의 단편소설집인 『금오신화』는 이승과 저승을 오가는 몽환적인 구조, 인습과 제도에 맞서는 적극적 인간형의 제시, 유 · 불 · 선을 통합하는 사상 등이 이단으로 취급되어 금서가 되었으며, 저술 직후 바로 석실(石室)에 감춰져야만 했다. 원천석의 『운곡야사』처럼 밖으로부터 제재가 가해지기 전에 스스로 금서 조처를 내렸던 경우라 하겠다.

후세에 펴낸 김시습의 문집에도 『금오신화』가 실리지 못했다는 것은 이단 문제와 연관되어 금기되었던 정황을 잘 보여준다. 이황은 김시습을 '색은행괴지도(索隱行怪之徒)'로 비평했지만, 비판적인 견지에서라도 『금오신화』를 읽었다는 점이 주목된다. 이는 명종 대에 필사본이든 간행본이든 지식인 사회에서 널리 읽혔음을 뜻하기 때문이다.

명종 대 간행본은 국내에는 남아있지 않은데, 최근 중국에서 목판본 『금오신화』가 발견되었고, 서문에 '윤춘년 편집'으로 명기되어 있어 국내 간행본으로 추정되고 있다. 『금오신화』가 조선에서 간행되었다 하더라도 국내에 전하지 않는다는 사실에서 『금오신화』에 대한 사대부의 배척이 강했다는 것을 확인할 수 있다.[41)]

(4) 조식의 『남명집』

남명 조식은 조선 중기 경남의 대학자로 경북의 퇴계 이황과 쌍벽

40) 최운식, 『한국 고소설 연구』(보고사, 2004), pp. 41-62 참조.
41) 이대형, 『금오신화연구』(보고사, 2003) 및 이중연, 앞의 책, pp. 109-115 참조.

으로 칭해지는 성리학자이다. 양명학, 불교, 노장 사상까지 수용하면서 조선 유교의 실천적 학풍을 일으켰던 조식의 문집 『남명집』도 이단 사상을 유포한다는 이유와 조식이 인조반정 때 역적으로 몰리면서 훼판(毁板)이 되었다.

노장사상이 가미되어 있는 사상으로 인해 퇴계 이황으로부터 비판을 받았고, 문묘종사 문제도 좌절되었다. 수제자 정인홍이 『남명집』 편간을 주도하고 그 속에 자신의 글을 삽입했었는데, 정인홍이 역적으로 처형되자 금서가 되었다. 인조반정 이후 정인홍의 흔적과 노장 사상의 자취를 제거하는 작업이 지속적으로 진행되면서 여러 차례에 걸쳐서 재간되었다.

고종 31년(1894)에도 후손이 갑오본을 간행하였는데, 이때 노장 기미나 내암 문자 및 불미한 교우관계 문장을 전면 삭제하고 작품들의 문구를 산삭(刪削)하고 감소시키며 체재를 확 바꾸어 중간하였다. 지나친 편집권 남용으로 인해 세기말의 사상적 전환기에 보수로 회귀하여 진실을 왜곡, 축소, 변개하고 원형을 훼손하면서까지 남명학을 퇴계학에 종속시키고 성리학에 국한시켰다.[42)]

(5) 채수의 『설공찬전』

「설공찬전(薛公瓚傳)」은 1511년(중종 11) 무렵 채수(蔡壽)가 지은 고소설인데, 한문 원본은 1511년 9월 내용이 불교의 윤회화복설을 담고 있어 백성을 미혹한다 하여 왕명으로 모조리 불태워진 이래 전하

---

42) 김윤수, 「남명집의 책판과 인본의 계통」, 『남명학연구』2집. (남명학회, 1992), p. 253 참조.

지 않으며, 국문필사본이 이문건(李文楗)의 『묵재일기 默齋日記』제3책의 이면에「왕시전」,「왕시봉전」,「비군전」,「주생전」 국문본 등 다른 고전소설과 함께 은밀히 적혀 있다가 1997년 극적으로 발견되었다.[43]

중종 6년에는 대간이 '요망한 화복윤회설'을 담고 있다고 하여 금지할 것을 제의[44]하였고, 이 제의가 받아들여져 사흘 후에 분서되고, 책을 숨기고 내놓지 않는 자에 대해서는 '요서은장률'에 따라 처벌한다는 지시가 내려졌다.[45] 사헌부에서는 '부정한 도로 정도를 어지럽히고 인민을 선동하여 미혹케'한다는 '좌도난정선감인민'의 죄목으로 채수를 교수형에 처할 것을 요구[46]할 정도로 큰 물의를 일으켰으나 파직당하는 선에서 일단락되고 그 이상의 파장은 없었다.

『설공찬전』은 조선시대 금서 중에서 특별한 의미를 가진다. 『조선왕조실록』에서 다루었다든가 금서 조처의 이유와 과정이 상세하게 기록되어 있다는 점에서만 그런 것은 아니다. 필자가 보기에 이 작품의 경우를 자세히 들여다보면 조선왕조가 책이나 글에 대해서 기본적으로 어떤 태도를 지녔는지를 엿볼 수 있다고 생각한다. 『설공찬전』에 대해 좀 더 자세히 분석해 보도록 하자. 『설공찬전』의 줄거리를 몇 개의 단락으로 정리해 보면 다음과 같다.

---

43) 이복규, 『설공찬전-주석과 관련자료』(시인사, 1997) 참조.

44) 『중종실록』, 1511년 9월 기유일.

45) 『중종실록』1511년 9월 임자일.

46) 『중종실록』, 6년 9월 18일 을축 : "인천군 채수의 파직을 명했다. 그가 지은『설공찬전』이 괴이하고 허탄한 말을 꾸며서 문자로 나타낸 것이어서 사람들로 하여금 믿어 혹하게 하기 때문에 '부정한 도로 정도를 어지럽히고 인민을 선동하여 미혹케 한 률'에 의해 사헌부가 교수(絞首)로써 조율했는데, 다만 파직만을 명한 것이다.

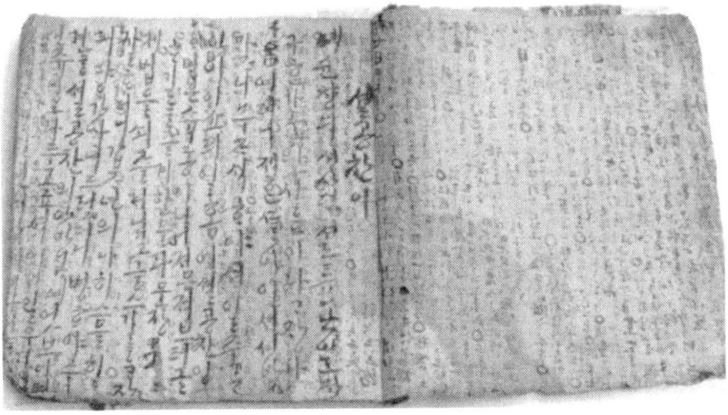

설공찬전 – 이복규 교수 제공

① 순창에 살던 설충란에게는 남매가 있었는데, 딸은 결혼하여 바로 죽고, 아들 공찬도 장가들기 전에 병들어 죽는다.

② 설충란은 공찬이 죽은 후 신주를 모시고 3년 동안 제사를 지내다가 3년이 지나자 무덤 곁에 그 신주를 묻는다.

③ 설충란의 동생 설충수의 집에 귀신(설공찬 누나의 혼령)이 나타나 설충수의 아들 공침에게 들어가 병들게 만든다.

④ 설충수가 귀신 퇴치를 위해 방술사 김석산을 불러다 조처를 취하자, 오라비 공찬을 데려오겠다며 물러간다.

⑤ 설공찬의 혼령이 와서 사촌동생 공침에게 들어가 수시로 왕래하기 시작한다.

⑥ 설공침은 원래 오른손잡이였는데 공찬의 혼이 들어가 있는 동안에는 왼손으로 밥을 먹어, 그 이유를 물으니 저승에서는 다 왼손으로 먹는다고 대답한다.

⑦ 설충수가 아들의 병을 낫게 하기 위해 김석산이를 불러다 그 영혼이 무덤 밖으로 나다니지 못하게 조처를 취하자, 공찬이 공침

을 극도로 괴롭게 하여. 설충수가 다시는 그러지 않겠다고 빌자 공침의 모습을 회복시켜 준다.

⑧ 설공찬이 사촌동생 설위와 윤자신을 불러오게 했는데, 저들이 저승 소식을 묻자, 다음과 같이 전해준다.

- 저승의 위치 : 바닷가로서 순창에서 40리 거리임.
- 저승 나라의 임금 : 단월국
- 저승 임금이 이름 : 비사문천왕
- 저승의 심판 양상 : 책을 살펴서 명이 다하지 않은 영혼은 그대로 두고, 명이 다해서 온 영혼은 연좌로 보냄. 설공찬도 심판받게 되었는데 거기 먼저 와 있던 증조보 설위의 덕으로 풀려남.
- 저승에 간 영혼들의 형편 : 이승에서 선하게 산 사람은 저승에서도 잘 지내나, 악하게 산 사람은 고생하며 지내거나 지옥으로 떨어지는데, 그 사례가 다양함. 예컨대 여성이라도 글할 줄 알면 소임을 맡아 잘 감당하고 있으며, 지상에서 임금을 역임했어도 반역하여 집권하였으면 지옥에 떨어져 있음.
- 염라왕이 있는 궁궐의 모습 : 아주 장대하고 위엄이 있음.
- 지상국가와 염라국 간의 관계 : 성화황제가 사람을 시켜 자기가 총애하는 신하 애박의 저승 행을 1년만 연기해 달라고 염라왕에게 요구하자, 염라왕이 고유권한의 침해라며 화를 내고 허락하지 않음. 당황한 성화황제가 염라국을 방문하자, 염라왕이 그 신하를 잡아오게 해 손이 삶아지라고 함.[47]

47) 이복규, 『설공찬전-주석과 관련자료』(시인사, 1997), pp. 17-19 참조.

이 작품에서 금서 조처와 관련해 주목할 점들은 무엇일까? 첫째, 죽은 설공찬의 혼령이 저승에서 돌아와 사촌동생 공침의 몸에 빙의하였다고 함으로써 귀신의 존재를 인정하고 있는 점이다. 위에서 ③④⑤⑥⑦⑧번 단락이 모두 그것을 보여준다. 죽은 후 영혼이 존속하여, 저승에서 지상에 나오기도 하고, 살아 있는 사람들에게 영향력을 행사하며 말도 한다. 하지만 조선왕조의 지배이념인 성리학에서는 귀신의 존재를 인정하지 않는다. 음과 양의 기가 합해져 사람이 되었다가, 죽으면 다시 원래의 양과 음의 기로 돌아갈 뿐, 민간신앙에서처럼 영혼이 그대로 존속하여 인격적인 활동을 한다고 인식하지 않았다. 제사 문제에 대해서도, 혼령이 실제로 있어서라기보다는 살아계신 것처럼 생각을 하고 정성을 다함으로써 효를 지속하라는 가르침일 따름이다.[48] 그런데 이 작품에서는 엄연히 귀신의 사후 실존을 인정하고 있어, 성리학에 위배되고 있다. 이를 묵인할 경우 백성들에게 혼란을 주어 성리학의 나라 만들기에 저해 요인이 된다고 판단할 수 있다 하겠다.

둘째, 저승의 존재를 인정하고 있는 점이다. ⑧번 단락이 그것을 잘 보여준다. 막연하거나 관습적으로 가볍게 말하는 것이 아니라 아주 사실적으로 구체적으로 묘사하고 있어 문제적이다. 위치는 물론 심판의 양상이며, 그곳이 지상과 구분되는 점 등을 그곳에서 견문한 것을 조목조목 서술함으로써 독자로 하여금 빨려들게 하고 있다. 이것 역시 성리학의 가르침에 위배되는 것이다. 성리학에서는 사후세계의 존재를 인정하지 않는다. 지상세계 즉 현실세계만을 인정한다. 말하자면 일원론적 세계관이라 할 수 있다. 그런데 『설공찬전』에서는 염라왕이

---

48) 『논어』에 나오는 공자의 말 "祭如在"가 그것을 잘 보여주고 있다.

다스리는 저승 즉 염라국을 제시하고 있어 문제적이기에 당국자로서는 묵과할 수 없는 요소이다. 지상에 집중해야 할 백성의 시선과 관심을 자칫 흐트러뜨릴 수 있기 때문이다. 이 점 때문에도 금서 조처 당했다고 볼 만하다.

셋째, 저승에서 보았다는 내용이 지닌 체제비판성이다. 이것은 두 가지다. 하나는 여성에 대한 것이다. 여성이라도 글만 할 줄 알면 저승에서 관직을 맡고 있더라는 내용인데, 조선왕조로서는 용인할 수 없는 이야기다. 주지하듯 조선이 지배이념으로 받아들인 성리학은 철저한 신분주의 철학이다. 천자와 제후와 사대부와 백성 간에는 넘나들 수 없는 벽이 있다고 전제한 철학이다. 사농공상의 개념도 이와 연계되어 있으며, 부부유별이라는 말에 드러나 있듯, 남성과 여성 간에도 그런 경계가 있어, 여성의 벼슬살이를 원천적으로 봉쇄하는 철학이다. 조선시대에는 과거에 급제를 해야만 관직을 역임할 수 있었는데, 여성에게는 자격이 주어지지 않았을 뿐만 아니라, 아예 교육 자체를 하지 않았다.

그런데 채수의 『설공찬전』에서는 이에 대한 문제 제기를 한 셈이다. 여성이라도 글만 하면 어떤 관직이든 역임하고 있더라는 진술은 그것이 비록 저승경험담이라는 우언 형태를 빌고 있지만, 당시로서는 파격적인 주장이 아닐 수 없다. 이를 허용하는 것은 조선왕조의 사회질서를 근본적으로 뒤흔들 수 있는 폭발력을 지닌 발언이기 때문이다. 마치 서양에서 갈릴레오가 가톨릭의 성찬식 때 사용하는 빵과 포도주의 성분이 절대로 예수의 살과 피로 바뀌지 않는다는 내용을 글로 써서 발표했을 때, 이를 묵인할 수 없었던 것과 똑같이, 당시 지배집단에서도 바로 금압 조처를 내렸던 것이다. 물론 지금 우리의 객관적인 시각에서 이 사태를 바라보면, 조선왕조가 지키려고 한 체제와 사회는 결국 남성들을 위한 것이거나 왕이나 양반사대부들을 위한 것이라는 한계를 지녔다고 할 수 있어, 결국 『설공찬전』의 문제 제기야말로 모두를 위한 새로운 질서를 위해 반드시 필요한 반론이라 하겠다.

넷째, 지상의 황제가 지닌 권력보다 저승의 염라왕이 지닌 권력이 더 크다고 피력한 점이다. 성화황제가 자신의 신하 애박의 수명을 1년 연장하기 위해 염라왕에게 요청하자 염라왕이 화를 내면서 거부한 대목이 바로 이것을 보여준다. "염나왕이 대로ᄒᆞ야 닐오ᄃᆡ 황뎨 비록 뎐쥐둘 사ᄅᆞᆷ 주기며 사ᄅᆞ며 ᄒᆞ기ᄂᆞᆫ다 내 권손의 다 가졋거든 엇디 다시곰 비러 내게 쳥홀 주리 이시료 ᄒᆞ고"[49]라고 되어 있는 원문이다. 성리학은 신분주의만이 아니라 중화주의라는 전제를 가진 철학이다. 중국의 황제가 모든 권력의 정점이자 중앙에 있다고 전제하고 있어 조선왕조에서도 그러려니 하고 있는 마당에, 채수는 이에 대해서도 문제 제기를 한 셈이다.

중국의 황제가 최고의 권력자가 아니라는 것, 초월계인 저승을 다스리는 염라왕이 있으며, 사람을 죽이고 살리는 것은 염라왕의 절대주권 아래 있어 황제도 침범할 수 없다는 점을 표명한 것이다. 이 역시 조선정부에서 묵인하기 어려웠을 것이다. 황제의 권한마저 상대화하려는 그 생각은 바로 조선의 왕권의 약화를 초래할 수도 있는 문제이기 때문이다. 황제의 권한도 절대적이지 않다는 사실을 사람들이 인식하기 시작할 경우, 왕권에 대한 절대 복종은 기대하기 어려워질 것이라 판단할 법하다.

다섯째, 이 작품의 작자가 채수라는 사실도 중요한 사항이다. 위에

49) 이복규, 앞의 책, p. 44.

서 말한 귀신이나 저승 모티프는 사실, 채수 이전에도 김시습이 『금오신화』에서 다룬 바 있으니 새로운 것만은 아니라 할 수 있기 때문이다. 그러나 같은 귀신 이야기와 저승 이야기라 하더라도 김시습이 작품화한 것과 채수가 한 것은 의미가 달랐다. 김시습은 방외인으로서 철저하게 아웃사이더로서의 삶을 살아, 본인도 인정했다시피 당대에 '미친 사람으로' 여겨질 만큼 내놓은 사람이었다. 그러니 그런 김시습이 무슨 말을 하더라도, 사람들에게 별다른 영향력을 행사하기 어려웠다고 할 수 있다. 김시습 스스로가 『금오신화』를 창작하자마자 세상에 내놓지 않고, 석실에 감춰두면서, 먼 후세에나 자신을 알아줄 사람이 있을 것이라고 했다는 『용천담적기』의 그 유명한 기록이 의미하는 바도 바로 그것이라 필자는 해석한다.

하지만 채수는 달랐다. 체제 안에서 과거를 거쳐 대사헌, 호조참판 등의 중요 공직을 두루 역임한 인물이면서, 조선왕조 역사상 드문 문장가로 인정받던 인물이다. 중종반정 때 반정의 명분을 높이기 위한 일환으로 박원종 등의 반정세력이 어떻게든 채수를 현장에 끌어들이려 노력했던 점을 보아서도 이 점은 충분히 입증된다. 그런 채수가 위와 같이 반 성리학적인 내용을 담은 소설을 지었으니, 이것이 퍼질 경우의 파급력은 지대할 수 있으므로, 금서 조처라는 극약 처방이 내려졌다 할 수 있다.

여섯째, 또 한 가지, 작가와 함께 작품 외적인 요인으로서 중요하게 고려할 점이 있는데, 이 작품이 원작은 한문이었지만 바로 국문으로도 번역되어 읽혔다는 점이다. 말하자면 매체 변화가 일어난 셈이다. 앞에서 밝혔듯, 『설공찬전』을 전달한 최초의 매체는 한문소설이었다. 한문본은 현재 전하고 있지 않으나, 이는 한문을 아는 일부 식자층에게만 수용될 수 있는 것이었다. 우리 최초 한문소설인 김시습의 금오신화도 마찬가지다. 한문을 모르는 대부분의 상층 여성이나 하층민에게 한문소설은 그림의 떡이었다. 읽어준다 해도 우리말이 아니므로 이해할 수 없었다. 그러다 『설공찬전』은 두 번째 매체인 국문을 만났다. 조선왕조실록에 의하면 한문 원작이 발표되자 이것이 (한문으로) 필사되어 유통되는 것은 물론, 국문으로도 번역되어 경향 각지에서 읽혔다. 채수가 번역했는지 남이 번역했는지는 모르지만, 한문도 알고 한글도 아는 누군가가, 그 내용을 혼자 읽고 말기에는 아쉬워 부녀자 또는 국문 해독 층을 위해 국문으로 번역했을 것이다.

국문본 『설공찬전』이 등장함으로써 설공찬전 향유 계층은 광범위하게 확대되었다고 할 수 있다. 한글을 아는 사람이면 누구나 읽을 수 있게 된 것이다. 물론 여전히 필사본으로만 유통되었을 뿐 방각본이나 활자본 매체는 등장하기 전이므로, 일정한 제약은 있었겠지만, 상층 전유물이었던 소설 갈래를 하층이 향유하게 된 최초의 사례를 『설공찬전』의 국문 번역이 보여준 것만은 분명하다. 1990년대 이후 발견된 『설공찬전』 국문본도 그 하나이다. 표기법 분석 결과 1511년 당시의 것은 아니고 1600년대 후반에 필사된 것으로 여겨지지만, 1511년에 등장한 국문본이 왕명으로 금지되었음에도 불구하고 은밀히 전해져 어떤 이의 일기책 이면에 베껴져 있다가, 1996년 한 연구자의 눈에 띄었다. 지배층의 탄압으로 일기책에 그 실체를 숨기고 있다가 오랜 세월 뒤에 세상에 나타났다 하겠다.

한문본 『설공찬전』의 국문 번역은 단순히 향유 층의 확대만 의미하는 것은 아니었다. 당대 상층의 이데올로기이자 조선왕조의 이념이었던 성리학과는 어긋나는 내용을 담고 있는 이 소설이, 국문이라는 매체의 도움을 받아, 걷잡을 수 없는 속도로 경향 각지의 백성에게 읽혀져 영향을 미치는 결과를 가져왔다. 『조선왕조실록』에 기록된 표현대로 '조야에서 현혹되어 믿고서, 한문으로 베끼거나 국문으로 번역하여 전파함으로써 민중을 미혹(中外惑信 或飜以文字 或譯以諺語 傳播惑衆)'하는 사태에 이르자 사헌부에서 주청하여 이 작품을 모두 수거해 불태우게 하고, 작자 채수는 교수형에 처하려다 왕의 배려로 파직하였다. 필자의 견해로는, 한글 창제 이후, 그 한글이란 새로운 매체가 지닌 영향력이 얼마나 큰지 구체적으로 실증해 보여준 사건이 바로 국문본 『설공찬전』이라 생각한다. 세종대왕이 꿈꾸었던 것이, 모든 백성이 한글을 통해 의사를 소통하는 데 있었다고 한다면, 국문본 『설공찬전』에 대한 상하층 백성의 반응은 한글이 지닌 그 소통의 가능성을 증명해 보였다고 보이기 때문이다. 이는 중세 유럽에서의 독일어역 등 자국어 번역 성경의 등장과 비견된다.

라틴어 성경일 때는 라틴어 교육을 받은 사제 계층만이 읽을 수 있고 민중은 접근할 수 없었으나, 루터가 독일어 역을 내놓자 독일 민중이 비로소 성경을 읽어, 마침내 종교개혁을 이루는 원동력으로 작용했는데, 한문소설의 국문 번역도, 정보의 독점 단계에서 전 계층의 공유화의 단계로 바꿔놓은 뚜렷한 예를 마련했다 하겠다. 아마도 이것이 자극제가 되어 허균의 『홍길동전』이 창작되었는지도 모른다. 자신이 지닌 호민론과 유재론 같은 급진적인 생각을 더 많은 사람들에게 알리고 싶어 국문소설 『홍길동전』을 지었다고 할 수 있기 때문이다. '설공찬이'란 구어적인 형태로 제목을 달고 있어 한문본의 제목(설공찬전, 설공찬환혼전)에 비해 한결 서민적이다.

성리학에 위배되는 내용을 담은 『설공찬전』 한문본도 위험한데, 이

것이 모든 백성이 읽거나 들을 수 있는 국문으로도 번역되어 실제로 경향 각지에서 백성들의 마음을 움직이고 있다는 사실을 알자, 조정에서 강력한 제재를 가한 것이 '설공찬전 파동'의 본질이다. 여기에서 우리는 매체도 영향력 증대에 매우 긴밀하게 연결되어 있다는 사실을 확인할 수 있다. 세종대왕이 창제한 훈민정음이 상하층을 소통하게 하는 데 효과적이라는 사실을 웅변으로 증명한 사례를 국문본 『설공찬전』이 잘 보여준다고 할 수 있다. 불행히도 조정에서 금압으로 일관한 나머지 작품이 불태워져 독자들에게 더 이상 전승되지 못하고 은밀히 베낀 필사본만이 486년 만에 발굴되어 세상에 다시 알려졌지만, 그 작품이 꿈꾸었던 좀 더 좋은 세상을 만들어 가고, 좀 더 총체적인 세계관을 사람들이 지니게 하는 일은 한동안 지연될 수밖에 없었다고 보인다. 조정에서 상극관계로 보아 작품을 수거해 불태우고 작자에게 파직 처분하지 않고, 그 문제 제기를 공론화하여 점진적으로라도 실천하려는 의지를 보였다면, 조선왕조는 성리학을 절대시한 데서 오는 한계를 드러내지 않으면서, 좀 더 바람직한 나라를 만들어갈 수 있었을 것이다.

(6) 남효온의 『육신전』과 원호의 『원생몽유록』

『육신전』은 추강 남효온의 저술이다. 남효온은 점필재 김종직의 제자로서 세조의 왕위 찬탈을 소재로 삼아 이 책을 썼다가 금지 처분되었다. 자신의 충신의 절의를 기록하고자 썼는데, 그의 제자들이 이 저술 때문에 장차 화를 당할 것이라고 두려워했다고 전한다.

남효온은 조선시대 명문사대부 가문의 출신이지만, 오랜 방랑과 은

둔생활로 차 있어 그의 생애를 자세히 알기는 매우 어렵다. 스스로 세상에 알려지기를 꺼렸으며, 더구나 갑자사화 때 후환을 두려워한 나머지 집안사람들이 그의 글을 불태워 버렸으며, 시문만이 약간 남아 있다. 게다가 연보가 실려 있지 않아 그의 생애를 알아내기는 어렵다. 다만 현재 남아있는 『추강선생문집』에서 간간히 보이는 내용과 『조선왕조실록』과 그와 교류했던 사람들의 문집에서 조금씩 들추어볼 수 있을 뿐이다.

연산군 10년(1504년) 갑자사화 때 남효온은 김종직의 문인이었다는 것과 폐위되어 물가로 이장된 현덕왕후의 소릉(昭陵)을 복위해야 한다는 상소를 했다고 하여 부관참시당하고 문집도 대부분이 이때 화를 입어 소실되는 바람에 일부만 전해진다.[50] 그러나 『육신전』은 비밀히 보관되어 사림층 사이에 은밀하게 읽혔다. 선조 9년에 율곡의 청원으로 간행이 시도되었으나, 책을 읽은 선조는 저자를 '왕조의 죄인'으로 몰아붙이며 비난하고 책을 거두어 불사를 것을 지시했다. 이후 숙종 대에 이르러 비로소 간행되어 자유롭게 읽힐 수 있었다.

남효온은 39세의 짧은 나이로 세상을 마쳐 중국의 백이, 숙제에 비교되기도 한다. 저들이 불의를 참지 못하고 권력에 도전했듯, 남효온도 위험하다는 것을 알면서도 『육신전』을 세상에 내놓았다.[51] 남효온은 김시습과 친구였고, 김종직을 스승으로 모셨는데, 이런 생애상의 특징도 『육신전』이라고 하는 사육신에 대한 전기(傳記)의 저술과 연관된다고 보인다.

---

50) 정후수, 「추강 남효온의 생애와 사상」,『민족문화』제5집 (한성대학교 민족문화연구소, 1991), p. 242 참조.

51) 정후수, 같은 글, pp. 247-248 참조.

생육신 원호의 『원생몽유록』도 정치 비판적인 성향이 강하다는 이유로 금서로 지정되었다. 『육신전』과 마찬가지로 사육신을 추모한 소설이었는데, 당시 가장 민감한 사안이었던 단종 폐위와 사육신 사건이 빚어낸 충격을 꿈의 형식을 빌려 문학적으로 형상화한 작품이다. 같은 문제를 다루었던 「조의제문」이 공개되었던 것과는 달리 『원생몽유록』은 은밀하게 유통되었다. 정치권력의 핵심 인물들과 관련된 민감한 사안이며, 국가 통치의 기틀과 관련한 역사적인 사건을 바탕으로 했기에 그랬다 하겠다. 「조의제문」은 훈구파에게 위기의식을 자극하여 필화사건을 촉발시켰는데, 『원생몽유록』은 금서라는 제약으로 오히려 사대부 계층의 억눌린 역사의식을 자극하는 요소가 되었던 것으로 보인다.

(7) 주자의 『근사록』과 『소학』

성리학의 해설서인 주자의 『근사록』은 사림파를 상징하는 서적이었는데 기묘사화 때 사림파가 화를 당하면서 『소학』과 함께 금서가 되

| 소학 - 국립중앙박물관 제공

었다가 선조 때 해금이 되었다. 성리학에 대한 책이지만, 정쟁의 와중에서 반대 세력이 애독하며 간행한 저술이라는 이유 하나로 금서로 지정되었다가 나중에 해금되었다.

특히 조광조가 그 스승인 김종직을 이어받아 실천하려 노력한 『소학』이, 기묘사화로 조광조가 처형당한 이후 '귀물(鬼物)'로 불리면서 지식인 사회에서 기피대상이 되었던 것은 주목할 점이다. 정권에 의한 공식적 금지조치가 있었던 것은 아니지만 변란(조광조 사태)의 원인으로 지목되어 독서나 보관을 해서는 안 되는 사회적 금서가 되었으니 매우 아이러니한 일이 아닐 수 없다.[52] 금서 조처가 지닌 이중성을 잘 보여주는 사례라 하겠다.

(8) 허균의 「홍길동전」

허균의 「홍길동전」은 서얼차별의 부당함을 고발한 작품이다. 조선 초기부터 법제화하여 지켜지고 있었던 서얼차대에 대하여 정면으로 도전한 이 작품은 과히 혁명적인 것이라 할 만하다.

이 작품은 허균이 지녔던 평소 생각의 문학적 형상화라고 보인다. 허균은 「호민론」과 「유재론」을 통해 이미 민중에 대한 각별한 관심과 당시의 인재등용 정책의 문제점을 날카롭게 들여다보고 있었는데, 그 논설의 맥락과 이 작품은 아주 긴밀하게 연결되어 있다. 「호민론」이 말하고자 하는 바는 민중 가운데는 세 가지가 있는데, 늘 순종만 하는 '항민(恒民)'이나 불만만 가졌지 행동화하지 못하는 '원민(怨民)'은 크

52) 이중연, 앞의 책, p. 505 참조.

게 두려워하지 않아도 되지만, 자신의 부당한 처우를 받는다는 사실도 알고 체제를 전복시킬 만한 역량을 가지고 기회만 엿보는 '호민(豪民)'이 있다는 사실을 알고 두려워해야 한다는 것이다. 호민이 한번 봉기하면 원민과 항민도 따라나서게 되고, 그러면 그 세력을 국가 공권력으로 제압할 수 없다는 경고를 담은 논설이다.

「홍길동전」의 홍길동은 바로 호민의 형상화라 할 수 있다. 「유재론」의 내용은 세상에는 인재가 아주 많은데, 문벌 집안의 자제들만 급제할 수 있는 과거제도 때문에 초야에 묻혀 있는 한미한 가문의 인재들이 쓰이지 못하고 버려지는 데 대한 통탄을 담고 있다. 「홍길동전」에서 서얼 출신으로 호부호형도 못하고 과거 응시도 할 수 없던 홍길동이 당당히 그 능력을 인정받아 병조판서에 제수되고 급기야 율도국 왕이 된다는 설정은 바로 이 「유재론」의 이상을 형상화한 것으로 볼 수 있다.[53)]

하지만 이 작품이 금서 처분을 받았다는 뚜렷한 기록은 없다. 『설공찬전』과는 경우가 다른 셈이다. 허균이 이 작품 때문에 처형을 받았다

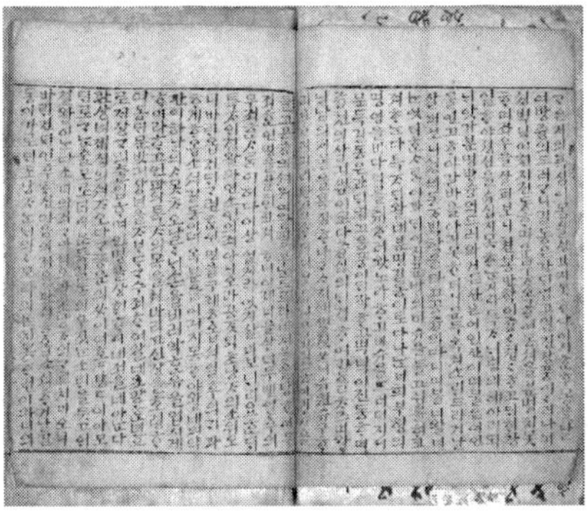

| 홍길동전 - 국립중앙박물관 제공

53) 이복규, 『우리 고소설 연구』(역락, 2004), p.188 참조.

는 명시적인 기록도 표현도 없다. 그렇지만 택당 이식이 이 작품을 두고, 작자가 극형을 받은 것은 당연하다는 평을 하고 있는 것으로 미루어, 당시 지식인 사회에서 금기시했던 것이 아닌가하고 보이기도 하나, 그런데도 현재까지 작품이 다수 전승되고 있어 의문이다. 진정으로 금서 처분되었다면 『설공찬전』처럼 전승이 중단되었어야 마땅하기 때문이다.

(9) 정제두의 『하곡집』

『하곡집』의 저자 정제두는 생애의 대부분을 양명학 연구에 바쳤는데, 그 학설이 주자학에 어긋난다 하여 심한 배척을 받았다. 양명학의 학설이 우리나라에 들어온 것은 조선 명종, 선조 때였고 이미 이퇴계는 『전습록변』을 지어, 양명학을 두고 공맹사상의 정통이 아닌 이단이라고 배격했다. 하곡은 이 글에 대해 "남의 학술을 변론함에 있어 먼저 그 입장을 이해해야 한다. 근본요령을 파악하지 못하고 어구에 얽매이거나 문자에 구애되어서는 아니 된다"고 반박하였다.

그처럼 학문적으로 경직된 상황 아래에서도 정제두는 불교 다음으로 배척을 받고 있던 양명학을 연구해, 양명학이 자신의 학문임을 떳떳이 밝혔으며, 독자적인 자신의 학문체계로 성립시켜 주목할 만한 저술을 남겼다.[54] 한국 양명학 연구의 권위자안 정인재 교수의 표현에 따르면, 정제두가 양명학을 공부한 것은 "300여 년 전 당시, 이단으로 배척받았던 양명학을 목숨 걸고" 한 일이라고 한다. 그도 그럴 것이

54) 김교빈, 「하곡철학사상에 관한 연구-존재론, 인생론, 사회지식에 대한 구조적 이해를 중심으로」(성균관대학교 박사학위논문, 1992), pp. 3-4 참조.

이미 허균이 양명학의 영향을 받은 끝에 희생당한 전례[55]도 있어 최명길 같은 이도 양명학자이면서도 드러내지 않으려 했던 것을 보면, 당시에 양명학에 접근하는 것은 아주 위험천만한 일이었던 것을 알 수 있다. 정제두가 양명학을 연구한 것도 육지가 아니라 강화도라는 비교적 궁벽진 지역에 들어가서 했기 때문에 가능했던 것이라고도 여겨진다.

양명학은 성리학과 함께 신유가 철학의 양대 주류를 형성하는 철학이다. 양명학은 '심학(心學)'이라는 별명이 의미하는 것과 같이, '마음(心)'을 근본으로 삼았기 때문에, '성(性)'을 근본으로 삼는 성리학 측으로부터 불교와 같은 이단으로 배척받았다. 심지어 정통을 자부하는 성리학자들은 양명학을 불교보다도 더 위험한 학문으로 보았다. 동일한 유교의 한 부류인데도 이단 시된 것인데, 유독 조선에서만 그랬다. 중국도 일본도 그렇지 않았다. 우리나라 특유의 학문적이거나 철학적인 경직성이랄까 교조성을 양명학 문제에서 엿볼 수 있다. 아무튼 이 양명학을 연구한 결과를 담은 책이 정제두의 『하곡집』이다.[56]

『하곡집』은 모두 11책으로 되어 있는데, 그 중 제 1책은 소(疏), 2책과 3책은 서한집으로 중요한 학술논변에 관한 내용이다. 5책은 집록으로 경서의 뜻을 단편으로 모아 그의 양명의 학설을 토대로 한 주해편이고, 6책은 대학설, 7책은 중용해, 8책은 맹자해, 9책은 경학집요, 시, 잡저 등으로 이루어져 있다. 10책은 하곡의 연보가 있고, 그 후편은 조정에 있었을 때의 왕과의 대화 기록이며, 11책은 천문, 지리, 조석설 등 과학에 관한 학설이다. 대부분의 작품이 강화에서 은거할 때

55) 유명종, 『한국의 양명학』(동화출판공사, 1984), p. 39 참조.
56) 정인재, 앞의 글 참조.

이루어진 것이다. 하지만 그의 저술은 생존 당시에는 물론 사후에도 세상에 나올 수 없었고, 그의 후손들이 오랫동안 비장하여 왔다. 당시의 완고한 성리학파에 의하여 이단으로 몰려 그의 사후 1세기 후에야 출간됐고, 이른바 강화학파에 의해 명맥이 이어졌다. 요즘에 와서 정인재 교수를 중심으로 '하곡학'이라는 이름으로 정제두의 양명학을 세상에 알리려는 노력이 활발히 전개되고 있다.

(10) 박세당의 『사서사변록』

『사서사변록』의 저자 서계 박세당은 승정원 부승지와 더불어 공조, 이조, 형조판서를 역임한 대학자이다. 사대주의 명분론에 여전히 집착하고 있던 당시, 혁신적이고 실용적인 주장을 하면서 반주자학의 새로운 시대정신을 담으려 했던 것이 그의 사상의 골격이고, 그의 『사서사변록』의 정신이다. 그 내용과 편차를 살펴보면 「대학」, 「중용」, 「논어」, 「맹자」, 「상서」, 「시경」에 대한 사변록으로, 「주역」에는 미처 손을 대지 못한 미완성이다.

『사변록』이 쟁점화된 것은 발표된 지 수십 년이 지난 뒤이다. 발단은 숙종 29년인 1703년 서계가 사망하기 직전, 노론 측에서 『사서사변록』과 「이경석비문」을 비난하고 나선 데 이어 성균관 유생 180명이 왕에게 상소하여 서계를 사문난적으로 몰았다. 부제학 정호는 사변록을 불태우자는 극언까지 하였다.[57] 숙종은 두 책을 가져오게 하여 직

57) 최효찬, 『5백년 명문가 지속경영의 비밀』(위즈덤하우스, 2008), p. 130 및 주영아, 「박세당(朴世堂)의 개방적 학문관 연구」, 『동방학』20 (한서대부설동양고전연구소, 2011), pp.7-56 참조.

접 읽어보고 노하여 서계의 관직을 삭탈하고 책을 소각하라는 명령을 내렸다.

『사변록』은 숙종 6년부터 19년에 이르기까지 사서(四書) 및 상서(尙書), 시경(詩經) 등에 대해 자의적인 생각을 개진한 책이다. 주자가 대학을 3강령 체재로 보았던 것과는 달리 박세당은 2강령 체제를 주장하였으며, 격물치지에서도 주자의 설을 수용하지 않고 양명과 유사한 해석을 가했는가 하면 대학의 장구도 자의대로 수정하였다.[58)]

말하자면 서계의 『사변록』은 성리학자들이 신처럼 추앙하는 주자의 주에 대하여 의문을 제기하여, 나름의 생각을 피력한 책이니 당시로서는 불온한 내용이었다. 하지만 이 책이 처음부터 문제된 것은 아니었다. 타계 직전인 74세 무렵에 지은 이경석의 비문에, 송시열을 폄훼한 내용이 들어간 것이 노론 측의 비위를 거슬러 『사변록』에까지 불똥이 튀었던 것이다.

서계의 문인이었던 수찬 이탄의 상소 내용을 통해 이 과정에 대한 문제를 살펴볼 수 있다.

> 세당이 이 글을 지은 것이 거의 30년이나 되었는데 진신(縉紳) 사이에 듣고 아는 자가 많이 있었으나 당초에 비방하는 말을 듣지 못하였고, 또 성토하기를 청한 일도 있지 않았습니다. 이제 상신(相臣)의 비문으로 인하여 갑자기 원한과 노여움이 생겨서 시끄럽게 떠들며 선동하니 처음에는 저쪽을 변명하고 이쪽을 배척하는 계획에서 나왔으나, 마침내 '경(經)을 훼손하고 성인을 업신여긴다'는 명목으로 몰아서, 빙자하여 재갈

58) 김세봉, 「서계 박세당의 대학인식과 사회적 반향」, 『동양고전연구』34집 (동양고전학회, 2009), pp. 96-100 참조.

을 물리고 굴레를 씌워서 추악한 욕을 멋대로 자행합니다. 아, 경을 훼손하고 성인을 업신여기는 죄가 지나간 해의 의심스런 것을 기록한 데는 있지 아니하고 도리어 오늘날 비문을 지은 데에 있으니, 그 마음이 과연 공(公)에서 나온 것입니까, 사(私)에서 나온 것입니까?[59]

이 사태를 보면, 조선시대의 금서 현상이 지닌 또 하나의 진실을 엿볼 수 있다. 명분상으로는 지극히 이념이나 사상을 위한 대립 같이 보이지만, 당파적인 이기주의가 그 내면에 자리 잡고 있다는 점이다. 박세당이 이경석의 비문에서 노론의 영수인 송시열을 비판한 것이 노론 측의 감정을 건드려, 마침내 다른 책들까지도 금서 조처한 것은 때로는 금서 조처가 이념을 빙자한 세력 다툼에 불과할 수도 있다는 사실을 일깨워준다 하겠다.

(11) 박지원의 『열하일기』

『열하일기』는 연암 박지원이 조선 정조 4년에 청나라 고종의 칠순잔치를 축하하는 사절단의 일원으로 참가해 청나라에서 견문한 것을 기록한 책이다. '열하'는 오늘날의 하북성 북부, 열하강 서쪽에 있는 승덕에 해당하는 곳으로 북경에서 약 230km 떨어져 있는 곳인데, 연암은 이 여행을 통해 오랑캐라 무시하던 청나라의 발전된 문물을 보고 강한 충격을 받는다. 일반적인 여행기와는 달리, 박지원의 이 저술은 사실적인 것만을 담지 않고 도처에 허구를 가미하는 것은 물론, 서술에서의 입체성과 서술 대상의 자율성을 존중하는 등의 파격적인 문

59) 『숙종실록』 권38, 1703년 4월.

체를 구사하여 문제적이었다.[60]

『열하일기』는 다 쓰기도 전에 세상 사람들에게 알려져 인기리에 읽혔다. 마침내 정조에게도 알려져 금서 취급을 받게 되었는데, 정통 고문의 문체를 어지럽힌다는 이유에서였다. 당시 문체반정에 신경을 썼던 정조는 연암의 글이 독창적이며 해학과 풍자가 곳곳에 숨겨져 있어 순수하지 못하다고 여겼던 듯하다. 『열하일기』를 읽은 정조는 당시 지식인들의 문체가 순정치 못한 것을 연암의 탓으로 돌리며 "다시는 이런 문체를 쓰지 않겠다"는 반성문까지 쓰게 했다는 『열하일기』는 1900년에 가서야 제대로 간행되었다.[61] 『열하일기』의 문체가 단순히 글에서 그치지 않고 그것이 적분되면 이데올로기와 체제 안정을 위협할 수 있다고 보았기 때문일 것이다.

문체반정은 1792년에 벌어졌던 문체 관련 사건과 정조의 조치를 일컫는 말이다. 정조는 재위 기간 내내 문체반정 정책을 추진했다. 과거

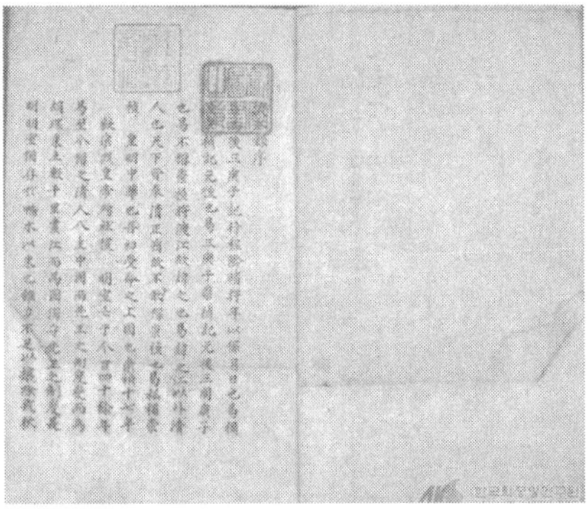

열하일기-한국학중앙연구원 한국민족문화대백과사전 제공

60) 이종주, 『북학파의 인식과 문학』(태학사, 2001), pp. 427-489 참조.
61) 고미숙, 『열하일기 웃음과 역설의 유쾌한 시공간』(그린비, 2003) 및 이중연, 앞의 책, pp. 293-294 참조.

의 합격을 결정짓는 데는 물론이고, 관리의 인사에도 문체를 주요한 기준으로 활용했다. 이 정책에 따라, 당시의 문풍을 타락시키는 주범이라고 판단한 명청의 패사소품서의 수입을 금지시켰다. 한편 과거시험에 제출된 모범 답안 및 당송팔대가의 글, 육지(陸贄) 및 주자의 글 가운데 좋은 것을 골라 선집으로 편찬하여 문풍이 긍정적인 방향으로 가도록 유도했다. 이러한 정조의 적극적인 문체정책은 관료는 물론 재야 문인들에게도 크게 영향을 끼쳤다.[62] 이런 면에서 본다면 정조는 철저하게 체제를 유지하려는 보수주의자였지 진보주의자는 아니었다 할 수 있다.

3) 종교 서적과 기타

(1) 정조의 문체반정에 저촉된 서적

문체반정은 1792년 10월에 성균관 유생이었던 이옥에 의해 촉발되었다. 이옥은 문체반정의 최대 피해자였다. 이옥이 반시(泮詩)의 시권(試券)에 소설의 어휘를 사용한 것이 문제가 되었는데, 이것이 문체반정의 시작이다. 정조는 당시의 문풍을 쇠퇴시킨 주요 원인으로 명말청초의 문집, 패사소품서, 고증학 등을 지목했다. 정조는 천주교를 위시한 당시의 이단을 금지하기 위해서는 패관잡기부터 금지하고, 패관잡기를 금지하려면 먼저 명말청초의 문집부터 금지시켜야 한다고 할 정도로 이에 반감을 가지고 있었다.[63] 그래서 당시 과거 시험에 패관

62) 안세현, 위의 글, p. 139 참조.
63) 『정조실록』 권 33, 15년 10월 24일조 : "予嘗語筵臣曰: 欲禁西洋之學, 先從稗官難

잡기와 관련된 용어를 쓰면 정거(停擧)시키라는 조치와 함께 명청 시대의 문집 및 패관서뿐만 아니라 중국판 경서와 사서까지 수입 및 유통을 금지시켰다.

문체반정 직전, 소설의 폐해에 대한 지배층의 우려에도 불구하고 소설 읽기는 확산되고 있었다. 성리학에 도전하는 새로운 사상과 정감록 등의 민중사상 서적도 널리 유포되었다. 경서의 세계가 무너지면서 기타 이단적 서적의 세계가 세력을 확산하는 가운데 경서의 세계를 부흥시키고자 하는 시도가 이루어졌는데, 바로 문체반정이었다. 이전 단계의 소설 금지론이 사대부층만의 논의에서 그친 데 비하여, 정조 대의 문체반정은 정부 차원에서 대처해야 할 만큼 소설 읽기의 사회적 영향력이 커졌음을 반증한다.[64)]

문체반정에 따라, 1787년 정조 11년 규장각 제학 김종수의 제의로 비결, 서학서 등 이단에 대한 금지문이 논의된 후, 이단서적의 수입을 금하였다. 천주교의 교리는 양반 관료 중심의 가부장적인 사회질서를 비롯하여 유교적인 윤리도덕과 생활규범에 정면으로 도전하는 것이라 판단했기 때문이다. 정조 8년인 1784년에 이승훈이 중국에서 영세를 받고 귀국한 것을 계기로 정약종, 권일신 등이 중심이 되어 한국 천주교회가 창설되자 천주 숭배를 제일로 하는 천주교의 교리는 군부(君父)를 최고로 하는 유교철학과 대립하게 되었다. 이에 정조 10

記, 禁之; 欲禁稗官雜記, 先從明末淸初文集禁之" 이 부분을 통해서 패사소품에 대한 정조의 부정적 시각이 문체반정을 기점으로 하여 더욱 경화된 것이 사실이라는 것을 확인할 수 있다.

64) 이중연, 앞의 책, p. 284 참조.

년(1786년) 대사헌 김이소[65], 정조 11년에 사간 이사렴[66]이 주청을 올린 끝에 정조 11년에 공식적으로 수입 금지 조치가 내려지게 되었다.[67]

1792년과 1794년에 정조는 재차 사신들에 의한 패관소설의 유입을 금지하였다. 이러한 지속적인 지시와 단속으로 중국으로부터의 패관소설 유입 금지조치는 어느 정도 효과를 거두었다. 1795년에는 서학서와 더불어 궁내의 패관소설도 모두 버릴 것을 지시했으며, 사가에 보관하거나 위반자는 법조문에 의거해 처벌하는 문제를 의정부에서 의논해 처결[68]했다. 전국적인 금서조치의 실행에 대해서는 확인되지 않으나, 적어도 이 지시가 정조 개인이나 조정의 관리를 중심으로 소설 금지조치가 사회 전반으로 확산되었음을 의미한다. 즉 패관소설 금지에 대한 정조의 대인적 조치는 사회적 통제로 확장되었음을 확인할 수 있다.[69]

---

65) 『정조실록』 권21, 1786년 1월 22일자 : 행 대사헌 김이소가 말하기를 "근래 연경(燕京)에서 구입한 책은 모두 우리 유가의 글이 아니고 대부분 정도에 벗어난 서적들입니다. 이단이 치성한 것과 사교가 유행하는 것이 바로 여기에 말미암은 것입니다. 지난해에 이미 드러났던 것을 보면 또한 알 수 있습니다. 별도로 의주에 신칙하여 구입해서는 안 될 서적을 사들여온 자에게는 살펴서 엄히 금지하게 하소서."하니, 비답하기를, "아뢴 바가 매우 좋으므로 그에 따라 하겠다."하였다.

66) 『정조실록』 권23, 1787년 4월 27일자 : 사간 이사렴이 열다섯 가지 일을 새로 아뢰었는데……그 열세 번째는 말하기를, "천주교의 요술이 나라 안에 유입되어 민심을 미혹시킬 염려가 없지 않으니, 청컨대 역관을 엄중히 신칙하고 금조를 만들어 요사한 서책을 무역해 오는 폐단을 끊으소서."…… 하였는데, 모두 우악한 비답을 내리고 각 해당 관사로 하여금 품처하게 하였다.

67) 임지영,「조선 정조 조에 구입된 중국본의 서지학적 연구」(이화여자대학교 석사학위 논문, 2008), p. 24.

68) 『정조실록』, 1795년 7월 갑술일.

69) 이중연, 앞의 책, pp. 286-289 참조.

아울러 문체반정에 따라 패관소설과 잡서 등도 금서로 지목하여 수입을 금했는데, 그 서적들의 목록은 전하지 않으나 『일득록』과 『실록』을 통해서 볼 때, 『삼국지』, 『수호전』, 『서상기』, 『원중류집』, 『평산냉연』, 『열하일기』 등이 대상이었던 것으로 보인다. 『한서』, 『조황후전』도 내용과 문체에 하자가 있으며, 소설, 패관잡기, 소품, 어록, 명말청초문집, 명청의 시문, 위서, 잡서, 패서 등도 문제 서적으로 함께 언급되었다.[70)]

그럼에도 불구하고 정조는 경학을 통해 정학을 바로 세웠을 때, 서학과 같은 사학은 별로 문제가 되지 않는다고 생각했다. 진산사건 후에도 정학을 바로 세운다면 서학은 금지시키지 않아도 자연스럽게 사라질 것이라는 기조는 흔들리지 않았다.[71)] 그리하여 '오직 문장에만 주력하고 경술에 근본하지 않는다면 이것이 바로 이단이다' 강변하며 경술을 소홀히 하는 자에게는 인사상의 불이익을 주기도 했다.[72)]

천주교 서적의 구입이 비록 공식적으로는 금지되었다고 하나, 진산사건 이전에는 서적에 대한 금수 조치는 비교적 온건했다[73)]. 1791년

---

70) 김혈조, 「연암체의 성립과 정조의 문제반정」, 『한국한문학연구』6 (한국한문학회, 1982), pp.45-95 및 이중연, 앞의 책, p. 290 참조.

71) 정조, 『弘齋全書』권165, 「日得錄」5.

72) 정조, 『弘齋全書』권163, 「日得錄」3.

73) 『정조실록』권26, 1788년 8월 6일자 : 그 책을 불사르라고 청한 말은 좋이 않은 것은 아니나 만약 한 책이라도 빠뜨리는 것이 있을 경우 도리어 법과 기강을 손상시킬 것이다. 그리고 이 학설이 양묵(楊墨), 노불(老佛)과 달라 나온지가 오래되지 않아서 그 전파가 넓지 않으니, 다만 집에 간직하고 있는 자들로 하여금 물이나 불에 던져 넣도록 하고, 명을 어기는 자는 드러나는 대로 심문해 처리하라. 사대부중에 한 사람도 오염(汚染)되는 이가 없으면 화복설(禍福說)에 흔들린 어리석은 백성들도 스스로 깨닫고서 깨어날 것이니, 조정에서 이 일에 많은 힘을 쓸 필요가 없다.

진산 사건이 발생한 후에야 본격적으로 서학서의 금절이 이루어졌으며, 이후에도 지식인층에서는 서학 관계 한문서가, 백성들 사이에서는 한글로 번역한 서적이 널리 읽혔다. 중국 명대와 청대 180여 년간 한역된 서학서가 모두 358종이 넘는데, 이중에서 순조 원년(1801년)까지 120종 이상의 천주교 서적이 조선에 도입된 사실을 볼 때, 금령에도 불구하고 천주교 서적이 암암리에 전래된 것으로 추정할 수 있다.[74] 연산군에 의한 한글탄압과 중종 대의 『설공찬전』 분서 조처가 내려졌어도 여전히 한글은 퍼져갔고, 『설공찬전』은 은밀히 전해졌듯 천주교에 대한 국가적인 탄압에도 아랑곳하지 않고, 국문을 통해 천주교 서적이 백성들에게 퍼져가 새로운 시대를 열어갔던 셈이다. 인간의 지적 호기심이랄까 진리와 구원에 대한 욕구는 자연스러운 것이니 인위적으로 통제하려고만 해서는 안 된다는 사실을 이 대목에서도 재확인하게 된다 하겠다.

(2) 정약종의 『주교요지』와 천주교 서적

서학 연구가 애초에는 문명 또는 과학의 대상이었지만, 차츰 신앙으로서의 천주교가 발전하고 세력이 확산되면서, 유교적 지배질서에 대한 위협으로 간주되기에 이르렀다. 그 최대 피해자는 남인계 소장 지식인들이었다. 극단적인 이단 시비에 휘말려 처형되거나 정치적으로 몰락하는 사태가 야기되었다.[75]

74) 임지영, 앞의 글, p. 26 참조.

75) 이상호, 「초기 서학의 전래와 유교적 대응」, 『유교와 가톨릭의 만남-2001년도 추계학술회의 발표자료집』(한국가톨릭철학회 · 동양철학연구회, 2001), pp.1-13 및

정약종의 『주교요지』는 한국인에 의해 쓰인 한국교회 최고의 교리서이다. 정약종은 이 책을 저술하면서 여러 가지 성서 관련의 책에서 인용하고, 자신의 의견을 보태서 아주 쉽고 분명하게 해설하여 부녀자나 어린아이들도 알 수 있도록 서민 전도를 목적으로 저술했다. 나오자마자 필사본으로 만들어져 천주교인 사이에 널리 읽히다가 목판본으로 간행되었지만 신유사옥 때 정약종이 처형되면서 이 책도 금지되어 관헌들에 의해 압수되었다.

정조의 재위 동안 천주교를 신봉하던 남인들은 정조의 관용으로 큰 박해를 모면하여 왔으나, 순조 원년에 이르러 노론 벽파와 천주교 신봉을 반대하던 남인 공서파에 의하여 탄압이 가해졌다. 『주교요지』는 신유교란 때 금서가 되었고, 『천주실의』 등 천주교 관련 서적과 교리서도 탄압과 함께 금서로 지정되었다. 우리나라에 천주교가 처음 알려진 것은 임진왜란 때로 추측되고 있는데, 영조 때인 1758년 무렵부터 서학이란 이름으로 불리며 계속 보급되어 해서 · 관동지방에 널리 퍼졌다. 천주교도들 가운데는 우상숭배라 하여 제사를 없애는 사람도 생겨났다. 그러나 조상에 대한 효도를 무엇보다 중시하는 유교의 나라에서 정부가 가만히 있을 리가 없었고 이 때문에 왕은 천주교를 엄금하였다.

그 대표적인 사건이 '진산사건'이다. 1791년 전라도 진산에 사는 양반 윤지충이 어머니의 위패도 모시지 않고 제사를 지내지 않았다는 사실이 조정에 알려졌다. 윤지충은 정약전의 외종동생이다. 윤지충과 그를 옹호한 사촌 권상연은 패륜아요, 혹세무민한다는 죄목으로 참형

이중연, 위의 책, p. 507 참조.

을 당했다. 뿐만 아니라 홍문관에 소장되어 있던 막대한 양의 서양서적을 불태우고 민간에서도 서양서적이 금지되는 신해박해를 겪었다. 특히 서학은 지배층에게는 체제와 정통에 대한 도전으로 생각되었다. 제사를 지내지 않는다는 것은 유교이념으로 유지해온 조선에 대한 부정이요 도전으로 보였다. 이 '진산사건'으로 인해서 천주교도들은 '나라를 원망 하며 세상을 뒤바꾸고자 하는 무리들'로 규탄 받으며 형장의 이슬로 사라져야 했다.

『천주실의』 등 천주교 관련 서적은 『정감록』보다 훨씬 가혹한 금서 대상이었다. 포교들이 천주교 신자의 집을 수색하여 십자가나 마리아의 초상과 함께 이들 서적을 찾아내면 어김없이 불태우게 하고 역적의 율로 다스렸다. 천주교 관련 금서는 적어도 70여 년간 계속되었다가 개항 이후 차츰 해제되었다. 왕권은 조선 말기에도 천주교를 탄압하면서 천주교 교리서들은 대거 압수되거나 폐기 처분의 대상이 되었다. 서학에 관련된 책을 소지한다는 것 자체가 목숨을 건 위험한 행위였다.

(3) 최제우의 『동경대전』과 동학서적

『동경대전』은 최제우가 득도하여 지은 동학의 경전이다. 최제우는 1860년 동학을 세운 뒤 1863년 참수당할 때까지, 포교를 위해서 또는 종교적 희열을 드러내거나 그밖에 괴로운 심정을 달래기 위해서 글을 썼으며, 그 중에서 한문체로 된 글만을 모아 엮은 것이 『동경대전』이다.

1863년 최제우는 『동경대전』과 『용담유사』를 2대 교주인 최시형에게 넘겨주며 간행을 부탁하였다. 그러나 그것은 20여 년이 지나서야 이루어졌고, 이때 동경대전이라는 이름이 붙여진 듯하다. 1880년 강원도 인제에서 최시형의 주관 하에 처음 간행된 것으로 전하지만, 현재는 찾아볼 수가 없다. 두 번째는 1882년 충청도 목천에서 간행되었고, 세 번째는 1883년 교조 최제우가 도를 받고, 포교를 시작한 경주에서 간행되었다.

그러나 동학이 탄압의 표적이 되면서, 동학의 교리를 담은『동경대전』과 이를 한글로 번역한『용담유사』가 금서가 되었다. 전통적인 신분 제도를 부정하고 민중 중심의 사회 변혁을 꾀하는 불온한 내용을 담고 있는 것으로 지목되었기 때문이다. 그러나 동학은 없어지지 않았다.[76)]

조선 전기 중국으로부터의 서적 수입은 치국(治國)의 도구와 문화적 교류, 나아가 조선의 서적편찬사업 발전에 영향을 끼쳤다.[77)] 이에 따라 성리학이라는 외래사상을 통치이념으로 설정한 조선이 금서를 지정한 것은 당연한 일인지도 모른다. 불교국이었던 고려와의 차별화를 통해 민심을 모으고, 성리학의 질서와 관철되는 새 나라를 만들어 보려고 했던 조선으로서는 이에 반하는 책과 글에 대해 금서 조치하지 않을 수 없었을 것이다.

그러나 조선 시대의 모든 금서가 이러한 조치에 따라 그대로 처분된 것은 아니었다. 표면적으로는 서적의 내용에 근거를 두고 있으나, 사회적 상황이나 정치적 상황에 따른 실제 이유가 따로 있다. 즉 금서

---

76)『천도교백년약사』(천도교중앙총부, 1981) 참조.
77) 이소연,「조선 전기 중국 서적의 유입과 영향에 대한 고찰」(한양대 석사논문, 2011) 참조.

처분 사유가 이면에 숨겨져 있었다고 보인다.

성리학에 따라 국가를 통치했던 조선시대였음에도 불구하고 성리학에 관련한 서적도 정쟁에 휘말려 희생되는 경우가 있었다. 예컨대 기묘사화 때 사림파가 화를 당하면서 『소학』과 함께 금서가 되었던 『근사록』이 그것이다. 사림파의 복권으로 금서에서 풀려났지만, 이 서적이 금서가 되었던 것에는 정쟁이 밀접하게 관련하고 있었다는 점이다. 개혁주의자 조광조가 수구세력의 모함에 걸려 사약을 받고 죽었는데, 이 책을 가까이 했다는 이유로 금서가 된 것이다. 이런 점에서 보면 사실 『소학』은 사림파의 몰락으로 사실상 금서로 낙인이 찍힌 것이다. 성리학의 창시자인 주자가 지은 책마저도 기묘사화로 인해 금서가 되는 상황이 벌어진 것이다.

박세당의 『사변록』도 금서가 된 본질은 다른 데서 찾을 수 있다. 박세당은 독창적인 경학관으로 인해 사문난적으로 몰려 배척받았다. 그러나 그가 사문난적으로 지탄을 받은 것은 『사변록』을 둘러싸고 이루어지지만 본질은 그가 「이경석신도비문」을 짓는 과정에서 송시열을 비판한 문구가 들어 있는 것이 원인으로 작용하여, 당시 집권파인 노론의 극단적인 공격을 받으며 매도되었다. 그것도 이경석비문이 나온 후라는 점에서 다분히 정치적인 의도 하에 이루어진 것이라 할 수 있다. 뿐만 아니라 그가 노장사상에 이론적인 바탕을 두고 대청관(對淸觀)이나 예송(禮訟) 따위에서 현실적인 입장을 견지하여 송시열 계와 대척적인 입장에 섰던 점도 그에 대한 공격의 빌미가 될 수 있었다.

『설공찬전』도 창작과 유포가 정치권의 민감한 대응을 촉발시킨 원인으로는 당시 훈구파와 사림파와의 세력 갈등 구도를 들 수 있다. 『설공찬전』의 파동이 일어나기까지 소위 패관소설을 둘러싼 일련의 논쟁이 끊임없이 진행되었는데, 훈구 관료와 신진 사림 사이의 정치적 대결구도로 전개되었다. 신진 사림은 성종의 문화정치 기간에 삼사를 중심으로 진출하여 이를 기반으로 발언권을 확보해 나갔다. 곧이어 일어난 무오와 갑자사화에서 사림은 큰 희생을 당하는데, 이후 중종반정을 계기로 권력의 주도권이 신진 사림에게 넘어가고, 이들에 의해 소설부정론이 정치적으로 표면화하게 된다. 이는 사실 훈구파에서 사림파로 옮겨가던 정권 변동의 과도기에 사림파의 정치적 입지를 다지기 위한 희생양이 필요했던 것으로 보이며, 『설공찬전』이 내용을 빌미로 일종의 본보기가 된 것이다.[78]

채수가 문제 삼았던 현안은 중종반정이라는 데에 무게가 있다. 주전충은 왕위 찬탈을 통해 제위에 오른 인물이며, 민후는 연산조의 문신으로 추측된다. 만일 이것이 중종반정을 다룬 것이라면 이는 조정의 집권층을 직접 공격하는 것이 된다. 창작 당시 채수가 취했던 정치적 입장 고려하면 개연성은 더욱 짙어진다. 채수는 중종반정에 대해 부정적인 입장이었으나 본의 아니게 가담했고, 그 일을 두고두고 후회하였다. 이로 인해 그는 벼슬을 사임하고 고향에 은거하여 저술활동에 전념하면서, 공개적으로는 차마 표현할 수 없었던 반정에 대한 생각을 우의적으로 표출시켰을 것이다. 그렇게 본다면 연산군을 몰아내고 중종을 옹립하여 집권 세력으로 부상한 신진 사림들이 『설공찬전』에 대해 그토록 민감하게 반응했던 이유 또한 자연스럽게 이해된다.[79]

종교와 관련한 탄압에서는 천주교 서적 탄압이 대표적이다. 천주교

78) 이민희, 『조선을 훔친 위험한 책들』(글항아리, 2008), p. 29 참조.
79) 소인호, 앞의 글, pp. 60-61 참조.

와 천주교 서적에 대한 탄압으로 이어진 진산사건은 정조 후반기 탕평 정국의 전개라는 맥락 속에서 발생한 정치적 사건으로 바라보며 역사적 의미를 이해할 수도 있다. 정조 전반기 내내 일정하게 유지되었던 노론과 소론의 공존은 재위 8년에 발생한 김하재 사건과 10년에 발생했던 문효세자와 성빈의 죽음, 구선복의 옥사 등을 통해 일정한 수정의 필요성이 대두되었다. 이에 정조는 재위 12년에 채제공을 우의정으로 임명하면서 청남계열들을 등용해 탕평의 규모를 확대하였고, 동시에 조정자로서의 국왕의 위상을 강화시켰다.

하지만 채제공 계열 인물들의 등용은 일부에서는 환국으로 받아들일 만큼 커다란 충격이었기 때문에 다른 정치세력들은 남인들의 지나친 세력 확장을 우려하면서 견제에 동참하고 있었다. 그들은 오대익과 윤영회 같은 채제공 측근의 비리나 처신을 집중적으로 공격하면서 채제공에게 정치적인 부담을 가중시키고 있었는데, 마침 채제공 계열의 인물들이 연루된 천주교 문제가 재위 15년에 진산에서 발생하자 채제공 계열을 더욱 맹렬하게 공격하면서 엄중한 조치를 요구했다. 진산사건은 단순히 척사 차원에서 논의된 것이 아니라 고도의 정치적 목적 하에서 전개되고 있었다.[80)]

초기의 천주교인은 주로 양반, 그 중에서도 당쟁에서 밀려난 남인들이었다. 실학자의 대부분이 남인에서 나왔으며, 실학자 중 서학과 서양학문의 영향을 받지 않은 사람은 거의 없었다. 천주교가 주로 권좌에서 밀려난 양반들이 믿었던 탓에 양반들의 권력다툼이 천주교 탄압으로 표면화된 경우가 많았다.

---

80) 허태용, 「정조대 후반 탕평정국과 진산사건의 성격」, 『민족문화』35집 (한국고전번역원, 2010), pp. 248-253 참조.

3. 금서 조처에 따른 결과

1) 책들의 인멸

금서정책에 따라 민간에서 보유하고 있던 것까지 모두 수거하여 불태워 버린 결과 세상에서 완전히 사라진 것도 있다. 『설공찬전』처럼 그나마 다른 곳에 필사본의 일부가 남아 있다면 그 존재를 볼 수 있지만, 이름만 겨우 확인만 할 수 있게 된 것도 많다.

김부식이 『삼국사기』를 편찬한 뒤 다른 사람이 수집했던 삼국시대의 역사책을 열람하지 못하게 하여 자신의 명예를 보전하는 동시에 국풍파의 사상 전파를 금지하는 방법으로 사료를 태워 없앴다는 설이 신채호의 『조선사연구초』에 전한다.[81] 이 사실로 보아 조선시대에 삼국과 고려에 대한 역사서와 이와 관련된 서적이 분명히 존재했다는 사실을 확인할 수 있다.

『고조선비사』, 『대변설』 등 조선 세조가 내린 19종의 금서 가운데에는 이름만 알려지고, 내용이 상세히 전해지고 있는 책은 드물다. 다만 『자고조선비사』 혹은 『비사』라고만 전해지는 책은 신지라는 사람의 저작으로 알려져 있을 뿐이다. 『삼국유사』에는 '대부흥이 신지가 지은 『비사』에 서와 주를 달았다'는 기록이 남아 있다. 따라서 일연이 『삼국유사』를 쓸 때에는 신지의 『비사』가 확인된 것임을 짐작할 수 있다.

위의 서적들은 이때까지 전해지다 인멸된 게 확실하다. 서적이나 글은 발표 당시에는 거부당하다가도 시대가 흐르면 재평가가 이루어질

---

81) 신채호, 『조선사 연구초』(동재, 2003) 참조.

수도 있고, 후세 사람들에게 양서가 될 수 있는데, 금서 조치로 인해 영원히 사라져버린 일은 안타깝기 그지없는 일이다. 금서 조치가 얼마나 부당한 횡포이고 범죄에 해당하는지 확인시켜 주는 비극이라 하겠다.

2) 필사본 및 인각본만의 잔존

금서 조처로 인해 원본은 사라지고, 그 필사본만 전하거나 후대의 인각본만 전하는 사태가 발생하였다. 『설공찬전』, 『하곡집』, 『점필재집』, 『동경대전』 등이다.

『설공찬전』의 경우, 왕명으로 모조리 불태워진 이래 전하지 않고 있다. 다만 그 국문 필사본이 『묵재일기』제3책 이면에 다른 작품과 함께 실려 있는 것이 1997년에 발견되었다. 『설공찬전』의 국문본은 후반부가 낙질된 채 13쪽, 총 3,500여 자 분량만이 남아 있으며, 제목은 '설공찬이'로 되어 있다. 전기소설 『설공찬전』이 사회 비판 의식을 또렷

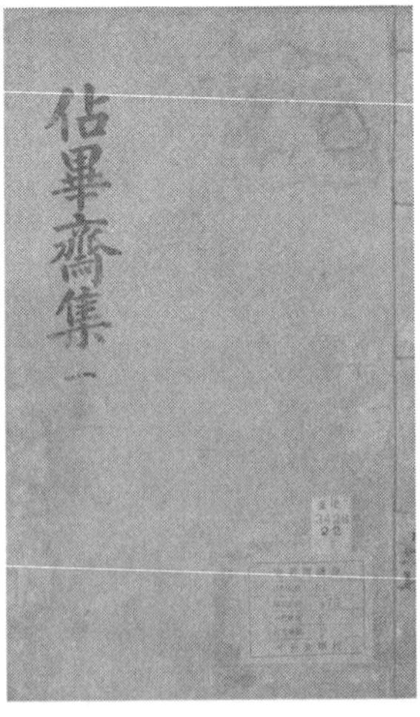

점필재집
-서울대규장각 한국학연구원 제공

하게 담고 있어 채수의 비판 의식이 후대의 사회소설에 일정한 영향을 미쳤다고 볼 수 있다. 또 국문본의 등장으로 『홍길동전』과 『사씨남정기』 이전에도 국문표기의 소설이 존재했다고 증명되어 이후의 국문 창작 소설을 등장하게 하는 길잡이 역할을 수행했다는 점에서도 커다란 가치를 지닌다. 왕명으로 금지되었지만, 그 일부가 일기책 뒷장에 은밀히 베껴져 전해지다 발견된 것은 무엇을 말하는 것일까? 읽고자 하는 인간의 욕구는 왕명으로도 억누를 수 없다는 것을 보여주는 사례라 할 수 있겠다.

정제두의 양명학 저술 『하곡집』은 일제강점기에 유고가 세상에 나왔지만 출판되지는 못했다. 일본인 교수가 초고 본을 필사하여 『하곡집』 한 질을 경성대도서관에 두고 간 것을 비롯하여 현재 네 가지 필사본이 존재한다.[82] 최근에 민족문화추진회(한국고전번역원)에서 고전국역 사업의 하나로서 하곡의 유저(遺著)를 번역하여 『하곡집』 상 · 하권을 간행하였다. 200년간 파묻혀 오던 하곡의 양명학이 비로소 모습을 드러낸 셈이다.

김종직은 많은 저술을 남겼으나, 그가 지은 「조의제문(弔義帝文)」으로 야기된 무오사화로 말미암아 자신은 사후(死後)에 부관참시를 당하고, 문집도 소각, 훼판(毁板)되는 수난을 받아 많이 유실되었다. 『점필재집』의 간행은 저자의 사후에 생질(甥姪)이며 문인(門人)인 강백진(康伯珍), 강중진(康仲珍) 형제와 처남(妻男)이며 문인인 조위(曺偉)를 비롯한 문인들에 의하여 이루어졌다. 이러한 사실은 『연산군일기(燕山君日記)』 권31, 연산군 4년(1498) 9월 8일(신축) 조에 무

82) 김길환, 『한국양명학연구』(서울: 일지사, 1971) 및 윤남한, 『조선시대의 양명학연구』(서울: 집문당, 1982), 한국고전번역원 사이트 등 참조.

오사화로 인하여 조사를 받은 조위의 말에 자세히 나와 있다. 『점필재집』은 1495년, 시집은 1497년에 각각 초간(初刊)되었음을 알 수 있다. 이 초간본은 현재 전해지지 않고 있는데, 그 이유는 무오사화로 인한 필화사건(筆禍事件) 때문이다. 현전하는 『점필재집』은 그때 타고 남은 유지를 후인이 수습하여 편찬한 것이다.[83)]

『동경대전』의 경우 현전하는 것은 1860년 창시된 동학의 교리서로 1880년 최시형이 기억을 더듬어 복사하고 인각한 것이다. 인각본이 천도교 경전으로 널리 읽히고 근대 민족사상의 지침서가 되고 있는 것은 다른 금서들의 운명과 비슷하다 하겠다.

3) 음성적인 유행 및 유통 확대

계속되는 금서령에도 이들 서적이 쉽사리 없어지지 않고, 오히려 꾸준히 베껴서 은밀하게 돌려 읽혔다는 것은 그 사회의 변화에 대한 바람이 크다는 반증일 것이다. 『정감록』이 그 대표적인 경우이다. 조선 후기에는 단순하게 정씨 왕조설이나 10승지설 만이 아니라 새 세상이 전개되면 양반과 상놈, 부자와 가난뱅이, 상전과 종, 적자와 서자의 자리가 바뀌고 심지어 여성이 남성보다 우위의 처지에서 살게 된다는 내용들이 삽입되었다.

후대에 방각본으로 간행되어 인기를 모은 허균의 『홍길동전』의 경우도, 탄압에도 불구하고 음성적으로 전해지고 읽혀 유행하였다는 것을 보여준다. 방각본을 통한 유통은 그 독자층이 필사본에 비해 아주

---

83) 한국고전번역원 사이트 참조.

넓은데, 금서가 되었기 때문에 오히려 사람들의 호기심을 자극해 그리되었다고도 할 수 있다. 허균의 『홍길동전』은 정치적으로는 반역 사건, 내용으로는 이단사상 문제와 얽혀 권력층의 극단적인 비판을 받아 사실상 금서가 되었던 것으로 보인다. 하지만 민중 활동의 성장과 더불어 19세기 중기에 유행했던 방각본 간행에 힘입어 널리 읽히며, 광범위한 독자층을 거느렸다. 은밀히 문서 또는 구전으로 전해지다가 시대가 흐른 후 공개적으로 전승되었는지도 모를 일이다. 금서 조처를 내린 측의 의도와는 상반되는 결과를 초래하였다 하겠다.

4) 저술 의욕의 저하 및 문화적 손실

책의 역사는 금서의 역사라고 필자가 주장하였듯 자신이 사는 세상에 대한 개혁의지가 강하거나 다른 이상을 가진 책에 대한 소각과 훼판 또는 작자에 대한 징계 등의 금서 조처는 지식층에게 매우 큰 충격을 던져 주어 문인들의 저작활동이 많이 위축되게 하였을 것이다. 물론 앞에서도 언급했듯이, 그럼에도 불구하고 계속해서 글쓰기는 계속되었지만, 용기 있는 소수를 통해 그랬거나, 시간이 흘러 탄압이 완화되었거나 망각되었을 때 와서야 활성화하였다고 할 것이고, 당시에는 경색될 수밖에 없었다고 보아야 한다.

이는 문화적으로 큰 손실을 초래하였다 할 것이다. 정상적인 문화 발전, 역사 발전, 지성의 발전 등을 지연시키거나 단절시켰다고 할 수 있기 때문이다. 『점필재집』의 경우에서도 확인되듯, 이후 문집의 편찬과 간행에 있어서 커다란 영향을 미쳐, 정치적인 문제와 관련되거나 분쟁을 야기시킬 수 있는 기휘문자(忌諱文字)는 아예 문집에 수록하지 않으려는 경향이 나타나게 되었는데, 문화의 왜곡을 야기시킨 셈이다. 서론에서도 말한 것처럼, 결국 지금 우리가 보는 책이나 글은 전체의 매우 일부분에 불과할뿐더러, 그나마 왜곡되거나 축소되거나 외적인 요인으로 말미암아 걸러진 결과물이라는 점에서 안타까움을 자아낸다.

조선시대 금서 현상에 대해 생극론적인 관점에서 해석해 보자. 조선왕조 권력 담당층은 기본적으로 유교 중에서도 성리학으로 무장된 이들이었다. 특히 사림파가 집권한 이후에는 더욱 더 성리학을 절대화하여 다른 사상은 배격했다. 성리학을 국시로 하는 조선 왕조에 상극적인 것으로 여겼던 것이다. 성리학을 절대적인 이념으로 보는 관점 때문이었다. 하지만 과연 성리학이 완전한 것이었을까? 그렇지 않다. 다만 불교국가였던 고려왕조를 대신한 조선 건국 주체들의 역사적 필요에 의해 도입한 사상이요 종교일 따름이다.

실제로 성리학은 신분주의와 중화주의 및 인간중심주의, 현세중심주의 등의 특징이자 한계를 지닌 사고로서 결코 완벽한 것은 아니었다. 정권 담당층에서는 성리학의 나라를 만들려고 기획하였고 계속 노력하였는데도 불구하고 도교와 불교와 양명학과 『정감록』과 천주교와 개신교 등의 이른바 이단 사상이나 신앙 및 반 성리학적인 사고를 담은 책과 글이 계속해서 등장한 것은 어쩌면 당연한 현상이었는지도 모른다. 그 부족한 부분을 채워 더 완전한 세상을 만들라는 요구였다고 할 수 있다.

그런 면에서 조선의 금서들은 정권 담당층이 상극관계로만 몰아붙일 게 아니라 상생하는 길을 모색하는 자극제나 반면교사로 삼았어야 할 대상이었다고 할 수 있다. 실제로 조선 왕조에서 그렇게도 탄압한 반유교적이거나 비유교적인 책들은 사라지지 않고, 조선왕조의 성리학을 보완하거나 대체하는 이데올로기로 받아들여졌다. 조선왕조가 기울 때까지 불교가 계속해서 존재했다는 사실, 특히 성리학에 밝았던 세종이 소헌왕후 심씨가 사망했을 때 보여준 친불적인 모습은 성리학만으로는 부족했던 그 무엇을 불교가 채울 수 있었음을 웅변적으로 증명한다 할 수 있다. 조선 시대 사대부들이 표면상으로는 배불이지만 실제로 승려들과 친밀한 교분을 유지한 사례는 헤아릴 수 없이 많은 바, 이 역시 불교가 상극이 아니라 유교와 상생관계일 수 있음을 증명한다 하겠다.

기독교도 마찬가지다. 특히 개화기에 기독교 신자가 급증하되, 차별받던 천민과 첩 등 민중들의 환영을 받았던 사실은 성리학의 결핍 부분을 기독교를 통해 채우려고 한 자연스러운 선택이라고 본다면, 기독교는 성리학의 대체 이데올로기로 수용되었음을 보여준다. 조정에서 심하게 탄압했지만 결국은 새로운 역사와 문화를 생성하는 동인으로 작용한 셈이다. 요컨대 성리학에서 배격한 불교와 기독교 등의 비성리학적인 책들은 상극이 아니라 상생 관계였다는 것을 인식했어야 마땅하다. 종교 서적만을 예로 들었지만 『설공찬전』을 비롯한 천주교 서적 및 도교 경전 등 작품도 마찬가지이다. 그런 작품에서 제기한 문제들은 계속 이월되어 근대를 앞당기고, 근대를 생성하는 동인으로 작용했다고 볼 수 있다.

4장
일제강점기의 금서

1. 금서의 양상

1) 금서의 사회적 배경

한국의 근대 출판은 개화기부터 시작되었는데, 36년간의 일제 강점기를 거치는 동안 일본은 한국을 지배하면서 주권과 문화를 말살하고자 했다. 1905년 을사늑약을 강제로 체결하면서 이후 조선의 출판에 대한 간섭과 통제 등 문화 탄압행위가 본격적으로 수행되었으며, 문화 탄압의 기간은 무려 40년에 이른다.

물론 그 이전에도 '군사경찰훈령', '군사경찰훈령 시행에 관한 내훈', '한국인의 결사, 집회에 관한 헌병대의 고시' 등에서 도서검열에 관한 규정이 나타나 있다. 하지만 을사늑약 이후에는 도서 검열에 관한 법규가 성문화되고 더욱 세밀해졌다. 통감부 및 이사청 관제를 발포하고, 1905년 10개소에 이사청을 두고, 경무청 내에 경찰국에서 '정사(政事) 및 풍속에 관한 출판물 그리고 집회 결사에 관한 사항'을 취급하였다. 경무사 관방 산하 문서과의 사무로 '도서 및 서류 간행 보관에 관한 사항'을 규정하였고, 경찰국 산하 경찰과의 사무로 '정사 및 풍속에 관한 출판물 그리고 집회 결사 및 치안에 관한 사항'을 규정했다. 검열은 1905년 2월부터 경무 고문의 소관사항이 되었다.[1]

이를 뒷받침하기 위해 법규도 다양하게 제정하였다. 형법(1905년), 보안규칙(1906년), 보안법(1907년), 신문지법(1907년), 신문지규칙(1908년), 교과용 도서검정규칙(1908년), 출판법(1909년), 출판규칙(1910년) 등이 그것이다.[2] 이들 법규는 일본인이 발행하는 출판물과 한국인이 발행하는 출판물, 단행본과 정기간행물에 따라서 적용 범위가 달랐다.

한국인 발행의 정기간행물은 '신문지법', 단행본은 '출판법'에 적용되었으며, 일본인들에게는 '신문지규칙'과 '출판규칙'에 따라 적용되었다. 한국인들의 출판물에 대한 규정이 훨씬 까다로웠는데, 일본인들은 단지 제출만 하면 되는 반면, 〈표 2〉에서 보는 바와 같이 한국인들은 허가를 받아야 했다. 잡지는 '신문지법'에 따라 납본검열만 받으면

---

1) 정근식, 「식민지적 검열의 역사적 기원, 1904~1910년」, 『사회와 역사』통권 64집(한국사회사학회, 2003), pp. 29-31 참조.

2) 군사경찰훈령 제1항 치안을 방해하는 문서를 기초하거나 또는 이를 명령한 자에 대해서는 그 문서를 압수하고 관계자를 처벌한다. 군사경찰훈령 시행에 관한 내훈 제12항 집회, 신문, 잡지, 광고 등이 치안을 방해한다고 인정될 때에는 이를 해산, 정지 또는 금지시킬 수 있다. 한국인의 결사 집회에 관한 헌병대의 고시 제6항 결사 및 집회의 취지서와 격문, 기타 명의로 문서를 반포 혹은 발송하고자 할 경우에 검열을 미리 받아야 한다. [나문경, 「일제시대 금서에 관한 연구」(성균관대학교 대학원 석사학위논문), 1996. p. 7 참조.]

〈표 2〉 식민지 검열의 제도적 특징(1910~1945)[3)]

출판물 \ 검열대상	조선인발행	일본인/외국인발행
'신문지' 신문/시사잡지	신문지법 (허가제/사전검열) 일본인 검열관	신문지규칙 (인가제/사후검열) 일본인 검열관
'보통출판물' 일반잡지/단행본	출판법(허가제/사전검열) 조선인 검열관	출판규칙 (신고제/사후검열) 일본인 검열관

되는데도 불구하고, 단행본으로 간주하여 '출판법'에 따라 사전검열까지 받도록 하였다. 그뿐만이 아니었다. 출판 후에도 출판법에 위배되는 서적은 총독의 자유재량으로 발행 분포를 금지할 수 있었는데, 이러한 행정처분은 동법처분과는 무관하게 지시할 수 있었다. 당시 한국에서 금서에 관여했던 일본인 경관 중천이길(中川利吉)이 쓴 '조선사회운동 시행법 요의'에서 재판결과 출판위반이 성립되지 않는다고 판결되어도 금지 행정처분에는 영향을 미치지 못했다고 말한 사실에서 알 수 있다.[4)]

을사늑약 이후 민족의식이나 조선의 주권을 강조하는 책을 소각하고 압수했기 때문에 일제에 의한 금서조처의 역사는 40년 이상이다. 특히 서적 수색, 압수, 소각 작전은 1918년 말까지 8년에 걸쳐 대대적으로 자행되었다. 초기에는 위협과 대출이라는 명목으로 수거하다가 나중에는 강제로 수색하고, 수거한 책은 돌려주지 않았다. 『제헌국회

3) 정근식, 「식민지검열연구와 자료」, 제1회 해외 한국학 사서워크숍 팸플릿, p. 75 참조.
4) 안춘근, 『한국출판문화론』(서울: 범우사, 1981), p. 181 참조.

사』, 『군국일본조선강점 36년사』 등에 따르면 이 기간에 총독부는 우리 사서 20만 권을 수거해 불태웠다.[5)]

이만열의 『한국 근현대 역사학의 흐름』에서 밝힌 바를 보면 다음과 같다.

> 강점 후 총독부는 한국의 사료를 수거하여 일부는 소각하고 일부는 자기들의 조선사연구에 활용하는 한편, 한국의 전통적 사서에 대해서는 금서정책을 폈다. (중략) 우선 일제가 '사료수집'이라는 명분으로 한국의 사서와 고문서 등을 거둬들인 것은 적어도 세 차례에 걸쳐 이뤄졌다고 보여 지는데 마지막 차례에는 거의 10년 이상 계속되었다. 첫 번째는 일제가 강점 후 곧 취조국을 설치하고 조선통치를 위한 참고자료를 수집한다는 명분으로 구관제도를 조사하게 하고 아울러 조선사 편찬을 계획하게 되었는데, 이때 자료수집에 나서게 되었다. 1910년 11월부터 1912년 12월까지 1년 2개월 동안 일본의 헌병, 경찰 및 조선인 헌병보조원 등을 앞세워 "규장각에 소장되어 있는 서사, 향교, 서원, 서당, 고가(古家), 권문세가 등을 급습하여 거기에 소장되어 내려오던 …… 각종 우리 민족고유 계통의 사서류와 신채호 저 『을지문덕』 …… 등 애국서적 약 51종 20여만 권을 탈취, 소각하여 버리고 이러한 서적의 판매를 엄금하고 그 소지자와 열독자를 처벌하였다"는 것이다. 아마도 이때에 민간에 전래되던 비기류들을 포함한 전통적 사서들이 대량 강탈되다시피 되어 소각 당했던 것으로 보인다.[6)]

---

5) 김삼웅,「지성과 반지성의 한국사-한국사를 왜곡하고 인멸한 범인들」,『인물과 사상』통권 112호 (인물과 사상사, 2007), p. 212 참조.
6) 이만열,『한국 근현대 역사학의 흐름』(푸른역사, 2007), pp.488-489.

이에 따르면 총독부는 조선통치를 위해 한국 사료를 크게 세 차례 수집하여 일부는 소각하고, 일부는 조선사 연구에 활용했다. 특히 1910년 11월부터 1912년 12월까지 민간에 전래되던 비기류를 포함한 전통적 사서들이 강탈되고 소각되었다.

1965년에 간행된 『군국일본조선강점 36년사』에는 51종 20만권에 대한 분서 사건이 언급되어 있다. 총독부가 조선인의 민족정기와 국가의식을 말살하기 위해 경찰력을 동원해 충의록을 비롯한 '51종 200천여 권'의 책을 불사르거나 판매를 금지했으며, 이를 위해 서점뿐만 아니라 이 서적을 소장했다고 여겨지는 곳을 급습해 강탈했으며, 이 서적의 소지자와 열람자를 처벌했다는 주장도 있다.[7)]

일제는 애국 출판의 모든 가능성을 제거하기 위해 조선의 주체적인 민족사상은 물론 자유주의사상, 사회주의사상 분야는 물론, 자주독립사상을 억압하고 조선의 문화와 역사를 말살하기 위하여 족보나 만세력 같은 출판물까지도 조선 사람이 찍어내는 것은 엄격하게 통제하여 무조건 금서화 하였다. 엄격한 출판 통제를 위해, 첫째, 대한제국 시기에 출간된 서적의 대대적인 발매금지와 압수로 애국적 사상의 전파 매체를 없애려 하였고, 둘째, 검열 강화로 은유적 단어의 표현까지 문제 삼아 출판을 통제하였으며 셋째, 일제 침략정책에 순응하고 조선의 역사와 문화를 왜곡하는 위서를 만들어 출판물을 대체하려고 했다. 이 과정에서 나온 것이 조선총독부 학무국에서 편집을 주관한 '침략적' 교과서인 신규 교과서들이다.[8)]

---

7) 장신, 「한국강점 전후 일제의 출판통제와 '51종 20만권 분서(焚書)사건'의 진상」, 『역사와 현실』통권 80호 (한국역사연구회, 2011), pp. 213-214 참조.

8) 이중연, 앞의 책, p. 401. 조선총독부 학무국에서 편집을 주관한 오다(小田省吾)는

일제의 금서 기준은 첫째, 민족사상의 말살책동으로서 우리 역사책이나 의사, 열사, 영웅들에 관한 전기류, 족보, 만세력까지 포함한다. 둘째 전통문화와 고유문화를 말살시키고자 한 인문, 지리, 풍습에 관한 서적 셋째, 독립정신을 저해시키고자 하여 외국의 독립운동사, 망국사와 같은 외국의 역사책, 넷째 민족혼을 일깨우지 못하도록 무궁화, 태극기 등에 관한 책, 다섯째 서양의 민주주의 사상, 러시아의 사회주의 사상에 관련된 일체의 문헌, 여섯째 농민운동, 청년운동, 여성운동과 야학운동의 내용을 다룬 책이었다.[9)]

1996년에 국사편찬위원회 1종도서연구개발위원회가 발간한『고등학교 국사 교사용지도서』를 살펴보면, 이 당시의 분서 사건에 대해 서술하였다.

> 일제는 이와 함께 한민족이 자신의 역사와 전통에 대한 강한 자부심

'침략적' 교과서인 신규 교과서의 편찬을 언급했다. "합병이 발표되어 반도는 일본 영토의 일부가 되고 반도의 주민은 모두 폐하의 적자가 되었으므로, 학부 편찬 교과서는 그 내용이 매우 부적당하고, 기타 검정 또는 인가를 받은 도서도 모두 시세에 적당하지 않게 되었다."(小田省吾, pp. 98-99.)

'한일합병'으로 교과서가 모두 쓸모없게 되었다는 것인데, 이에 따라 총독부는 우선적으로 교과서 字句 정정표를 작성하여 배포하였고, 나아가 침략 목적에 맞는 교과서 편찬을 급속하게 추진하였다. 교과서 편찬방침을 살펴보면 조선총독부의 교과서 편찬목적이 사실상 '침략'에 있음을 노골적으로 언명한 것이다. "조선인이 대일본제국신민으로서 밖으로 세계 일등국의 인민으로 어깨를 견주고 안으로 행복한 생활을 영위할 수 있는 것은, 첫째 황실의 은혜에 있음을 깊이 인각시키고, 각기 본분을 지켜 황실을 존숭하고 국가에 다할 길을 알게 할 것(小田省吾, p. 100.)

9) 일제는 '내선일체'에 어긋나는 내용이나 민족운동에 직접이나 간접으로 관계되는 모든 책에 족쇄를 채웠는데, 일제 말기에 한글로 된 모든 책을 금서화하였다. 이에 일제 강점기에 금서에 포함된 책은 이미 나온 것 500종 정도, 처음부터 검열에 걸려 출판조차 되지 못한 것, 검열에 걸릴 것을 염려하고 애초에 출판을 포기한 것을 합하면 금서는 훨씬 더 많았을 것이라고 말한다. [김삼웅, 앞의 책, pp. 39-40.]

> 과 긍지를 간직하고 있는 것에 대하여 이는 그들의 침략정책 및 식민지배에 장애가 된다고 판단하여 1910년 국권강탈과 더불어 한국사에 관한 그 동안의 많은 저서와 자료를 소각 내지 훼손하였으며, 한국인이 스스로의 역사에 대한 부정적 인식을 가지도록 하는 데 연구의 방향을 잡았다.
>
> 일제는 조선총독부 산하에 조선사편수회를 두고 조선사 37권을 비롯하여 사료 총간 등 한국사를 왜곡시키는 데 주력하였다.[10)]

스스로의 역사에 강한 자부심과 긍지를 가진 한국인의 역사의식을 왜곡시키기 위해 총독부가 의도적으로 한국사의 많은 저서와 자료를 소각 내지 훼손했다는 것이다. 이때 소각된 저서가 구체적으로 어떠한 것인지 밝히지 않았지만 '자부심과 긍지'를 고양시키는 것에 한정시키고 있음을 알 수 있다. 분서 사건이 교과서에 수록되지는 않았지만, 보충 설명을 통해 역사적 사실로서 학생에게 수용될 가능성은 충분했다. 역사 교육뿐만 아니라 여러 학문분야에서 이 내용이 역사적 사실로 인용되고 있다.[11)]

경무국 도서과에서 조사한 '조선출판물 경찰개요'에 수록된 한인발행 단행본의 탄압 건수를 비교해 보면 연도별로 삭제, 불허, 취하의 건수가 신청 건수의 10%이상 되는 해가 대부분이며, 특히 35년에서 37년까지 3년 간은 20% 이상에 이른다. 여기에는 족보가 가장 많고, 문집류나 소설류가 나머지의 대부분을 차지한다.

기록상으로 볼 때, 일제 강점기의 마지막 금서는 바로 한글사전이

---

10) 국사편찬위원회,『고등학교 국사 교사용 지도서』(교육부, 1996), p. 422.
11) 장신, 앞의 책, p. 212 참조.

다. 조선어학회에서 수많은 인력을 투입하고 오랜 준비를 거쳐 마련한 원고가 조판에 들어갔다. 하지만 조선어학회 사건이 일어나면서 한글학자들은 투옥되고 원고는 압수되었다. 이 원고는 해방 후 경성역에서 발견되어 1947년 을유문화사에서 편찬한 『조선말큰사전』의 기초가 된다.

〈표 3〉 한인발행 단행본 탄압 건수[12)]

년도	출원	허가	내용삭제	불허	취하
1928	888	817	98	41	15
1929	927	874	55	27	1
1931	921	870	88	23	9
1933	1,076	1,052	108	24	
1934	1,017	1,005	131	11	1
1935	1,204	1,158	247	22	4
1936	1,178	1,126	211	19	22
1937	1,350	1,310	230	32	8
1939	1,847	1,812	75	11	15

2) 금서 조처의 유형

(1) 책에 대한 조처

① 분서 및 조작

일제가 저지른 분서는 우리나라의 역사를 크게 왜곡하는 데 상당한

12) 나문경, 앞의 책, p. 13 참조.

영향력을 행사했다. 특히 일본의 메이지유신 시기에 우리나라의 고기록을 수탈하고 불살라 없앰으로써 일본이 우리의 역사를 왜곡할 여지를 남겼다. 그리고 일본은 단군 관련 사료나 민족정신을 일깨울 수 있는 내용의 서적을 불살라 고대 한국을 일본이 점령했다는 '임나본부설'을 합리화하려 했다. 이처럼 일본은 우리의 역사를 실은 기록물들을 모두 불태우고 허위역사를 교육시키고 대중에게 인식시켰다. 이른바 '메이지 분서 공작'으로 진시황의 분서갱유처럼 역사를 태워 없애는 일이었다.

총독부의 『조선사편수회사업개요』[13)]의 사료수집기록을 보면 방방곡곡에서 사진 4,511건, 역사 관련문서, 그림, 편액 등 453종을 수거했다. 심지어 고대에 우리 민족이 일본에 진출할 때 징검다리였던 대마도의 자료까지 뒤져 고문서 6만 1천 469건, 고기록 3,576책, 고지도 37장, 고화류 18권 및 53장을 압수했다. 조선사 왜곡을 위해 사료의 탈취부터 사료 정리, 조선사 발간 과정의 교정을 거처 어떻게 완성되고 발간되었는지 자세하게 알 수 있다. 압수, 탈취과정을 불응하면 반일분자라는 중죄로 몰아 투옥 고문을 자행했던 것을 감안하면 이 통계는 축소된 기록일 수밖에 없다.[14)]

특히 이는 일본의 세 가지 역사 정책을 통해 진행되었다. 그 첫째는 우리 역사서 분서이고, 또 둘째는 역사의 조작이며, 셋째는 조작된 역사의 보급이다. 당시 서울 종로 일대의 서점을 비롯해서 지방의 크고 작은 서점, 향교, 서원, 구가, 양반 사대부가 등 불온서적이 있을 만한

---

13) 조선총독부 조선사편수회, 『조선사편수회사업개요』(조선총독부, 1938), pp. 76~122 참조.

14) 서희곤, 『잃어버린 역사를 찾아서1』(서울: 고려원, 1998), p. 7 참조.

곳을 가리지 않고 수색, 압수하였다. 이를 시행하는 과정에서 '단군'이란 글자가 들어있는 국내의 사료는 물론 심지어는 대마도 구석까지 손을 뻗쳐 찾아내기도 하였다.

사료수집가 이상시는 조선일보를 통해 "1910년 조선총독부 산하에 취조국을 두고서 모든 서적을 일제히 수색했으며, 다음해 1911년 말까지 1년 남짓 동안 무려 20만 권의 서적을 강탈해 갔다. 그러니 한민족의 역사책 같은 것이 최우선적으로 압수되었을 것임은 불을 보듯 뻔한 일이다. 조선총독부 관보에 의하면, 51종 20만권 정도를 압수, 분서했다"고 서술하고 있다. 우리 민족의 혼을 말살하기 위해 단군관련 기록을 중점적으로 약탈했다는 사실을 지적한 것이다.[15)]

그들이 불온서적이라는 범주에 집어넣은 두 가지는 단군 관련 사료와 민족정신을 일깨우는 내용의 서적들이었다. 이렇게 압수한 서적의 총량이 얼마나 되는지는 정확히 알 수 없으나 당시 총독부가 발행한 관보를 근거로 하여 판매금지 책자와 압수한 사료에 대한 것을 『제헌국회사』[16)]에서 살펴볼 수 있다. 압수 서적 중 우리의 역사를 왜곡, 조작하는 데 유익한 것만 남기고 나머지는 모두 태워버리는 만행을 저질렀다. 이 사안에 관해서는 분서이냐 약탈이냐 하는 다른 의견이 나오기도 하지만, 두 가지 상황이 모두 존재했던 우리의 역사서를 집중적으로 압수하고 금지하여 소멸에 이르기까지 했다는 사실이 중요하다.

이렇듯 우리나라 사료를 분서, 인멸해 놓고 그들이 독일인 리스를 초빙하여 그에게서 배운 소위 실증사학이라는 명분을 내세워 사실을 밝혀줄 수 있는 고증자료 없이는 한 줄의 역사도 기술할 수 없게 하는

---

15) 이상시, '조선일보' 1985. 10. 4일자.
16) 김진학, 한철영,『제헌국회사』(신조출판사, 1954), p. 23 참조.

간계를 부렸다.

② 사전 검열 제도

일제는 한국어로 된 모든 서적, 특히 민족의식을 고취하는 내용이 조금이라도 담겨있다면 무조건 금서 조치를 내리고 수거하여 불태웠다. 이 처단의 과정에서 사전 검열이라는 것이 존재했다. 일제는 1910년부터 경무총감부에서 경무국으로 변경되는 검열기구를 두고 조선에서의 모든 출판물을 관장했다.

〈표 4〉 검열제도의 비교-언론사 설립과 검열 원칙[17)]

	일본	대만	조선
검열당국	경보국 도서과 (1897~1940)	경무국 보안과 도서과(1920~)	경무국 고등경찰과 도서계(1910~1920) 도서과(1926~1943)
신문지검열	신고주의/자유주의	허가주의/자유주의	허가주의/검열주의
보통출판물 검열주의	신고주의/자유주의	신고주의/검열주의	허가주의/검열주의

1926년에 들어서면서 식민지 검열체제의 골격이 완성되기 시작했다. 이에 따라 신문지, 집지 출판물관련 사항, 저작권, 검열된 출판물의 보관에 총독부가 직접 관여하기 시작했데, '문화 정치'가 실시되면서 한글 단행본 등을 담당하고 감시할 조선인 검열종사자를 충원하기도 했다.[18)]

---

17) 정근식, 「식민지검열연구와 자료」, 제1회 해외 한국학 사서워크숍 팸플릿, p. 74 참조.
18) 정근식, 「일제하 검열기구와 검열관의 변동」, 『대동문화연구』51호 (성균관대학교

이 시기의 한국문학에는 다양한 의도가 숨어 있었기 때문에 사전 검열의 과정이 등장했다. 당시의 텍스트는 원고, 편집본 원고, 교정쇄 검열본, 납본물, 검열 전 발송본, 검열 결과의 발매본, 재검열본 등 다양했다. 어느 판본이냐에 따라서 조금씩 다르기도 했다.[19] 이 사전 검열로 인해서 원본과는 전혀 다른 글이 나오기도 했으며, 사라져버린 작품도 상당히 많았을 것이라 예상한다. 이상화의 「빼앗긴 들에도 봄은 오는가」가 오늘날까지 남아있는 것은 시중 유통본으로 통과된 『개벽』이 검열을 무시하고 사전 발송되었기 때문이다. 가혹한 원고검열 실태는 1995년 공개된 심훈의 시집 『그날이 오면』의 육필본으로 증명된다.[20] 일본의 검열로 인해 출간이 무산된 심훈(沈薰)의 육필본에는 '삭제'라는 도장이 찍혀 있으며 문제가 된 구절에는 밑줄이 그어져 있어 일제의 원고 사전검열제의 실상이 드러나고 있다.

심훈이 1932년 시집을 발행할 계획으로 조선총독부에 심의를 요청한 『심훈시가집 제1집』의 원고 중 '치안방해'라는 이유로 전면 혹은 부분 삭제지시를 받은 것은 총 64편 가운데 20편으로 전체의 3분의 1에 해당한다. 이 가운데 '그날이 오면', '필경(筆耕)', '통곡 속에서', '조선은 술을 먹인다', '태양의 임종', '광란의 꿈', '잘잇거라 나의 서울이여', '현해탄', '북경의 걸인' 등 9편은 전문 삭제, '나의 강산이여', '독백', '조선의 자매여', '동우(冬雨)', '토막생각', '어린 것에게', 'R의 초상', '만가' 등 11편은 부분삭제 지시를 받았다. 조선총독부의 검열에

동아시아학술원, 2005), pp. 3-14 참조.

19) 한만수, 「일제 식민지시기 문학검열과 원본 확정」, 『대동문화연구』51호 (성균관대학교 동아시아학술원, 2005), pp. 44-65 참조.

20) 『문학아카데미』1995. 가을 (문학아카데미, 1995)

서 삭제지시를 받은 시편들은 대부분 식민지라는 절망적 현실에 대한 좌절감과 강력한 현실비판, 이에 맞선 저항의지 등을 노래하고 있다.

특히 "그날이 오면 그날이 오면/ 삼각산(三角山)이 이러나 더덩실 춤이라도 추고/ 한강(漢江)물이 뒤집혀 룡소슴칠 그날이,/ 이목숨이 끊기기前에 와주기만하량이면/ 나는 밤한 울에 날르는 까마귀와 갈이/ 종로(鐘路)의 人磬을 머리로 드리바더 올리오리다/ 두개골(頭蓋骨)은 깨어져 散散조각이 나도/ 깃버서 죽사오매 오히려 무슨 恨이 남으오리까"('그날이 오면'의 제1연)와 같은 시들은 조국의 독립과 민족의 회생을 위해서 자신의 모든 희생을 감수하겠다는 굳센 의지를 드러내고 있다. 이 원고들은 '치안방해'라는 판정을 받아 결국 출간되지 못했고 심훈은 그로부터 4년 후인 1936년에 사망했다.

농산 신득구(農山 申得求)의 『농산선생문집』의 출판 과정을 통해서 이 시기의 검열방법을 자세히 살펴볼 수 있다. 농산의 문집은 간행한 해를 알 수 없는 목판본 5책본, 농산 사후에 수제자 김형배(金馨培)가 정리하고 편집한 필사본 5책 본이 전해지며, 이번 연구의 자료가 될 농산의 저술을 모은 것으로서, 1930년대에 간행을 위해 일본경찰당국에 제출한 4책본이 있다. 이는 당국으로부터 출판허가를 받기 위해 제출한 것인데, 김형배 정리본 농산집과 기본적으로 일치하는데, 그 중 상당부분이 제외되어 있다. 출판을 위해 분량을 조절했고, 일부가 삭제되었기 때문으로 짐작이 되는데, 『농산선생문집』은 일본경찰 검열본으로 제출된 4책본을 통해서 당시 검열의 실태를 파악할 수 있다.[21)]

농산문집에서 수정을 요구한 대목이 가장 많이 나오는 곳은 고초

21) 박경련, 「일제하 출판검열에 관한 사례연구-농산선생문집을 중심으로」, 『서지학연구』제23집 (서지학회, 2002), p. 195 참조.

본 2책에 들어있는 '고령신씨십이충사충사실기략(高靈申氏十二忠事實記略)'이란 제목의 글이다. 이 글은 1500년경 장성부사로 재직하다 고령으로 퇴거한 신석의 후손인 고령 신씨 고흥파 중에서 국난에 나라를 위해 크게 활약한 12명의 구체적인 활동상황을 간추려서 기록한 것이다. 여기에서 일본이 수정을 요구한 대목은, 거의 대부분 국난 관련 인물 8명의 기사에서 발견되는데, 특히 '판서공(判書公)'으로 불리는 신여량(申汝樑)의 관련기사에서 집중적으로 나타난다. 신여량은 임진 충신으로 유명한 인물인데, 일본 경찰은 신여량에 관한 기사에서 많은 대목을 지적하여 수정 또는 삭제를 지시하였다.[22]

한편 일본을 적(賊)으로 표시한 대목은 적(敵)으로, '왜적양추(倭賊洋酋)'는 '서인(西人)', '도이지변島夷之變)'은 '임진지난(壬辰之亂)', '공왜(功倭)'는 '출전(出戰)'으로 '정유재구(丁酉再寇)'를 '정유재난(丁酉再亂)'으로 수정토록 명령했다. 명에 대해 '천조(天朝)', '천병(天兵)', '천장(天將)' 등은 쓰지 못하도록 했으며, 중국의 연호와 황명(皇明)의 황(皇)은 무조건 삭제하도록 지시했다. 우리의 큰 승리를 표시한 곳에서는 '대승지(戴勝之) 또는 '大破之' 등으로, '국조(國朝)', '아조(我朝)', '본조(本朝)' 등은 모두 '이조(李朝)'로 수정하도록 했다. 이는 침략자로서의 일본이 우리의 민족과 역사에 매우 모욕적이며 억압적인 자세를 취한 것이며, 모든 역사 기록이 일본 중심으로 기록되도록 수정 및 삭제토록 지시했다는 것을 보여주는 사례들이다.[23]

---

22) 박경련, 같은 글, pp. 197-198 참조.
23) 박경련, 같은 글. pp. 204-205 참조.

③ 발행금지

신채호는 황성신문과 대한매일신보에 참여해 애국 논설을 썼다. 1900년대에 『을지문덕전』, 최영의 전기 『동국거걸 최도통전』, 『이순신전』 등의 전기를 연이어 발표하고 이에 앞서 이탈리아를 건국한 세 영웅을 찬양하며 『이태리건국삼걸전』을 집필했지만 모두 금서가 되고 말았다. 여순 감옥에서 복역 중 『조선사연구초』, 『조선상고사』, 『조선상고문화사』등 집필했지만 모두 금서가 됐다. 우리 민족의 기상과 위대함을 강조하며 사대와 노예근성을 불식해야 한다고 질타하는 글이었으나, 신채호는 원고를 끝내지 못하고 옥사하고 말았다. 일제 당국은 신채호의 글이 나올 때마다 금서로 지정하고 발행을 금지했다.

잡지 『소년』에는 지식인들이 양명학의 실천적 행동으로 구국운동에 나서야 한다는 요지를 담은 「왕양명실기」를 실었지만, 일제 당국은 이 두 글을 압수하고 『소년』의 발행을 금지시켰다. 『신천지』와 『신생활』 필화사건으로 미디어에 대한 검열체계의 공세 수위가 상승하는 가운데, 총독부가 『개벽』에 발행금지 처분을 내렸다.

『개벽』은 1920년 6월부터 1926년 8월까지 72호를 간행하는 동안

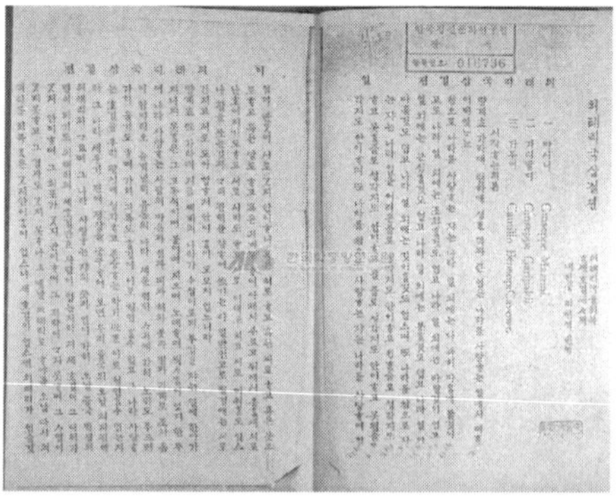

이태리건국삼걸전
-한국학중앙연구원 한국민족문화대백과사전 제공

총 34회의 발행금지와 1회의 발행정지 처분을 당했다. 발행정지는 1925년 8월호였는데, 간행한 지 5년만의 사건으로 전면 압수가 동시에 이루어졌다. 발행정지를 예상하지 못했던 개벽사는 압수된 기사를 삭제하고 호외 발행을 위해 새로 인쇄를 했지만, 발행정지 명령으로 그것마저 압수되었다. 뿐만 아니라 『개벽』 8월호의 광고를 게재한 동아일보 8월 1일자 조간까지 함께 발매금지되었다.[24] 이러한 압박은 조선일보 3차 발행정지(38일간), 동아일보 3차 발행정지(44일간) 등 신문에도 끊임없이 가해졌고, 신문기사에 대한 압수처분과 무기정간이 대대적으로 늘어났다.

일제 강점기 기록상 확인되는 마지막 금서는 한글사전이다. 조선어학회에서 오랜 준비를 거쳐 한글사전 원고를 마련하고, 조판에 들어갔다. 그러나 조선어학회 사건이 일어나면서 한글학자들은 투옥되고 원고는 압수되었다. 그 후 원고는 행적을 찾을 수가 없었다. 민족을 말살하려던 혹독한 강점기 말기에 해방을 준비하는 민족운동의 대대적인 움직임이었던 한글사전 간행을 철저하게 차단하려고 했었기 때문이다. 다행히도 해방 후 경성역 창고에서 발견되어 1947년 을유문화사에서 편찬한 『조선말큰사전』의 기초가 되었다.

④ 부분 삭제

이 시기의 일제는 조선의 사상 통제를 위해 다양한 수단을 동원했는데, 출판물도 검열과정을 거치지 않고서는 공식적으로 출판될 수 없었다. 이런 이유로 작가들이 검열을 의식해 작품을 변형시키기도

---

24) 한기형, 「문화정치기 검열체제와 식민지 미디어」, 『대동문화연구』 51호 (성균관대학교 동아시아학술원, 2005), pp. 69-102 참조.

했지만, 검열 과정에서 작품이 변형된 경우도 많았다. 김동인은 자기 작품의 3분의 1쯤은 검열 때문에 잃어버렸다고 말할 정도였는데, 사전 검열로 인해 많은 작품이 원본추정이 어려울 정도로 훼손된 경우가 많았다.

일제 강점기에는 민족 운동이나 민족의식을 주제로 한 조선 지식인들의 글이나 저서가 사전 검열에 의해 금압의 대상이 되곤 했다. 조선과 조선민족에서 발행한 『조선급조선민족』은 최남선, 오세창, 송진우, 이관용 등의 글이 삭제된 상태에서 출간되었다.

⑤ 유통 및 판매금지

1909년 5월 5일 내부대신은 출판법 제16호에 의거해 7종의 도서를 발매와 반포하지 못하도록 하고, 학교에서 교과서로 사용하는 것도 금지하였다.

경무총감부고시 제72호를 공포하기 전, 이미 총 16종의 출판물에 대해 발매와 반포를 금지하고 압수하였다. 이 가운데 『중등창가』 등 3종은 당국의 허가를 받지 않고 출판한 비밀 출판물이었다. 이에 따라 51종의 도서목록은 출판법을 제정하고도 미처 통제하지 못했던 '불온' 출판물들을 강점을 계기로 하여 일괄정리하려는 계획에서 나온 것이었다. 이때 학부불인가 교과용도서 70종 중 『유년필독』과 『유년필독석의』에 이어 24종을 추가로 발매반포금지 대상으로 지정되었다.[25)]

국권 침탈의 위기와 일제 강점의 수난 속에서 민족의식과 독립 정

25) 장신, 앞의 글, p. 226 참조.

신 고취에 가장 효과적인 출판 분야는 역사였다. 언론인이자 역사학자이며 독립지사였던 박은식과 신채호가 대표적인데, 박은식이 『한국통사』와 『한국독립운동지혈사』 등을 펴내자 많은 독립지사들이 읽으며 은밀하게 국내로 흘러들어왔지만, 일제 당국은 금서로 지정해 읽지 못하게 했다.

일제는 521건의 금서로 민족의식 말살을 유도했다. 일제 경찰은 사상 불온자로 지목한 인사나 학생의 집을 수색해 금서와 관련된 서적이 발견되면 어김없이 관계 법령에 걸어 처벌했다. 그래서 학생들은 비밀스럽게 독서회를 만들어 금서를 구해 읽으면서 토론을 벌이기도 했다. 오히려 조선시대의 금서였던 『정감록』이나 『홍길동전』 등은 자유스럽게 판매되고 읽혔다. 1910년에는 모든 책의 표지에 '대한'이라는 제목만 붙어도 모든 책을 압수한 특수한 경우도 있다. 이후에는 한글로 쓴 출판물은 무조건 금서가 되어 유통되지 못하는 불운한 시대가 되었다.

국내에 유입된 해외도서도 대부분 금서의 길을 걸었다. 청나라 말기의 계몽사상가 양계초의 저술 가운데 『중국혼』, 『월남망국사』, 『자유서』 등은 조선에서 번역, 간행될 정도였다. 실력 양성을 통해 제국주의 열강처럼 부국강병을 이루어야 한다는 자강 사상이 주요 내용이니 조선에 널리 유포되어 읽히는 것을 일제가 반길 리 만무했다. 1910년 일제의 조선 강제 병합 이후 양계초의 저서는 대부분 금서가 되고 말았다.

1942년 10월 조선어 말살을 꾀하던 일제가 이윤재, 이극로, 최현배, 이희승 등 조선어학회 회원들을 검거, 투옥한 '조선어학회 사건'이 분수령이라고 할 수 있다. 이는 문학이라는 한 분야에 국한된 문제가 아니라 조선어 자체의 말살 위기를 뜻했다.

서적 수색은 유통과 판매 금지뿐만 아니라 압수로도 이어졌다. 1909년 2월 출판법 공포부터 강점 이전까지 서적 압수는 두 경로를 통해 이루어졌다. 하나는 학부불인가 교과용도서의 압수였다. 학부는 70종의 서적을 사립학교에서 사용할 수 없는 교과서로 지정하고 불인가 도서를 사용할 경우 모두 압수했다. 내부에서 발매반포 금지한 서적도 교과서로 사용할 수 없음을 알리고 같은 조치를 취했다.

또 하나는 출판법에 근거한 경찰의 서적 압수이다. 경찰 통계에 따르면 1909년 한 해에 10종 5,763권, 1910년에 서적 3종 66권을 추가로 발매반포 금지했다. 이런 서적 압수는 출판계에 큰 타격을 주었다. 피해는 서적을 압수당한 출판사와 서점만이 아니라 저술업자, 역서업자, 인쇄업자, 장책업자, 조각공, 도화업자 등에게까지 미쳤다.[26)]

⑥ 독서통제

중일전쟁 이후 출판통제는 곧바로 독서통제로 이어졌다. 금서 압수, 독서회 사건 등을 통해 민족주의, 사회주의 서적 읽기는 계속 통제되었지만, 사상 서적은 어렵지 않게 구해 읽을 수 있었다. 반일, 항일 수단으로 사상 서적을 읽는 한국인 학생들이 있었고, '인쇄소 직공'을 대상으로 한 1931년에는 사상 서적을 공개적으로 언급하는 독서경향조사를 할 정도로 사상서 읽기는 통제 속에서도 확산되었다. 사상 선도와 문화통제라는 명목으로 독서취미와 도서의 자유주의는 부인되었고, '전시동원'이 강제되는 상황에서 독서의 자유는 물리적으로 억제되었다.

26) 장신, 같은 글, pp. 228-230 참조.

이것의 가장 유력한 수단이 금서 조처였다. 금서 조처도 사후 검열이라는 점에서 출판통제와 밀접한 관계가 있지만, 읽기를 금지시킨다는 점에서 독서통제로 전환된다. 이광수의 『흙』이 세 차례 검열 끝에 1933년에 간행되었지만 1940년 무렵에 금서가 되어 출판사 간행본이 모두 압수되었다. 독서가 확산되자 함경북도 경찰부에서 검열통과에 문제를 제기, '독자 범위'를 검열기준으로 적용했다. 사전검열로 출판통제가 강화되는 상황에서 독서통제를 위한 사후검열도 강화되어 갔다. 금서조처의 급증은 압수와 분서의 강화를 수반했고, 상대적으로 통제 대상에서 벗어나 있거나 자유롭던 출판물과 대학도서관 등 독서공간에서의 압수가 실행되었다. 강점 말기로 접어들면서 『흙』, 『순애보』, 『상록수』와 같은 소설의 독서도 불온시되었고, 시와 소설을 읽는 것만으로도 사상범으로 취급되었다.

1939년에는 방공협회 창립 1주년 기념행사의 일환으로 각지 경찰서에서 '적색서적'을 수거해 불태워 없애는 '분서제(焚書祭)'가 있었다. 중일전쟁 이전인 1933년에도 서점 및 도서관 등에서 금서를 압수해서 불태우는 일이 있었으나, 경무국의 서적통제가 강화된 1939년의 분서는 전선(全鮮) 각지에서 동시에 이루어졌다. '시국출판물'을 증가시키는 이면에서 금서조처와 이에 수반된 압수 · 분서를 통해 '읽지 못하게 하는' 독서통제가 강화된 것이다. 일제 강점 말기에는 '책이 왔다 갔다 하면' 독서회 사건이 일어나는, 파시즘체제기 일제의 독서통제는 완결되었다. 이는 '운동' 차원이 아닌 일반적 독서행위까지도 힘들게 하는 서적 말살정책이었다.[27)]

---

27) 이중연, 「중일전쟁 이후 일제의 출판 · 독서 통제」, 『한국문화연구』제8호 (이화여자대학교 한국문화연구원, 2005), pp. 111-115 참조.

(2) 필자 및 유통주체에 대한 조처

일제 강점기의 금서 정책은 금서 조처에 따른 필자의 압박과 출판사와 출판인의 탄압으로 이어졌다. 이에 따라 구국계몽운동을 지향하면서 많은 서적을 출판하려고 노력하던 출판사의 활동과 출판자본의 성장을 말살했다. 그중 광학서포가 대표적인 예이다. 광학서포는 대한제국기의 대표적인 출판사였지만 17종이나 금서로 지정되어 경술국치 이후에는 출판활동을 더 이상 지속할 수 없는 지경에 이르렀다. 이에 따라 많은 출판사들이 출판의 지향점을 구국계몽에서 정치색채가 없는 구소설, 신소설 등으로 급선회하였다.

1910년 후기 음풍영월식 문집이나 족보 등의 한적본을 발간하며 명맥만을 유지하던 출판사들은 1928년 한해에 81건의 검열 등 출판자체를 원천봉쇄 당했지만, 1930년대에 이르러 민족 사회운동의 발전 속에서 사회적 수요와 맞물려 서서히 발전하기 시작했다. 그러나 금서가 줄어든 것은 아니었다. 1930년부터 40년대 사이에는 금서 종수가 너무 많아서 그 수를 알 수 없다고 하는 것이 옳을 정도였다.

이 시기에는 서점 및 도서관에 대한 압수 수색도 강화되었다. 일제의 압수수색이 임의적으로 이루어지는 가운데 사흘이 멀다 하고 발매금지시킨 책명을 적은 유인물을 서점에 배부하는 등 출판물에 대한 억압은 점점 과격해지고 있었다. 경무국 고등계 경찰력을 총동원한 서적의 수색과 압수가 줄을 이었고, 압수된 서적은 대부분 불태워졌다.

1919년 3.1운동을 주도했던 민족대표 33인은 출판법 위반 혐의로 일제에 기소되었다. 검열을 거치지 않은 상태에서의 출판물, 즉 독립선언서를 인쇄하여 배포했기 때문이다. 당시 검열관들은 매우 세밀한 기준으로 출판물을 검열했고, 심지어는 정정가필(訂正加筆)도 서슴지 않았다. 총독부는 발간 및 정간, 판매금지, 예약출판제, 교정별 검열제 등 인쇄자본의 이윤을 조정하는 다양한 수단과 인쇄자본을 통해서 작자들을 검열에 순치(馴致)시키는 강력한 정책수단을 지니게 되었다. 총독부는 신문지법과 출판법이라는 이중적 인쇄출판 법제를 통해 우리 민족의 정치를 억압하고, 정치물에 대대적인 판금조치를 내렸다.[28]

1920년대 초반에 있었던 잡지 『신천지』와 『신생활』지는 발매 금지만 있었던 것이 아니었다. 『신천지』 주간이었던 백대진의 자택과 잡지사는 수색당하고, 백대진과 업무부장이 구속되었다. 『신생활』지 사건에서는 사장 박희도와 인쇄인이 검거되었고, 사건이 확대되어 제작 관련자들이 검거되었다. 실제로 백대진은 6개월, 다른 사람들은 최고 2년 6개월에서 1년 6개월까지의 실형을 언도받았다. 또 1927년 『중외일보』에 연재되었던 「세계일주기행」이 독립사상을 고취했다고 하여 필자와 발행인 이상협이 체형에 처해졌고, 「제남사건 벽상관」이라는 사설로 인해 안재홍도 금고형에 처해져 실제로 복역했다.

한편 비공식적이고 간접적인 방식의 억압으로 '어쩔 수 없이 쓰여지거나', '쓰지 않을 수 없었던' 작품도 주목할 필요가 있다. 작가들의 회고록을 통해 그 양상을 확인할 수 있다. 계용묵의 경우, 『시골 노파』, 『묘예』, 『불로초』 등 세 작품을 일제의 강압에 의해 어쩔 수 없이 쓰게 된, 협력을 가장한 작품으로 들고 있다. 그 배경에 문인투서사건으로 검거되었던 경험 등이 있었음을 1957년과 1958년 『암흑기의 우리 문

28) 한만수, 「식민지시기 한국문학의 검열장과 영웅인물의 쇠퇴」, 『어문연구』34(1) (한국어문교육연구회, 2006), p. 176 참조.

단』과 『문학적 자서전』이라는 글을 통해 회고하였다. 채만식의 경우는 『여인전기』를 쓰게 된 배경으로 개성에서의 수감 경험과 '생화', 즉 경제적인 것 때문이라고 말했다. 유치진은 자서전에서 가장 적극적인 방식의 해명을 하는데, 현대극장의 설립을 종용했던 권력의 개입은 강압뿐만 아니라 치밀함도 보였다. 다른 연극인들을 보호하기 위해 자신이 십자가를 지는 심정으로 극단을 맡게 되었고, 공연 레퍼토리로 『대추나무』, 『흑룡강』, 『북진대』 등 세 편의 희곡을 쓰게 되었다고 하였다.[29)]

이들 '어쩔 수 없어서 쓰여진' 작품의 배후로 직접적인 경찰 폭력의 경험이 있었다는 점을 알 수 있는 회고들이다. 채만식과 유치진의 경우에도 실제 친일협력이 시작되는 시점과 경찰폭력의 경험이 밀접하게 연결되어 있었음을 회고를 통해서 추정할 수 있다. 식민지 문인들에게 씌워진 억압과 그에 따른 자기 검열의 문제가 단순히 행정 절차로서의 검열이 아닌 통치행위 전반과의 연관 속에서 고려되어야 한다는 사실을 일깨우는 대목이라 하겠다.[30)]

만주사변 발발 후에는 공산주의자협의회 조직사건의 검거 과정에서 서점 '신생각'을 운영하며 좌익서적과 비밀출판물을 반입, 배포하던 장일환 등이 체포되어 수개월 동안 투옥된 것을 시작으로 서점에 대한 대대적인 수색과 압수가 실시되었다. 또 민중서원의 주인은 발금 서적을 판매하다 검거되어 징역 6개월, 집행유예 2년을 받았는데,

29) 김재영, 「회고를 통해 보는 총력전 시기 일제의 사상관리-계용묵, 채만식, 유치진의 경우」, 『한국문학연구』제33집 (동국대학교 문화학술원 한국문화연구소, 2007), pp. 307-308 참조.
30) 김재영, 같은 글. pp. 335-336 참조.

집행유예 기간에 발금 서적을 판매하다 다시 구속되기도 했다. 이후 수색 및 압수가 일반 서점으로 확산되어 여러 서점의 경영인이 구속되는 사건이 늘어났다. 지신당 서점 주인은 단순한 팸플릿 한 권 판매하고 3개월 동안 구류 처분을 당했는데, 이는 발금 서적을 판매하는 서점 주인에 대한 물리적 금압이 일반적으로 행해지고 있었음을 증명한다.

압수수색은 도서관과 문고도 피하지 못하였다. 1933년 평양과 이원의 도서관 압수수색과 경남경찰부에서 관할 경찰서에 통첩을 내려 모든 도서관과 문고에 있는 '불온서적'을 압수수색할 것을 지시했다. 도서관에 대한 압수수색은 지속적으로 확산되었을 것으로 보이며, 1938년에 이르러서는 상대적으로 통제대상에서 벗어나 있던 대학도서관과 교수연구실까지 압수수색이 확대되었다. 그 대표적인 사례가 연희전문, 이화전문, 보성전문, 경성법정학교의 강제 압수수색을 꼽을 수 있다. 이는 다소 관대하게 대하던 '학구적' 적색 · 비밀 출판물을 절멸시켜 '학문 연구대상'으로서의 서적도 무용해졌음을 공개적으로 선언한 것이었다. 연희전문 경제과 독서토론회 수색으로 프린트본 교재 압수 및 검열과 교수 및 학생을 취조한 일은 "항일화의 가능성이 있는 그룹을 해산시켜 지식인들을 개별적으로 분산시킴으로써 저항력을 약화시키고, 장기적으로는 징병제와 학병제를 통해 청년 지식인들을 제국주의 전쟁으로 내몰기 위한 예비 조치였다"고 할 수 있다.[31]

31) 이중연, 『책의 운명-조선~일제강점기 금서의 사회 · 사상사』(혜안, 2001), p. 461 참조.

2. 금서 조처의 대상과 이유

1) 정책에 따른 금서

(1) 도서 검열 정책으로 인한 금서

일제강점기의 금서는 검열정책을 통해서 상세하게 알 수 있다. 도서 검열정책이 표면적으로는 치안방해, 풍속문란, 출판법위반의 세 가지로 구분되나, 구체적으로 검열의 초점을 분석해보면 반일감정을 막고 독립정신을 말살하는 부분에 집중하여 식민통치의 도구로 이용했음을 알 수 있다. 특히 민족문화의 말살에 있어서 분서의 작용이 매우 컸다. 일제강점기 일본은 우리나라를 식민국으로 영원한 통치를 하기 위해서 민족혼을 불러일으킨다는 이유로 우리나라의 출판물들을 모조리 불살라버리는 악행을 저질렀다.

| 금수회의록

19세기가 끝날 무렵에는 국권침탈을 앞두고 민족의식을 고취하는 서적과 글이 쏟아져 나왔다. 한국통감부에 놀아난 대한제국의 친일파들이 『금수회의록』 등 13종을 금서로 지정하고, 1910년 11월 일제 당국은 대대적인 금서령을 발동했다.

일제는 한국인을 영원히 식민지 백성화하기 위하여 한국정신을 박멸하고자 했으며, 일제 말기에 이르러서는 한국말로 된 서적을 전부 금서로 취급하고자 했다. 한 나라의 말과 글을 사용하지 못하게 하여 모든 책을 금서화한 것은 인류역사상 일찍이 그 유례를 찾아보기 어려운 문화 탄압행위이다. 일제는 한국의 주체적인 민족사상은 물론, 자유주의사상 또는 사회주의사상 분야는 말할 것도 없거니와 심지어는 족보나 만세력 같은 출판물까지도 한국인이 찍어내는 것에는 금서의 딱지를 붙였다. 이것은 일체의 문화행위, 혹은 조상숭배 행위까지도 말살시키고자 했던 만행이었다.

책을 출판하려고 하면 원고검열이라고 하는 제도 앞에 출판이 수포가 되는 일이 비일비재했으며, 편집인, 발행인 인쇄인이 함께 법적인 책임을 져야하는 출판법 제 26조에 의해 실속 있는 서적을 출판할 수 없는 상황이었다. 당시 금서의 상당수가 1910년 이전에 출판된 서적이라는 사실에서도 잘 알 수 있으며, 출판되는 대부분의 서적도 고전의 재탕이나 번각이 고작이고, 아니면 관공서의 정책적인 문서들이었다.[32]

경술국치 전 일제에 의한 금서는 기록으로 확인되는 공식 금서인 『동국사략』 외 11종에 이른다. 경술국치 후에는 대대적인 금서조치를

32) 안춘근, 『한국출판문화사대요』(청림출판, 1987), p. 400 참조.

취하여 1910년 9월부터 11월까지만 51종을 판매 금지시켰다. 일제는 『월남망국사』, 『미국독립사』 등 외국의 역사책, 『유년필독』과 같은 우리나라 어린이들의 교과서, 심지어 조선왕조 시대의 창가집에도 금서의 횡포를 부렸다. 일제는 실로 '내선일체'에 어긋나는 내용이나 민족운동에 직접간접으로 관계되는 모든 책에 족쇄를 채웠다.

일본은 식민지 조선에서의 문화를 철저하게 관리하기 위하여 검열 주체로서의 검열당국을 만들어 억압과 통제를 주도해왔다. 일제의 검열기구는 경무총감부 고등경찰과 도서계로부터 경무국 고등경찰과 도서계, 경무국 도서과로 변화되면서 조선 내에서의 모든 출판물과 영화, 음반, 및 도화의 출판과 발행, 발매와 반포를 총괄했다.

조선에 대한 검열 정책은 세 단계를 거치며 검열 기구, 검열 담당, 검열 정도의 변화를 보인다. 첫 번째 단계는 1910년~1919년으로 조선인의 출판인쇄 문화가 성장하고, 사회주의와 민족주의가 강화되면서 검열제도가 체계화된 시기이다. 일제는 서적의 통제에 대해서 이미 발행된 책은 금서로 지정하여 차단하는 방법과 사전검열을 통해서 미리 통제하는 두 가지의 방법을 병행했다.

단행본 출판운동에 대한 금압도 병행되었다. 그 시작은 1907년에 공표된 '공사서적판본 보고령'이었다. 이는 조선의 모든 서적의 판본을 기록하여 출판물을 통제하고 나아가 애국 출판물을 금압하려는 시도였다. 이미 단행본 출간과 교과서, 개인 문집 등을 통제하고 있는 가운데, 1909년 2월 법률 제6호로 제정한 '출판법'을 통해 모든 출판물의 엄격한 사전검열제를 강제하기 시작했다. 이 법 제2조에 "문서도서를 출판하고자 할 때는 저작자 또는 상속자 및 발행자가 연인하고 고본을 첨가하여 지방장관(한성부 경시총감)을 경유하여 내부대신에게 허가를 신청해야 한다."고 사전검열제를 명문화하였고, 이를 근거로 원고의 사전 검열을 쉽게 통과하지 못하도록 엄격한 관리에 들어갔다.[33)]

1908년 내부 경무국에서 열린 각도경찰부장회의에서 경무국장은 서적, 잡지, 신문 등의 출판물은 인심에 큰 영향을 미치므로 배일사상을 고취하거나 과격한 한국독립론을 부르짖는 것을 발견하는 대로 압수하라는 훈시를 내렸다. 『금수회의록』, 『을지문덕』, 『월남망국사』, 『이태리 건국삼걸전』, 『음빙실자유서』 등에 대한 압수가 그 결과물이었다. 이는 출판법 제정 이전에 일어난 일로서, 한 질씩 가져간 것으로 보아 전면적인 발매금지와 압수를 위한 목록을 만들기 위한 사전 준비였다고 보인다. 1909년 2월 23일 법률 제6호로서 출판법을 공포한 뒤에는 본격적인 출판물 통제에 들어갔다.[34)]

1910년 11월 금서령을 발동, 45종의 금서 지정을 시작으로 일제 강점기의 대대적인 금서 조치가 시작되었다. '사회의 안녕과 질서를 해치고 치안을 불안케 한다.'는 구실로 치안 유지법 또는 출판법 위반 명목으로 발매금지조치를 내렸고, 허가를 받아 출간한 서적도 출간 이후 검열 기준에 걸려 적발되면 어김없이 압수 조치에 처해졌다.

그 중 탄압의 강도를 짐작할 수 있게 하는 항목들은 다음과 같다. '일반검열표준'에서 '안녕질서(치안) 방해 사항'으로 일본 황실의 존엄을 모독할 우려가 있는 사항, 조국(일본)의 유래, 국사의 대체를 왜곡하고 일본의 국체 관념을 동요시킬 우려가 있는 사항, 군주제를 부

33) 강영심 외, 『일제 시기 근대적 일상과 식민지 문화』(이화여대 출판부, 2008), p. 199 참조.

34) 장신, 앞의 책, pp. 224-225 참조.

인하는 사항, 계급성을 고조하고 기타 국가 기관의 위신을 실추시킬 우려가 있는 사항, 공산주의 및 무정부주의 이론 내지 전략 전술을 지원 선전하고 혹은 그 운동의 실행을 선동하는 사항, 조선의 독립을 선동하거나 그 운동을 시사하는 사항, 반 만주국 및 항일, 배일을 시사 선동하는 사항, 혁명 운동을 선동하는 사항, 각종 쟁의, 동맹파업, 동맹휴교 등을 선동하는 사항, 조선의 독립을 선동하거나 그 운동을 선동하고 원조하는 사항, 내지인(일본인)과 조선인과의 대립을 시사 선동하고 기타 내지인과 조선인의 융화를 저해 할 우려가 있는 사항, 조선 민족의식을 앙양하는 사항 등이 그것이다. 기타 안녕질서를 방해하는 사항 등 민족주의적인 내용의 서적과 사회주의 관련 서적도 거기 해당하였다.

'무궁화'라는 말이 붙으면 무조건 불온한 서적으로 간주했던 것은 물론, 우리말 노래집도 예외가 아니었고, '조선' 이라는 단어가 조금만 민족주의적인 분위기를 배경으로 등장해도 예외가 아니었다. 예컨대 현진건의 소설 「조선의 얼굴」이나 「정선 조선가요집」 제1집이 그랬다. 『신동아』에서 부록에 게재된 금서 33권을 보면 위의 사실들을 확인할 수 있다.

병참기지화정책의 추진과 '내선일체', '황국신민화'라는 구호를 걸고 민족말살이란 기본통치이념이 수행되면서 출판물 탄압은 더욱 철저하게 실시되었다. 기존의 출판법을 강화하는 '불온문서 감시취체법'이 제정 공포되고, '국가총동원법'은 전시체제의 확립을 위해 필요에 따라 언제든지 출판물에 대한 제한, 금지, 차압을 강행할 수 있도록 했다. 불온문서 감시취체법 제1조에서는 '군질(軍秩)을 문란하고 재계를 교란하며, 기타 인심을 혹란(惑亂)할 목적으로 치안을 방해할 상항을 게재한 문서, 도화로서 발행 책임자의 성명 또는 주소의 기재를 아니 하거나, 허위 기재를 하거나 또는 출판법 및 신문지법에 의한 납본을 하지 아니한 것을 출판한 자 또는 이를 반포한 자는 3년 이하의 징역 또는 금고에 처한다.'고 했다.

또 국가총동원법 제20조에 '정부는 전시에 제(際)하여 국가총동원상 필요할 때에는 칙령의 정하는 바에 의하여 신문지, 기타의 출판물 게재에 대하여 제한 또는 금지할 수 있다. 정부는 전항의 제한 또는 금지에 위반한 신문지, 기타의 출판물로서 국가총동원상 지장이 있는 것의 발매, 반포를 금지하고 이를 차압할 수 있다. 이 경우에는 아울러 그 원판을 차압할 수 있다'고 하였다. 이러한 법적 제한 조건에 따라 출판업을 직접 통제하였다. 외국에서 한국으로 발송되어 오는 출판물도 '조선감시보안령'을 적용하여 그들의 필요에 따라 철저하게 통제했다.[35)]

한편으로는 전쟁문학서를 간행하여 '조장'이라는 방침을 적용하기도 했다. 도서과는 중일전쟁 '보도반원(報道班員)'이었던 소야위평(小野葦平)의 소설 「보리와 병대(兵隊)」를 한글로 번역해 전선에 무료로 배포할 계획을 세웠다. 「보리와 병대(兵隊)」는 일제의 선전목적에 부합하는 전쟁 문학인데, 전쟁 문학을 조선에 보급해 장차 문학을 침략전쟁 선전에 동원할 의도였던 것이다. 검열 총괄자가 전쟁 문학의 한글번역에 나선 것은 검열의 조장 방침을 조선 출판계에 적용해 전쟁문학서 간행을 강제하려는 목적에서였다. 금지와 조장의 상반된 검열 방침을 출판통제로 실현하는 유력한 수단은 종이배급이었으며, 종이

35) 나문경, 앞의 책, p. 16 참조.

배급과 출판검열을 통합해 '검열적 배급'을 실행했다."[36] 이 무렵『무정』,『흙』등 한국소설이 발행되기 시작했으나 곧 금서가 되었다.

(2) 치안방해로 인한 금서

일제 강점기에 금서 조치한 이유로 가장 큰 것은 치안방해였다. 그 첫 번째 책이 안국선의 우화적 정치 소설『금수회의록』이었다.『금수회의록』은 사회 비판적인 내용으로 인해 치안 방해를 이유로, 1909년 언론출판규제법에 의해 금서가 됐다. 개화기 신문학 작품 최초의 공식적인 금서였다.

일제는 법률을 통해서 혹독한 문화탄압을 자행하기 위해 엄격한 처벌규정을 두고 있었으며, 이에 불응하거나 그들의 이익에 부합되지 않을 때는 압수 및 발행금지를 명했다. 당시에 국내에서 발매금지되었던 출판물의 양은 아주 많았다. 발매금지처분의 명목상의 이유는 치안방해 혹은 풍속교란을 들었지만, 실질적으로는 민족의식 고취, 독립운동 관계, 한국문화의 독창성을 고무하는 내용이기 때문이었다.

1909년 2월 법률 제6호로 제정한 출판법에서는 모든 출판물의 엄격한 사전검열제를 강제하는데, 제2조에 "문서 도서를 출판하고자 하는 때는 저작자 또는 그 상속자 및 발행자가 연인하고 고본(稿本)을 첨가하여 지방장관(한성부에서는 경시총감)을 경유하여 내부대신에게 허가를 신청해야 한다"고 사전검열제를 명문화하였다.

---

36) 이중연,「중일전쟁 이후 일제의 출판 · 독서 통제」,『한국문화연구』제8호 (이화여자대학교 한국문화연구원, 2005), pp. 101-102 참조.

(3) 종교 및 사상에 따른 금서

일제는 1933년 '치안'을 이유로 국내 반입과 독서를 금지했다. 사회주의 계열 서적도 대거 금서로 지정되었다. 군국주의 체제를 지향하는 일본 집권자들의 관점에서 사회주의는 불온할 수밖에 없었고, 조선에서의 사회주의는 민족주의 및 독립 운동과 밀접한 관련을 맺고 있었기 때문에 1920년대 이후 『사회주의와 종교』, 『유물론과 경험비판론』, 『자본론』, 『맑스주의』 같은 마르크스, 엥겔스, 레닌의 저작 번역서를 비롯한 사회주의 관련 서적을 심하게 탄압했다.

일제는 공산주의를 선전하거나 선동하는 것에도 민감하게 반응했다. 1936년 『경무휘보』에 게재한 '언문간행물을 통해서 본 공산주의 운동의 동향'에서 검열당국이 공산주의에 관련된 한글 출판물들을 특히 주시했다. 공산주의에 대한 경계도 살펴볼 수 있는데, 겉으로는 소멸한 것 같은 공산주의가 간행물을 통해 계속 활동하고 있다면서 '공장주의 냉혹함', '직공의 비참한 생활', '지주와 어업주의 비인도적 행동' 등으로 자본가를 비난하고 노동자의 곤궁한 생활을 그리는 것을 '공산주의 운동'으로 규정하였다.[37)]

종교서적에 대해서도 마찬가지였다. 기독교, 불교, 천도교 등 종교서적들이 금서로 지정되면서 1940년대 출판계는 암흑기였다. 일제의 침략전쟁 동원에 필요한 서적 외에는 출판할 수 없는 시기였다. 그러나 재주 외국인들이 발행하는 출판물인 종교, 특히 기독교에 관한 출판물은 사전검열을 받지 않기 때문에 종류와 수량이 비교적 많았다.

---

37) 이민주, 「일제시기 검열관들의 조선어 미디어와 검열업무에 대한 인식」,『 한국언론학보』55(1) (한국언론학회, 2011), pp. 189-190 참조.

그러나 무조건 허용한 것은 아니었다. '천주'의 존재가 세계를 통치한다는 포교수단 등을 거론하며 검열 상, 선도 상 유의해야 할 점으로 지적함으로써, 외국인 발행의 출판물에 대해서도 일정한 가이드라인을 요구했다는 것을 알 수 있다.

(4) 풍속괴란에 따른 금서

출판물 검열에 있어서 '풍속괴란'을 사유로 하는 처분 건수도 적지 않았다. 시기에 따라서는 '치안방해'를 사유로 하는 건수와 비슷한 때도 있었다. 1937년 출판물 행정처분 사유에서 '치안방해'가 74건이며, '풍속괴란'도 54건이나 되었다.[38] 지금까지 일제의 검열이라고 하면 대체로 항일투쟁, 민족주의를 염두에 두었지만, 도색출판물 역시 만만치 않은 건수가 검열삭제 당했음을 알 수 있다.

음란물 검열은 정치사회적 의미에서 매우 중요한 의미를 지닌다. 사회의 지배이데올로기에 대한 대항담론을 금압하고, 표현의 자유를 제한한다는 점에서도 시사하는 바가 크다. 유교적 봉건 이데올로기가 강력했던 조선 사회에서 음란물에 대한 금압은 사회적 동의를 얻을 수 있었을 가능성이 크고, 이는 정치사회적 대항담론에 대한 억압을 포함한 검열제도 전반에 대한 지지로 이어질 수도 있었을 것이다.

---

38) 한만수,「일제시대 문학검열 연구를 위하여」,『배달말』(배달말학회, 2000), p. 93.

2) 금서 조처의 대상

(1) 문학 및 학술 출판물

① 안국선의 『금수회의록』

안국선은 서울에서 태어나 와세다대학에서 정치학을 전공했다. 졸업 후 귀국하여 정계에 발을 들여놓기도 했으나 별로 두각을 나타내지 못하다가 실업계에 투신, 역시 실패하고는 교육계에서 경제학을 강의했다. 만년에는 시골에 은둔하면서 저술활동에 전념하여 『연설방법』, 『외교통의』, 『정치원론』 등의 학술서적과 『금수회의록』, 『공진회』 등 신소설을 집필했다.

『금수회의록』은 1908년 2월 황석서적조합에서 발행하여 당시의 독서계에 큰 영향을 준 작품이다. 동물들을 통하여 인간사회의 모순과 비리를 풍자한 우화 형식의 작품인바, 서언(序言)에서 화자가 금수의 세상만도 못한 인간세상을 한탄한 뒤, 꿈속에 금수 회의소에 들어가 그들의 회의를 목격하는 것으로 시작된다. 이 작품은 일제 통감부에 의해 금서 조처를 당하였다. 앞에서 거론한 대로 치안방해가 그 이유였다.

『금수회의록』이 금서 조처된 이유를 작품내적인 데에서 찾아보면 이 작품이 지닌 높은 풍자성을 들 수 있다. 이 작품은 인간과 동물의 가치가 전도되어 동물이 인간들의 정치 사회 윤리를 비판한 우화 형식의 풍자문학으로서, 당시의 외세 즉 일본에 대한 저항의식을 드러내었다. 작품 분석을 해 보면 다음과 같다. 이 작품[39]은 모두 11개의

39) 이 논문에서 『금수회의록』의 갈래를 명시하지 않고 그냥 '작품'이라고 표현하는 이유는, 학계에서 이 작품의 갈래에 대한 논의가 진행 중이기 때문이다. 서사문학

단락으로 구성되어 있다.

1. 서언
2. 개회취지
3. 제일석 반포지효(까마귀)
4. 제이석 호가호위(여우)
5. 제삼석 정와어해(개구리)
6. 제사석 구밀복검(벌)
7. 제오석 무장공자(게)
8. 제육석 영영지극(파리)
9. 제칠석 가정맹어호(호랑이)
10. 제팔석 쌍거쌍래(원앙)
11. 폐회

1단락과 11단락은 도입과 종결에 해당하는 부분이고, 2단락에서 10단락까지가 본문을 이루는 서로 다른 열거식 서술인데, 특히 2단락은 금수회의가 열리게 된 배경을 서술한 부분으로서 작가의 주제의식이 잘 드러나 있는 대목이다. 그것은 회의 안건으로 제시되어 있는데, ① 사람 된 자의 책임을 의론하며 분명히 할 일, ② 사람의 행위를 들어서 옳고 그름을 의론할 일, ③ 지금 세상 사람 중에 인류자격이 있는 자와 없는 자를 조사할 일 등이 그것이다. 책임을 다하는 인간, 올바르게 행동하는 인간, 인간으로서의 자격을 갖춘 인간만이 인간이라는

으로 보아 '소설'이라고 규정하는 견해가 있는가 하면 이를 부정하고 교술 문학으로 규정하는 견해도 나와 있다. 이 논문의 초점은 갈래 규정에 있는 게 아니므로 그냥 '작품'이라 표현한다.

주제 의식을 파악할 수 있다.

이 작품에는 모두 8종의 동물이 등장해 인간을 비판하는데, 날짐승이 4종, 길짐승이 2종, 수중동물이 2종이다. 인간이 이들 동물을 이런저런 이유로 비판하는데, 이 동물들이 인간이야말로 자기네 동물보다 못하다고 구체적으로 비판하는 아이러니를 보이고 있다. 그런데 8종의 동물이 토로하는 인간 규탄 가운데에서 일제로부터 금서 처분 받을 부분은 두 번째의 여우의 연설, 세 번째의 개구리의 연설로 보인다. 그 각각을 자세히 언급해 보기로 하자.

두 번째로 등단한 여우는 사람들이 자기네를 요망하고 간사하다고 나무라지만, 진정으로 요망하고 간사한 것은 인간이라고 규탄한다. 특히 외세를 등에 업고 자신만의 안위만을 고수하려는 개화기 정무 관리들과 일제의 무력 침략 행위에 비판을 집중하고 있다. 여우가 자기 생명을 보존하기 위한 정당한 행위로서 호랑이의 위엄을 빈 것과는 달리, 요즘의 인간은 외국 세력을 빌어 몸을 보전하고 벼슬을 얻으려 하며, 타국 사람에 붙어 제 나라를 망하게 하고 제 동포를 억압하는 어리석은 행동을 하고 있음을 비판하고 있다. 그뿐만이 아니라, 한 나라가 무력으로 다른 나라를 침략하는 행위에 대해 불한당이 칼이나 육혈포를 가지고 남의 집에 들어가서 재물을 탈취하고 부녀자를 겁탈하는 것이나 다름없다고 주장함으로써 일제의 초기 식민통치 정책을 비판하고 있다. 여우가 한 연설의 그 대목을 직접 인용해 보이면 다음과 같다.

사람들이 우리를 간교하다 하는 것은 다름 아니라 전국책이라 하는 책에 기록하기를, 호랑이가 일백 짐승을 잡아먹으려고 구할 새 먼저 여우를 얻은지라. 여우가 호랑이더러 말하되, 하느님이 나로 하여금 모든 짐승의 어른이 되게 하였으니 지금 자네가 나의 말을 믿지 아니하거든 내 뒤를 따라와 보라. 모든 짐승이 나를 보면 다 두려워하느니라. 호랑이가 여우의 뒤를 따라가니 과연 모든 짐승이 보고 벌벌 떨며 두려워하거늘 호랑이가 여우의 말을 정말로 알고 잡아먹지 못한지라. 이는 저들이 여우를 보고 두려워한 것이 아니라 여우 뒤의 호랑이를 보고 두려워한 것이니, 여우가 호랑이의 위엄을 빌어서 모든 짐승으로 하여금 두렵게 함인데 사람들은 이것을 빙자하여 우리 여우더러 간사하니 교활하니 하되, 남이 나를 죽이려 하면 어떻게 하든지 죽지 않도록 주선하는 것은 당연한 일이라. 호랑이가 아무리 산중 영웅이라 하지마는 우리에게 속은 것만 어리석은 일이라. 속인 우리야 무슨 불가한 일이 있으리요. 지금 세상 사람들은 당연한 하느님의 위엄을 빌어야 할 터인데 외국의 세력을 빌어 의뢰하여 몸을 보전하고 벼슬을 얻어하려 하며, 타국사람을 부동하여 제 나라를 망하고 제 동포를 압박하니, 그것이 우리 여우보다 나은 일이오? 결단코 우리 여우만 못한 물건들이라 하옵니다.(손벽소리 천지진동). 또 나라로 말할지라도 대포와 총의 힘을 빌어서 남의 나라를 위협하여 속국도 만들고, 보호국도 만드니 불한당이 칼이나 육혈포를 가지고 남의 집에 들어가서 재물을 탈취하고 부녀를 겁탈하는 것이나 다른 것이 무엇 있소. 각국이 평화를 보전한다 하여도 하느님의 위엄을 빌어서 도덕상으로 평화를 유지할 생각은 조금도 없고, 전혀 병장기의 위엄으로 평화를 보전하려 하니, 우리 여우가 호랑이의 위엄을 빌어서 제 몸의 죽을 것을 피한 것과 어떤 것이 옳고 어떤 것이 그르오.[40]

세 번째로 등장한 개구리는 자신은 미나리 논밖에 가보지 못해 세

---

40) 『일정하의 금서 33권』(동아일보사, 1977), pp. 50-51.

계 형편이나 신학문도 모른다고 하면서도, 우리 정부 관리들이 제 나라 일에 어두운 채 허장성세하는 데 대해 규탄함으로써 풍자를 보이고 있다. 이 부분도 직접 인용하면 다음과 같다.

대저 천지의 이치는 무궁무진하여 만물의 주인 되시는 하느님밖에 아는 이가 없는지라. 논어에 말하기를 하느님께 죄를 얻으면 빌 곳이 없다 하였는데, 그 주에 말하기를, 하느님은 곧 이치라 하였으니, 하느님이 곧 이치요 하느님이 곧 만물 이치의 주인이라. 그런고로 하느님은 곧 조화주요 천지만물의 대주재시니 천지만물의 이치를 다 아시려니와, 사람은 다만 천지간의 한 물건인데 어찌 이치를 알 수 있으리요. 여간 좀 연구하여 아는 것이 있거든 그 아는 대로 세상에 유익하고 사회에 효험 있게 아름다운 사업을 영위할 것이어늘, 조그만치 남보다 먼저 알았다 하고 그 지식을 이용하여 남의 나라 빼앗기와 남의 백성 학대하기와 군함 대포를 만들어서 악한 일에 종사하니 그런 나라 사람들은 당초에 사람 되는 영혼을 주지 아니 하였더면 도리어 좋을 뻔하였소. (중략) 어떤 사람은 제 나라 형편도 모르면서 타국 형편을 아노라고, 외국 사람을 부동하여 임금을 속이고 나라를 해치며 백성을 위협하여 재물을 도적질하고 벼슬을 도적하며, 개화하였다 자칭하고 양복 입고 단장 짚고 권연 물고 시계 차고 살죽경 쓰고 인력거나 자전거 타고 제가 외국 사람인 체하여 제 나라 동포를 압제하며 혹은 외국사람 상종함을 영광으로 알고 아첨하며 제 나라 일을 변변히 알지도 못하는 것을 가르쳐 주며, 여간 월급 량이나 벼슬아치나 얻어 하노라고 남의 나라 정탐꾼이 되어 애매한 사람 모함하기, 어리석은 사람 위협하기로 능사를 삼으니 이런 사람들은 안다 하는 것이 도리어 큰 병통이 아니오? 우리 개구리의 족속은 우물에 있으면 우물에 있는 분수를 지키고 미나리 논에 있으면 미나

> 리 논에 있는 분수를 지키고 바다에 있으면 바다에 있는 분수를 지키나니 그러면 우리는 사람보다 상등이 아니옵니까(손벽소리 짤깍짤깍).[41]

이처럼 안국선의 『금수회의록』은 꿈과 우화 형식을 빌어, 인간 전체에 대한 비판인 것처럼 하면서, 특별히 두 번째와 세 번째 동물을 통해 일제 및 친일개화파를 통렬히 규탄하고 있는 작품이다. 이 점을 일제 통감부는 알아차리고 금서 조처를 내림으로써 그 영향력이 파급될 수 없도록 원천봉쇄했다 하겠다. 하지만 안국선의 문제 제기는 정당한 것이었다. 실제 그 당시 일본이 우리보다 먼저 명치유신으로 근대화하였지만 그렇게 해서 얻은 힘을 만국의 평화에 기여하는 방향으로 발산한 것이 아니라, 한국을 침탈하는 데 씀으로써 세계평화에 역행한 점을 지적하고, 그 일본의 세력에 편승하여 매국적이고 반민족적인 행태를 보였던 친일개화파를 비판한 것은 필요한 것이었다.

일제 통감부는 이 작품을 금서 조처하여 극복하려고만 할 것이 아니라 적극적으로 귀 기울였어야 마땅하다. 사실이 아니라면 당당하게 논쟁했어야 하고, 사실이라면 받아들여 방향 수정을 했어야 한다. 그렇게 하지 않음으로써 브레이크 없는 자동차처럼 질주하다 피차가 불행해지는 역사를 만들었다 하겠다.

② 윤치호의 『우순소리』

윤치호는 1895년 정부의 학부협판, 외무부 협판 등을 역임하였고, 1897년 이후 서재필과 함께 국민운동에 나서 독립협회 회장, 독립신

---

41) 같은 책, pp. 52-53.

문 주필, 황성기독교청년회(YMCA) 회장, 대한자강회 회장 등을 맡아 크게 활약했고, 애국가 가사를 지었다. 민족운동을 탄압하고자 일제가 조작한 '105인 사건'(1911년)의 주모자로 검거되어 3년간 옥고를 치르기도 했다.

1908년 7월 30일에 대한서림에서 순 국문으로 발행한 『우순소리』는 1909년 일제가 제정한 내부고시 제27호에 의해 '치안과 풍속을 해친다.'는 이유로 금서 처분을 받았다. 제명만 확인되고 실본을 찾을 수 없다가 몇 년 전에 일본에서 발견되었다. 책의 부제가 '소화(笑話)'라는 점에 주목해 우리나라 채담집일 것이라는 견해도 있었지만, 김태준과 임화의 증언과 금서로 지정된 사실과 광고 기사를 토대로 『이솝우화』의 번역본이며 풍자소설로 알려져 있었다. 청소년 교육 교재로 나온 『우순소리』는 당시 언론에 애국 사상을 일으키며 독립정신을 배양하는 비유 소설로 여러 차례 소개되었고 1910년에 재판이 나왔다. 하지만 결국 일제의 교과서 검정법에 의해 금서로 지정되었다.

저본이 되는 우화들이 그러하듯 『우순소리』도 도덕적 교훈성이 두드러진다. 욕심을 버리라든가, 겉모습만 보지 말고 내면을 보라든가, 자비를 베풀고 은혜를 갚으라는 내용이다. 남 탓을 하지 말고 각자의 본분에 최선을 다하라는 근대 기독교적 윤리도 강조하고 있다. 『우순소리』의 특징은 현실적 교훈이 유머와 결합하면서 효과가 극대화된 것 외에 정치적 풍자성을 들 수 있다. 시대 상황 상 정치문제를 직접 언급하는 것은 어려웠기에 간접 비유나 서사적인 글쓰기인 우화라는 장르를 선택했다고 보인다.[42]

42) 이효정, 「윤치호의 『우순소리』 소개」, 『국어국문학』153호 (국어국문학회, 2003), pp. 167-176 참조.

『우순소리』는 『이솝우화』를 활용하여 인간이 기본적으로 갖출 품성, 민족의 자강, 외세 침략에 대한 경계, 집권 세력의 무능과 부패 등의 문제를 다루고 있다. 『우순소리』에는 총 71편의 이야기가 '제목-이야기-윤치호의 논평' 형식으로 실려 있는데, 윤치호가 이솝우화와 프랑스 작가 라퐁텐의 우화 등을 번역하거나 재창작하여 소개하며 우화를 통해 일본 제국주의와 무능하고 부패한 조선 정부를 비판하고 있다.

『이솝우화』는 서양의 이야기이기 때문에, 서양 신의 이름을 비롯하여 낯선 지명, 동식물명, 추상어를 국내 독자를 고려하여 명사를 교체하거나 이야기를 조금씩 변형시켰다. 당대의 상황과 독자를 고려하여 취사선택을 한 저작 의식이며, 『우순소리』에는 『이솝우화』에는 없는 이야기도 등장한다. 「굴송사」는 어부지리(漁父之利) 고사와 내용이 비슷하다. 어부지리는 조개와 황새가 힘을 겨루다가 지나가던 어부에게 둘 다 잡히는 내용인데, 「굴송사」에서는 사람을 등장시켜 송사(訟事)의 폐단을 지적하는 이야기로 바뀌었다. 교훈을 전달할 수 있는 중국의 우언(寓言)을 토대로도 새로운 이야기를 창작했음을 알 수 있으며,[43] 『이솝우화』를 저본으로 하는 번역본임과 동시에 자신의 의도와 목적에 따라 원래의 이야기를 적절히 변형시켜 우의성과 풍자성을 강화시킨 『이솝우화』의 '재창작물(Rewriting)'이자 당대를 우의적으로 비판한 '풍자우화집'이라 하겠다.

『우순소리』에는 이 책이 만들어진 당시의 상황과 이를 우회적으로 비판하려는 윤치호의 의식이 고스란히 드러난다. 일제의 한일협약을 비롯한 서양 각국과 조약을 풍자한 작품은 「보호국」, 「질항아리와 주

---

43) 허경진, 임미정, 「윤치호『우순소리(笑話』의 성격과 의의」, 『어문학』제105집 (한국어문학회, 2009), pp. 84-86.

석항아리」, 「양과 늑대의 평화조약」, 「여우와 평화담판」, 「황새와 붕어」에서 잘 드러난다. 「여우와 평화담판」에서 늑대는 일본, 사냥개는 러시아, 양은 조선을 상징한다. 그리고 한일협약의 과정을 '전권공사', '외부대신', '평화조약', '약조의 배반' 등으로 우회적으로 표현했다. 이야기의 결론은 결국 나라를 빼앗기는 것으로 예견하고 마무리되었다.

「보호국」의 논평에서는 '제가 제 보호 못하고 남의 보호를 어찌 믿으리오?'라 기록했다. 매가 비둘기를 설득하고 그 결과 비둘기 모두를 잡아먹고 삶의 터전까지 빼앗는다는 내용이 구체적으로 제시되었다. 이는 대한제국 말기의 상황을 우의적으로 형상화한 것이다. 1900년대 서양 각국과 주변국은 우리나라를 보호한다는 명분 아래 수교를 맺었지만, 결국에는 각종 이권만 챙기고, 주권까지 앗아가려고 했다. 작품에 등장하는 매는 곧 강대국을 상징하며, 비둘기는 우리나라 백성, 보금자리는 우리나라이다. 윤치호는 그 당시의 현실에서 무엇보다도 '자강(自强)'이 중요하다는 결론을 내놓았다.

『이솝우화』의 이야기를 달리하거나 논평부분에서 적극적으로 자신의 생각을 부각시키며 일제를 비롯한 서양 각국에 대한 거부감, 당대 지배계층에 대한 신랄한 풍자와 비판이 고스란히 담았다. 단순히 『이솝우화』를 그대로 번역한 책이라면 이 책은 금서조치를 받을 이유가 없다. 분명한 사실은 윤치호가 『이솝우화』를 자신이 의도하는 바, 당대를 비판하는 도구로 이용했기에 금서조치를 받은 것이 확실하다. 중국에서도 비슷한 일이 있었다. 『이솝우화』의 번역본 『해국묘유(海國妙喩)』가 간행되자 당대 청나라 관료들은 자신들을 우회적으로 비판한 것이라고 여겨 금서조치를 취했다. 『우순소리』와 처한 상황이 동일한 것으로 보아, 윤치호는 중국에서 번역된 『이솝우화』를 본보기로

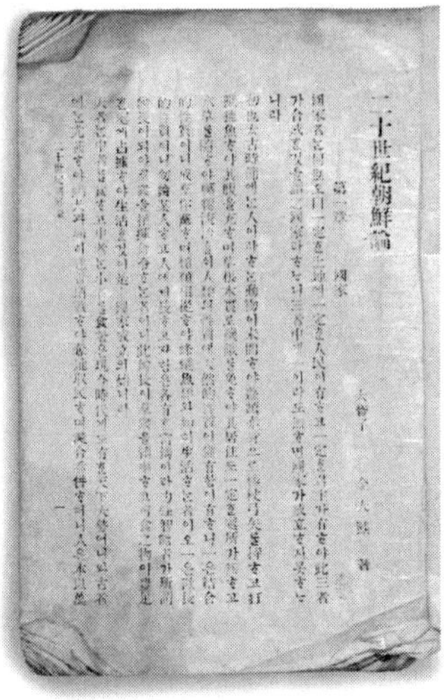
二十世紀朝鮮論

第一章 國家

| 20세기조선론

삼아 창작했을 가능성이 크다.[44)]

『우순소리』가 금서 조치를 받을 때, 『월남망국사』, 『20세기 조선론』, 『유년필독』, 『중등교과 동국사략』 등도 함께 금서가 되었다. 이 책들이 대부분 교육용 교과서로 사용되었던 사실과 '교과서 검정법'에 의해 금서가 되었다는 점에 주목할 필요가 있다.

『이솝우화』를 교과서로 사용한 것은 무엇보다도 교육적인 효과가 높았기 때문이다. 사람 대신 동식물을 등장시켜 흥미롭게 이야기를 이끌어가고, 완결된 한 편의 우화를 통해 자연스럽게 교훈을 주는 효과는 소학교 교과서로 유용하게 이용될 수 있다. 그리고 간결한 이야기를 통해 도덕적 가르침을 주고 사회적 의무를 깨닫게 하고 정치적 진실을 추구할 수 있다는 장점도 있다. 근대계몽기라는 시점에서 『우순소리』를 비롯한 『이솝우화』의 위상은 새로운 교육용 교재로서의 역

44) 허경진, 임미정, 같은 글, p. 93 참조.

할을 충분히 감당했으리라 본다.[45)]

『우순소리』가 금서 조치를 받은 뒤, 이솝우화를 수록했던 신문과 잡지의 연재가 중단된 상황에 주목할 필요가 있다. 대표적인 예가 최남선의 『소년』이다. 그는 『소년』창간호에 『이솝우화』를 연재하기 시작하면서 앞으로 꾸준한 연재와 『이솝우화』의 단행본인 『재남이공부책(再男伊工夫册)』의 출간을 약속한 바 있다. 그러나 단행본뿐만 아니라 구체적인 이유 없이 연재도 중단되었다. '편집자 주'에 "그만 두엇스니 讀者 列位 無言可謝올시다"란 말만 써놓았을 뿐이었다. 연재가 중단된 이유를 정확하게 알 수는 없지만, 『우순소리』가 당시 금서 조치를 받게 된 상황과 관련이 있다고 여겨진다.

『우순소리』 외에도, 윤치호가 쓴 다른 글도 금서 조치되었다. 한국인 최초로 개신교 찬송가인 가사 '찬미가'가 구국계몽운동 관련 출판물이라는 이유로 판매금지당한 것이 그것이다.

③ 이해조의 『자유종』

1910년에 발표한 『자유종』은 봉건제도를 비판한 정치 개혁의식이 뚜렷한 작품이다. 특히 여성의 사회적 지위향상, 신교육의 고취, 사회풍속의 개량 등 개화의식이 두드러져 있다. '토론소설'이라는 표제의 이 작품은 '가련한 민족이 된 수참하고 통곡할 시대'에 이매경의 집에서 벌어지는 토론이다. 매경부인의 생일잔치에 모인 설헌, 금운, 국란부인 등 네 사람의 신여성이 시국문제와 국가의 장래를 토론하는 작품으로 '개명된 독립국가의 의젓한 국민으로서, 자유를 찾고 권리를

---

45) 허경진, 임미정, 같은 글, pp. 87-96 참조.

행사할 수 있는 새날을 희구하는 염원'으로 일관된 작품이다.

④ 현채 및 이상익 역본의 『월남망국사』

『월남망국사』는 월남의 망명객 소남자가 술(述)한 것을 중국의 양계초가 편찬한 책으로서, 월남이 망한 원인, 망국시의 지사전기, 프랑스의 월남침략과정 등이 서술되고 있다. 국한문번역본으로는 현채, 주시경, 이상익 등 세 개의 역본이 있다. 현채는 1907년 양계초 문집에 수록된 『월남망국사』를 국한문으로 번역하여 달성 광문사에서 출판했다. 이어서 이듬해인 1908년에는 주시경이 순 한글 역본으로 박문서관에서 역시 이 책을 출판했다. 현채 역본에는 안종화의 서문, 주시경 역본에는 노익형의 서문이 수록되어 있다.

현채의 역본에는 부록으로 「조선망국사략」이 있는데, 『월남망국사』가 1909년 5월 구한말 내부대신에 의해 금서조처가 된 이유의 하나로 이 부록이 크게 문제가 된 것이다. 당시에는 아직 일본이 한국을 병탄하지는 못했으나, 이미 대세가 기울어졌던 시기라 일본의 영향 하에 있던 조선정부가 이 책을 금지시킨 것이다. 『월남망국사』는 일본의 한국강점기간 동안에는 금서였었다. 일제는 남의 나라 망국사까지도 조선백성이 읽는 것을 철저히 금지한 것이다.

1907년 말 이상익과 주시경이 각각 현채의 국한문 본을 순 국문으로 다시 번역한 『월남망국사』를 간행했다. 그러나 1907년 '정미7조약' 등에 의해 망국의 수렁으로 빠져들고 있던 절체절명의 상황에서 『월남망국사』는 수많은 독자를 사로잡는 가운데, 1909년 새롭게 제정된 '출판법'에 의거, '사회의 안녕질서와 풍속을 저해한다.'는 이유로 금서가 되고 말았다.

⑤ 김대희의 『20세기 조선론』과 최학소의 「남녀평등론」

1907년 실업 발달과 교육 진작을 통해 일제에 맞설 것을 주장한 『20세기 조선론(二十世紀朝鮮論)』은 1909년 통감부의 '출판법 부칙'에 의해 발매 금지 처분을 받았다. 구국계몽운동 관련 출판물이라 하여 최학소의 논설문 「남녀평등론」도 금서처분 당했다.

⑥ 음반 가사 및 희곡 등

1933년 '축음기레코드 취체(取締) 규칙'으로 금지와 개사 문제를 다룰 음반검열의 법적 근거가 마련되었다. 이에 따라 '고성의 밤', '아리랑', '장한가', '방아타령', '종로 네거리', '서울노래', '전화일기' 등이 검열에 희생되었다. 음반의 사회적 영향력이 점차 확대되자 가해진 통제였다.

잡지 『삼천리』에 실린 기사 내용과 조선총독부 문서에 의하면 치안방해와 풍속괴란을 '문자로 표현한다면 몰라도 말로서 표현될 때에는 도무지 그냥 둘 수 없는 풍기 상 좋지 못한 종류'로 표현했다. 조선총독부 73회 제국의회 설명 자료에서는 훨씬 구체적으로 언급되어 있는데, 치안방해는 '현대의 제도와 조직 저주', '계급투쟁 선동', '민족의식 선동', '내선융화 저해', '신사(神社)의 존엄 모독' 등으로 구분했고, 풍속 괴란의 경우 '외설스러운 정사에 대한 설교', '정욕 선동', '정교(情交) 묘사' 등으로 구분했다. 즉 사회주의나 민족주의에 입각해 기존 체제를 부정하는 내용이 치안방해이고, 성적 표현을 노골적으로 드러낸 것이 풍속 괴란이었다.[46] 금지된 이유별로 보면, 치안방해가 40종

46) 이준희, 「일제시대 음반검열 연구」, 『한국문학』제39집 (서울대학교 규장각한국학연구원, 2007), pp. 168-171 참조.

이고, 풍속괴란이 26종이다.

치안방해로 금지된 음반에는 콜럼비아레코드에서 채동원의 노래로 발매된 '아리랑'도 포함되었다. '아리랑'은 나운규가 감독한 영화 「아리랑」의 주제가인데, 영화 내용과 함께 맞물려 민족의식을 자극할 우려가 있어 금지되었다. 임진왜란 당시 일본 장수를 죽인 기생 논개와 계월향을 칭송하는 내용의 '장한가', 무궁화, 아리랑 등 조선을 상징하는 단어와 함께 회고적이고 현실부정적인 표현으로 일관한 '서울노래' 등도 금지되었다. 외국의 상황을 묘사하더라도 '인도의 석' 처럼 식민 지배를 받고 있는 조선의 비참한 현실을 비유적으로 비판한 것으로 해석될 수 있는 외국 음원도 금지대상이었다.[47]

풍속괴란으로 금지된 음원 중에서 '범벅타령'은 여러 음반회사에서 각각 발매한 것이 7종이나 금지되었다. 대중가요 '서울띄기'는 가사에서 성적인 표현이 두드러지게 드러나지 않으나 서울 뒷골목의 비루한 모습을 해학적으로 표현한 내용이 나오는데 이것이 일본의 눈에 거슬렸다고 보인다. 식민지 조선에 베풀어진 시혜적 통치의 상징적 존재인 경성의 근대적 모습이 아니라서 총독부 입장에서는 상당히 거슬렸을 법하다.[48]

(2) 언론 출판물

① 신문의 통제 형태

일제는 질이 좋은 출판물이든 아니든 인심에 미치는 영향이 매우

---

47) 이준희, 같은 글, pp. 183-187 참조.
48) 이준희, 같은 글, pp. 193-196 참조.

크다는 주장을 하면서, 신문기사 내용의 선악이 바로 사회사상에 지대한 영향을 주게 된다는 논리와 함께 검열의 필요성을 제기했다. 일본인에 비해 조선인 독자의 지식, 이해력, 판단력이 낮아 조선어 신문은 이들을 지도 혹은 선동할 수 있는 위치에 있고, 따라서 신문지의 검열을 강하게 해야 한다는 논리를 내놓았다. 특히 검열관들이 경계했던 조선어 신문을 살펴보면 '황실모독', '민족 혹은 독립의식에의 자극', '일본에 대한 부정적 의식', '공산주의 선동' 등이 주된 차압의 이유가 되었다. 이들이 '중대한 차압기사'라고 한 점으로 보아 수많은 차압기사 중에서도 조선어 신문의 검열을 담당했다. 검열관들이 특히 통제해야할 대상으로 생각했던 기사들이었음을 알 수 있다.

문화정치로 인해 1920년 세 개의 조선어 민간신문이 허용된 이래, 1926년 도서과 설립시기까지의 검열은 조선어 민간신문이 3.1운동의 기운에 편승해 독립운동을 자극하는 연설을 유포하는 것을 막는 데 집중되어 있었다. 도서과 설립 이후에는 월보나 연보류의 검열기록을 발간하고 인원을 보충하는 등 도서과의 체계를 갖추어 나가면서 6.10만세운동이나 1929년 광주학생운동 등 민족운동이 발생했을 때 검열을 강화하는 체제를 유지했다.

도서과의 검열대상은 조선어 신문만이 아니라 조선 내에서 발행된 일본어 신문, 일본에서 발행되어 조선으로 이입된 미디어 등 여러 가지였다. 중일전쟁 이후 언론 통제의 강도는 보다 높아지고 체계화되었다. 그 결과 1930년대는 20년대보다 언론의 논조가 훨씬 위축되었다. 1937년에 설치된 내각정보부는 언론을 전쟁 수행의 자원이자 무기로 인식하고 적극적으로 활용한다는 방침도 세웠다. 전쟁과 함께 언론 통제와 활용이 긴요해지자 1940년 12월 5일에는 정보부를 정보

국으로 격상 강화하기도 하였다.[49]

신문에 대한 통제는 크게 사전통제와 사후통제이라는 2단계로 이루어졌다. 사후통제는 행정처분과 사법처분이 있었는데, 행정처분은 기사의 삭제 또는 신문의 발매 반포를 금지하는 방법이다. 문제가 되는 기사를 집필한 필자와 제작 책임자에게 벌금 또는 체형을 가하는 것이 사법처분이다. 중대한 사안인 경우는 행정처분과 함께 언론인을 처벌하는 사법처분을 병행하는 경우도 있었다. 사전통제의 5가지 유형은 치안방해, 수상상의 필요, 풍속괴란, 군사관계, 기타 등이다. 이에 따라 사전탄압은 간담, 주의 경고, 금지의 4단계인데, 앞의 3단계는 법규에도 없는 것이었으며 마지막 단계인 금지는 신문지법에 근거한 것이다. 제작된 신문에 대한 행정처분은 4단계로 되어 있고, 가장 가벼운 삭제부터 발매금지, 압수, 발행정지(정간), 발행금지(폐간)의 단계로 탄압의 강도가 높아졌다.[50]

② 신문의 실제 검열

1905년 11월 21일 경무고문이 공사에게 보낸 보고는 그 전날 황성신문에 게재된 장지연의 논설 「시일야방성대곡」에 대한 것으로 당시의 검열 상황을 여실히 보여준다.

> 전날 밤에 원고를 검열하여 게재 금지를 하고 삭제할 것을 명령하

---

49) 정진석, 「일제 말기의 언론 탄압: 일제말 마지막 압수 기사, 어린이 작물 '쌀'」, 『신문과방송』통권 482호 (한국언론진흥재단, 2011), p. 82 참조.

50) 정진석, 『『日帝시대 民族誌 압수기사모음』의 시대시적 의미: 1920-1936년 3대 민족지 항일언론(동아 · 조선 · 시대일보 압수기사 총 1061건)』(LG상남언론재단, 1998), p. 9 참조.

였지만, 지시를 거부하고 전부를 게재한 것을 발견하고 오전 6시 30분 경 경부와 순사를 신문사에 파견하여 검열을 해보니 발행할 신문 중 약 800매는 이미 서울 시내에 배포해 버린 상태였다. 지방에 배부할 2,288 매를 차압하고 인쇄 기계 전부를 폐쇄 봉인했으며, 사장 장지연, 식자계 유구용과 홍의민 3명을 경무청에 인치하여 취조하고 신문은 발행 금지시켰다.[51)]

이 사건을 계기로 검열관의 존재와 검열 과정을 확인할 수 있는데, 일주일 후에도 경무고문은 사전 검열에 따라 제국신문의 논설을 '치안 방해'를 내세워 전문 삭제토록 하고, 삭제 내용을 일본어로 번역하여 기록해 두고 비밀자료로 관리했다.

제국신문은 검열에서 삭제기사를 뒤집어 놓지 않았다고 하여 사장 이종일을 문초하고 이와 동시에 3일 간 발행정지 처분을 내리기도 했다. 일본 경부가 순시 중, 한인 청년 5명을 붙잡아 이들이 가진 '시국에 관한 상소'를 빼앗고 구금한 일이 발생하는 등 이 무렵부터 언론 검열은 가두 검속과 함께 이루어지기 시작했다.[52)]

1905년 이후 서울에서 발행되던 한글 신문은 제국신문, 황성신문, 국민신보, 만세보 등 4개가 있었다. 신문지법과 신문지규칙에 의한 통제에는 삭제, 압수 및 발매 반포금지, 발행 정지, 발행 금지 등의 행정 처분이 있었고, 언론인을 구속하거나 재판에 회부하는 사법 처분이 있었다. 삭제는 사전검열에 의한 것으로 신문지법 제정 이전부터 시행되었다. 『고문경찰소지』에 1906년의 삭제 처분 상황이 기록되어 있

51) 『주한 일본 공사관 기록』24: 390-391.
52) 정근식, 앞의 글. pp. 14-15 참조.

는데, 제국신문 13건, 황성신문 7건, 국민신보 2건, 만세보 6건이 검열로 삭제되었다. 1905년에는 삭제를 도말(塗抹)로 표현했는데, 1907년에는 삭제 지시를 '말살'로 사용했다.

1907년 7월 31일 황성신문이 '대호국혼(大呼國魂)'이라는 제목으로 공립신보의 기사를 전재했는데, 이를 '신문 기사 말살 건'으로 표현했고, 8월 1일자 공문에도 2일에 발행할 제국신문과 대한신문의 기사 삭제 명령을 그렇게 표현했다. 발행정지는 한국어 신문은 대동신보의 1904년 8월 13일부터, 일본어 신문은 1908년 4월 17일 조선 타임즈부터 시작되었다. 조선어 신문에 대한 발매 반포 금지 및 압수 처분은 1908년 4월부터 12월까지 64건, 1909년 137건이었다. 이 시기의 통제는 보급 유통 과정의 신문 압류와 배달정지로 확대되었다. 특히 해외에서 들어오는 신문은 자주 그런 조치를 당했다.[53)]

신문지법의 제정과 보안규칙의 개정으로 통감부는 한국에서 발행되는 대부분의 신문을 규제할 수 있었다. 하지만 외국인이 국내에서 발행하거나 하와이, 샌프란시스코, 블라디보스토크 등 외국에서 발행하는 신문 잡지는 규제할 수 없었다. 1907년부터 이들 해외 발행 신문과 잡지의 반입이 증가하자, 칙령 1호를 통해 대한매일신보와 해외에서 발행되는 한인 신문을 검열 대상에 포함하기로 하였다. 그 다음해에 신문지법 개정과 동시에 통감부는 공립신보와 대한매일신보를 압수하는 조치를 취했고, 한국에서 외국인이 발행하는 신문지도 압수 처분하였다.[54)]

하와이에서 발행되던 잡지 『포와한인교보(布哇韓人教報)』는 1910

53) 정근식, 같은 글, p. 36 참조.
54) 정근식, 같은 글, pp. 20-21 참조.

년 3월 경무총감부고시 제52호로 발매반포금지에 처해지고 제작된 것은 모두 압수당했다. 경남 진주에서 발행되던 '경남일보'는 경무총감부고시 제61호에 의해 1910년 10월 14일자로 발행정지를 당했고, 미국 샌프란시스코에서 발행되던 '신한민보'는 경무총감부고시 제62호에 따라 10월 26일자로 발매반포가 금지되었다.[55)]

1930년을 전후로 조선어 신문에 대해 출판수속을 완화하기도 했다. 신문지법에 의한 원고검열제로 인해 취급건수 증가로 검열업무가 늘어나자 번잡한 출판수속을 완화해야 할 필요성이 제기되었고, 검열당국은 '출판물의 출원수속을 개정해서 온건한 정기간행물에 한해 교정쇄를 원고로 출원'하게 했다. 이러한 과정이 생긴 것은 다른 미디어에서도 찾아볼 수 있다. 영화 검열의 절차이다. 검열신청자가 필름과 설명대본을 제출하면 먼저 대본을 검사한 후 문제가 없으면 화면에 나타난 각 장면에 대해 심사를 하고 부분제한 혹은 거부, 허가 등을 결정한 것이다.[56)] 연극 각본도 내용으로 인해 통제되기도 했는데, 1929년에 허가를 받지 못한 극본들은 주로 소작문제, 계급투쟁, 비참한 현실을 그린 것이 대부분이었다.

'동아일보'에 3회째 정간처분을 내리게 했던 10주년 기념호로 인해 조선어 신문의 폐지가 거론되기도 했다. 조선통치자를 비방하고 해외의 민족 혹은 독립운동을 보도한 때문이었는데, 다른 나라의 것을 인용한다고 해도 압수의 대상이었다.

그뿐만이 아니었다. 반전사상을 지닌 글을 썼다고 판단되는 필자를 소환하여 조사하고, 경무국은 이를 기화로 하여 매일신보 문화부장

---

55) 장 신, 같은 글, p. 233 참조.
56) 이민주, 앞의 글, p. 179 참조.

조용만, 편집국장 김형원, 사회부장 김기진을 신문사에서 축출하였다. 1940년 1월 6일자 매일신보에 실린 '전쟁이 국가의 가장 고귀한 자본인 인간의 생명을 무수히 살상한다. 그리고 전쟁은 인간 노력의 결정인 문화재를 여지없이 파괴하는 조건'이라고 쓴 김진섭의 글 「아즉은 염려 업다」가 필화를 입었다. 전시 체제에 대한 항의로서 반전사상을 내포하였으며, 암암리에 중일전쟁을 저주하는 취지라고 몰아붙인 나머지 '중일전쟁을 비방하는 글을 발표한 것은 잘못'이라는 일어 서약서를 받고서야 풀어주었다. 이 여파로 '매일신보'의 핵심 편집인을 경질하라 압박하기까지 하였다.

일제는 어린이가 쓴 글에 대해서도 금압 조치를 취하였다. 그 배경은 이렇다. 곡물이 절대 부족하던 총독부는 1939년 2월 중국 쌀 수출을 제한하기로 결정하고 8월에는 미곡 최고판매가격제도를 실시했다. 10월에는 '조선미곡임시증산 5개년 계획'을 확정하고, 이해 쌀 수확고는 1,435만 5,973석이었는데, 5년 뒤에는 55%를 증산하여 2,600만 석으로 끌어올린다는 목표를 세운 것이다. 이런 때에 한 어린이가 조선일보에 투고한 '쌀'이라는 작문을 압수당하는 일이 일어났다. 조선일보는 매주 일요일에 어린이 대상 부록을 발행했는데, 작문 주제를 정하여 2주일 단위로 기한을 주어 응모하도록 하고 있었다. 5월5일자 어린이 부록에 '쌀'이라는 주제를 제시하고 5월 16일까지 응모하도록 했다. 이때 작문 입선자는 3명이었다. 5월 19일자 지면에 세 어린이의 글이 실렸고, 그 다음에 기사가 삭제된 공란이 남아있었다. 당시 신문에 흔히 나타나는 검열의 흔적으로 보이는 공란이었다. 그 자리에 무슨 일이 있었는지 밝혀진 것은 60년이 지난 뒤였다. 삭제된 글은 총독부 경무국이 발행한 '언문신문차압기사집록'에 남아 있었다.

검열에 걸려 삭제된 자리에는 원래 3명 외에 조영희라는 어린이의 작문이 실려 있었다. 쌀 부족이 심각했던 궁핍하고 암울한 사회상을 어린이의 눈으로 묘사한 글이었다. 작문 뒤에는 "평범한 작품입니다. 좀 더 재미있게 써 보십시오."라는 심사평이 있었다. 심사위원이 보기에는 평범한 글이었다. 그러나 총독부의 검열관은 이 글에 압수 처분을 내렸다. 어린이 작품으로는 명랑하지도 않고 내용도 온당하지 않다는 이유였다.[57] 조영희의 '쌀'은 일제 치하에서 조선일보가 마지막으로 압수당한 기사였다. 그해 8월 10일에 조선일보는 폐간당해 더 이상 압수기사가 나올 수가 없었다.[58]

고등경찰과와 도서과는 민간지 차간 이후에 매일 발행되는 신문을 철저히 검열하고 기사를 삭제 또는 압수하면서 문제가 된 기사를 보관하였다가 10년 치 분량을 일어로 번역하여 동아일보(조사자료 제29집), 조선일보(제30집), 시대일보-중외일보(제31집) 등의 압수 기사를 묶은 자료집을 발행했다. 언론 통제를 체계적으로 수행하고 조선 통치의 자료로 활용하려는 목적이었다. 그 후로도 총독부는 세 차례에 걸쳐 압수 기사를 모은 자료집을 발간했다.[59]

도서과에서 발행한 『조선출판경찰개요』는 당시의 언론을 파악할 수 있는 가장 종합적인 자료집이다. 1920년부터 1929년까지 3개 민간지에 게재된 기사 가운데 총독부가 행정처분(압수)한 기사 135개를 압수 이유에 따라 19개 유형으로 나누고 이를 다시 소항목으로 구

57) 정진석, 「일제 말기의 언론 탄압: 일제말 마지막 압수 기사, 어린이 작물 '쌀'」, p. 86 참조.
58) 정진석, 같은 글, pp. 82-88 참조.
59) 정진석, 같은 글, pp. 87-88 참조.

분했다. 압수 이유는 '황실의 존엄을 모독한 기사, '국헌을 교란코자 하는 기사', '형사 피고인과 범죄인, 또는 사형자를 찬양하거나 범죄를 선동하며 그 내용을 왜곡하여 비호하는 기사' 등인데, '조선 통치를 부인하는 기사'는 아주 세밀하게 하위분류하였고, 사회주의 및 공산주의 사상을 고취하는 기사도 중점적으로 단속했다는 것이 드러나 있다.[60)]

(3) 교과용 교재 및 역사책

① 학교 교재의 압박과 통제

일제강점기의 금서 정책은 교과서도 피할 수 없었다. 경술국치 후 1910년에 일제가 지정한 금서는 51종이나 된다. 특히 교육을 위한 교과서가 주종을 이루는 가운데, 역사, 지리 등도 대거 포함되어 있다. 일제는 강제병합 이전부터 이미 '보통학교령'(1906), '고등학교령'(1906)과 함께 사립학교 령의 교과용 도서통제 6조에 관한 조항에 뒤이어 '교과용 도서검정규정'(1908) 등을 공포하여 조선의 교육을 엄격하게 통제하였고, 교과서를 식민통치의 유력한 도구로 활용했다. 그리고 교과서 검정령과 학회령은 인쇄물 검열, 판매 허가제 도입 및 한국의 교과서에 대한 검정, 검열, 판금폐기 제도와 함께 문인과 언론인의 활동, 문화운동을 하는 학회를 감시하고 활동을 제약하는 압박의 큰 힘이 되었다.

1910년 8월 22일 '한일합방에 관한 조약'이 조인되면서 당대 국정

---

60) 정진석, 『『日帝시대 民族誌 압수기사모음』의 시대시적 의미: 1920-1936년 3대 민족지 항일언론(동아 · 조선 · 시대일보 압수기사 총 1061건)』, p. 5 참조.

교과서 『국어독본』이 『조선어독본』으로 바뀌어 일어가 공식어인 국어가 되고, 우리말은 지방어로 전락하였다. 구한국 정부의 국정 교과서라는 점에서 『국어독본』은 당대 이념과 정책을 근거로 하는 지향을 구체적으로 보여주지만, 일제의 개입에 의한 것이라는 점에서 제국주의적이거나 반민족적이기도 하다. 일제는 『국어독본』을 통해서 겉으로는 조선의 민족주의를 허용하는 듯 하면서도 은연중에 일제를 중심으로 위계화하고 일본과의 문화적 통합을 시도하였다. 1911년 판 『조선어독본』에서 조선의 역사와 인물을 삭제하고 대신 일본 왕을 한복판에 배치하여 강점에 따른 가치와 이념의 축을 완전히 바꾸어 놓은 것이 바로 그 증거이다.[61]

1909년 정인호가 교과서로 편찬한 『최신 고등 대한지지』, 박문서관 주인 노익형의 『문답 대한신지지』, 정인호의 『최신 대한 초등지지』와 『최신 초등소학』, 장지연의 『고등 소학독본』, 여성용 교과서 『녀자독본』, 원영의의 『국문과본』과 『소학 한문독본』, 1906년 국민교육회에서 교과서로 편찬한 『초등소학』, 1895년 대한제국 학부에서 자연현상과 이치, 세계 주요 도시 문명화, 중상주의 등의 내용으로 편찬 교과서 『국민소학독본』, 1908년 강화석이 편찬한 교과서 『부유독습』, 휘문의숙 편집부에서 편찬한 교과서 『고등소학 수신서』와 『중등수신 교과서』, 1907년 안종화 교과서로 편찬한 『초등윤리학 교과서』, 언론인 유근의 『초등소학 수신서』, 1907년 독립운동가 정운하가 지은 『독습 일어 정칙』, 1909년 교육가 박중화의 『정선일어대해』, 최재학의 『실지응

61) 강진호, 「'국어'교과서의 형성과 일제 식민주의-『국어독본』(1907)과 『조선어독본』(1911)을 중심으로」, 『현대소설연구』46호 (한국현대소설학회, 2011), pp. 94-95 참조.

용 작문법』도 금서로 지정되었다.

일제는 3.1운동 이후 점진적 내지연장주의에 의한 문화정치를 전개했다. 1921년 조선교육조사위원회와 교과서조사위원회가 개최되어 교과서 개정에 관한 방침을 심의했고, 1922년 2월 칙령 제19호로 제2차 교육령 조선인과 일본인 교육을 동일하게 규정지었다. 아울러 조선인에 대한 고등교육 실시가 아닌 식민교육을 담당할 교원과 식민통치를 보조할 관리를 양성하는 목적으로 사범학교와 대학예과를 개설했고, 내선융합을 위한 동화주의 식민교육과 국체교육을 위해 '교육칙어'와 '무신조서'에 근거하여 조선인을 '대일본국민'으로 만들기 위한 수신서와 국어독본 등을 편찬했다.

이들이 내놓은 교육시책에 따르면 "조선 사람들이 자신의 일, 역사, 전통을 알지 못하게 만들어 민족혼, 민족 문화를 상실케 하고, 조상과 선인들의 무위무능과 악행 등을 들추어내 그것을 과장하여 조선인 후손들에게 가르침으로써 조선의 청소년들이 그 부조(父祖)들을 경시하고 멸시하는 감정을 일으키게 하는 기풍을 만들고, 그 결과 조선의 청소년들이 자국의 모든 인물과 사적에 관하여 부정적인 지식을 얻어 반드시 실망과 허무감에 빠지게 될 것이니 그때 일본 서적, 일본 인물, 일본 문화를 소개하면 그 동화의 효과가 지대할 것이다. 이것이 제국일본이 조선을 반(半)일본인으로 만드는 요결인 것이다"라고 시지하며 시책의 일환으로 조선사 편찬 작업을 서두르도록 했다.[62)]

통감부가 교과용 도서를 검정하여 불온 내용으로 지적한 것은 총 9종이다. 정면으로 한국 현 상황을 통론한 것, 과격한 문자를 사용하여

62) 김삼웅, 「지성과 반지성의 한국사-한국사를 왜곡하고 인멸한 범인들」, 『인물과 사상』통권 112호 (인물과사상사, 2007), p. 215 참조.

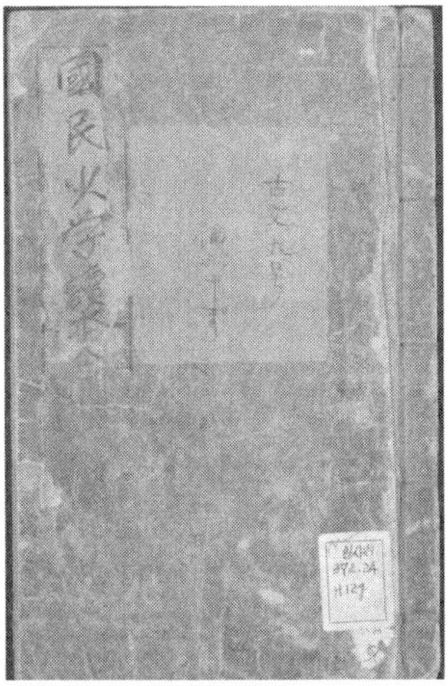

| 국민소학독본
-서울대규장각 한국학연구원 제공

자주 독립을 말하고 국권을 만회하지 아니하면 안 된다는 것을 절언한 것, 외국의 사례를 가져다 우리나라의 장래를 경고한 것, 우화를 교묘하게 써서 타국의 의뢰함이 불가피하다는 것을 풍자한 것, 일본과 기타 외국에 관계있는 사담(史談)을 과장하여 일본과 외국에 대한 적개심을 도발한 것, 비분한 문자로서 최근 국사를 말하며 한·일 국교를 조애한 것, 한국의 고유한 언어·풍속·습관을 유지하고 외국을 모방하는 것이 불가함을 말하며, 배외사상을 고취한 것, 국가론과 의무론을 게재하여 불요한 연설을 한 것, 대언장어(大言壯語)를 사용하여 막연오류(漠然誤謬)의 애국심을 고취한 것으로 학부령 제16호로 공포한 교과서 검정규정에서 찾아볼 수 있다.[63]

---

63) 이승구, 『한말 및 일제강점기의 교과서 목록수집 조사』(한국교과서연구재단, 2001), p. 43 참조.

② 역사책의 발매 금지

1906년에 현채가 저술한 『중등교과 동국사략』이 널리 읽혔으나, 1909년 5월 5일자로 발간이 금지되었다. 그 뒤 삭제와 증보하여 현채 원저로 1924년에 『동국제강(東國提綱)』이라는 제목으로 발간하였고, 1928년에는 『반만년 조선역사』로 제목을 바꾸어 발간하였다. 이 책은 태고사, 상고사, 중고사, 근세사로 시대 구분해 태고사는 단군에서 삼한까지, 상고사는 삼국 분립에서 후삼국과 발해의 멸망까지, 중고사는 고려의 건국과 멸망, 근세사는 조선의 건국에서 한말 광무(光武), 융희(隆熙) 연간까지를 각각 다루었다.

1906년 원영의와 유근이 쓴 한말의 국사교과서 『신정동국역사』는 전통적인 편년체의 서술로 단군조선에서 고려시대까지를 두 책으로 나누어 1책은 단군조선에서 삼국시대까지, 2책은 고려시대를 다루었다. 장지연(張志淵)이 서(序)를 썼는데, 이 책의 간행목적이 애국심을 기르기 위한 것이라는 것을 밝혔다. 특히 국문을 사용하게 된 이유를 “어린 학생들이 쉽게 공부하는 데 편하도록 하기 위함”이라고 밝히고 있으며, 특히 국사가 가장 중요하다고 했으며, 국사교육은 교육의 종지(宗旨)이며 근본임을 강조하였다. 본문의 내용체계는 단군조선-기자조선-마한으로 이어지는 정통론에 따랐으나 기자조선에 위만조선을 부록으로 다루고, 삼한에서는 마한, 진한, 변한을 병기하였고, 삼국도 각기 국별로 서술하고 있어 변칙적인 체재를 취하였다. 통감부의 학부불인가 교과용도서로 분류되어 사용이 금지되었다.

친일 관료 어윤적이 쓴 『동사연표(東史年表)』도 금서 조처를 당했다. 이 책은 단군 원년부터 1910년까지 역사에 한국사를 중심에 두고 중국 및 일본과 관계되는 사실을 연대별로 병기한 책인데, 당시의 친일사학을 따르지 않고 고조선을 우리 역사의 시발점으로 인정하고 한국사를 서술했다. 임나일본부를 강조하는 친일사학과는 관점을 달리해, 1934년 판에서 기존의 내용을 일부 수정 · 증보하여 출간했는데, 내용 중의 '일태자내조(日太子來朝)' 등의 문구가 문제되어 총독부에 의해 발매가 금지되기도 했다.[64]

역사 출판 분야는 금서의 대표적인 사례가 되었다. 특히 박은식과 신채호의 책은 나올 때마다 금서가 되었고, 우리 역사와 지리 관련 서적도 모두 금서로 지정되었다. 광복 시점에 이르기까지 대략 800종의 잡지가 발간되었으나, 문예지나 대중지를 불문하고 일제 당국의 사전 검열과 앞머리에 반드시 실어야 하는 '황국신민의 서사' 등으로 시달렸다. 해외에서 발행된 서적도 금서의 철책을 피하지 못했다.

| 대동역사략

64) 강진호, 앞의 책. p. 73.

③ **역사 · 지리 · 세계사 등 종합 교과서의 사용금지 처분**

현채의 『유년필독』은 애국사상의 고취를 위주로 하여 역사, 지리교육을 통하여 민족의 전통적 주체성을 확립시키고 나아가서는 새로운 세계사정을 익혀 국제경쟁에서 자립할 수 있는 국민을 교육함에 목적을 두었다. 우리나라의 역사, 지리와 세계 사정을 개괄, 설명, 소개한 글로 엮었으며, 아동뿐만 아니라 장년과 노년층까지를 포함한 전 국민을 대상으로 하고 있다. 역사에 나타난 을지문덕, 계백, 성충, 양만춘, 이원익, 임경업, 정충신, 정약용, 김덕령, 정기룡, 이순신 등의 행적을 보여주면서 애국정신을 고취시키고자 하였으며, 자강의 도로서 국가의 역량을 키우려는 의지를 갖게 하고, 자주자립의 정신을 일깨우고자 했다.

현채가 편술한 『유년필독석의』는 『유년필독』을 4권 2책 국한문 혼용체로 풀이한 교사용 교과서로 『유년필독』을 가르치는 데 필요한 참고사항을 담고 있다. 이 책의 서문에서 현채는 종래 외국 위주의 사상교육이 조선의 패망을 초래한 원인이라며 통탄하고, 애국심과 자주자립정신을 고취하기 위한 민족주의교육을 주장하였다.

상권에는 본 교과서인 『유년필독』권3까지 수록되어 있고, 하권에는 권4의 내용이 수록되어 있다. 특히 우리나라 역사, 지리 등에 주안점을 두고, 민족주체성의 확립과 애국애족사상의 고취에 역점을 두고 있다. 지식층을 대상으로 편술되었기 때문에 한말 사상계에 많은 영향을 준 외래사상 논저와 문헌을 대폭 수록하고 있어서 한말 서구사상의 유입과 해석 양상, 자주독립에 관한 이론적 배경을 규명할 수 있는 자료적 가치를 지닌다. 이 책은 『유년필독』과 더불어 서술내용 때문에 1909년 치안법위반으로 사용금지처분을 받았다.

④ **전기류의 통제**

역사책과 함께 1930년대에 사회운동 서적이 지속적인 탄압 대상이 되었다. 이러한 일제의 통제강화의 결과로 인해 1940년대에는 『충무공이순신실기』, 『월남 이선생 실기』, 『월남 이상재』 등 전기류도 금서의 대열에 올랐다. 이윤재의 『성웅 이순신』, 이창환의 『조선역사』, 대동출판협회의 『조선병합십년사』, 어윤적의 『동사연표』, 장지연의 『대한강역고』 등 우리 역사와 지리 관련 서적들도 모두 일제 당국에 의해 금서로 지정되었다.

⑤ **경제 · 종교 · 사상 서적의 검열**

경제 및 종교, 사상으로 검열에 걸린 서적으로 다음과 같은 것들이 있다. 1907년 양계초의 『음빙실자유서』, 『음빙실문집』, 『민족경쟁론』, 최초 발명특허권자 정인호의 『국가사상학』, 독일 Johannes Bluntschli의 학설을 안종화가 번역한 『국가학강령』, 1905년 천도교 중앙총부가 발행한 천도교 해설서 『준비시대』, 1906년 김우식이 발행해 대한제국 시절 가장 널리 퍼진 국민계몽서 『국민수지』, 유호식이 번역한 『국민자유진보론』, 1908년 사밀가덕문이 지은 『세계삼괴물』, 1908년 변영만의 『20세기 대참극 제국주의』, 유문상 번역의 『대가론집』, 『청년입지편』, 진화론을 담은 『강자의 권리경쟁』, 1908년 남녀평등사상을 다룬 최학조의 『남녀평권론』, 대한매일신보에 연재되었던 것으로 아전에게 골탕 먹는 지방 수령 이야기 등이 있는 홍종온의 『편편기담 경세가』, 조선어학회 창설멤버 임경재의 『쇼아교육』, 1908년 이채병이 애국단체 서우학회의 기관지 서우에 연재되었던 글을 모은 『애국정신담』과 한문본 『애국정신』, 1908년 사회비판과 계몽주의를 논한 유원표의 『몽견제갈량』, 1908년 신채호의 『을지문덕』 한문본과 국문본, 1902년 신채호가 번역한 이탈리아 건국의 세 주역 이야기 『이태리 건국 삼걸전』, 이보상이 번역한 양계초의 헝가리의 애국자 헤수스 이야기 『갈소사전』(원제 『흉가리 애국자 갈소사 전』), 1908년 이해조가 번역한 워싱턴 전기 『화성돈전』, 1905년 대한매일신보에 연재된 폴란드 왕국 말년의 독립전쟁을 다룬 『파란 말년 전사, 1899년 현은의 『미국독립사』, 1905년 장지연이 번역하고 박은식이 서문을 쓴 『애급근세사』 등이다.

공산주의 사상이 내포된 서적도 검열의 주요 대상이 되었다. 3.1운동 이후 독립의식이 팽배하고 시대적 조류에 따라 공산주의 사상이 보급되자 통제의 필요성이 증대되었고, 그 방법 중의 하나로 출판물을 규제하게 되었다. 공산주의 사상은 일본 본토 내에서도 극도로 규제되는 것인 만큼 우리나라에서는 말할 필요도 없이 주요 검열대상이

| 몽견제갈량-국립중앙도서관 소장

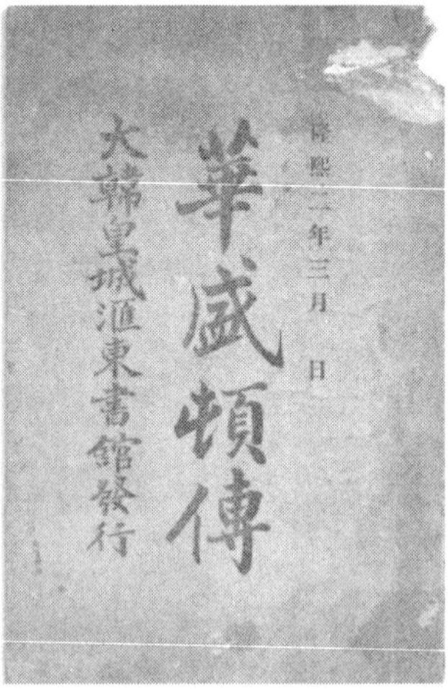

| 화성돈전

되었다. 공산주의 관련 도서는 1920년 후반 이후의 금서의 특징이기도 하다.[65)]

3. 금서조처에 따른 결과

이 시기에 금서에 포함된 책들은 이미 밝혀진 것만 5백종 가량 된다.[66)] 처음부터 검열에 걸려 출판조차 되지 못한 것과 검열에 걸릴 것을 염려하여 애초에 출판을 포기한 것을 합하면 금서는 훨씬 많을 것이다. 일제 말기에 이르러서는 우리글로 된 책을 전부 금서로 취급했고 을사보호조약 이후 민족의식이나 조선의 주권을 강조하는 책을 소각, 압수시켰기 때문에 40년이 넘는 오랜 시간 동안 우리 민족으로서는 최악의 압박을 받았다. 그 결과 초래된 양상들을 기술해 보면 다음과 같다.

1) 광복 이후의 출판 및 발굴

1909년 5월 구한국 내부대신이 출판법 부칙 제16조의 '안녕질서를 방해하거나 풍속을 해칠 우려가 인정 된다'는 이유로 금서로 규정되었던 일제 강점기의 대표적인 작품 『금수회의록』은 광복과 더불어 다시 출판되었다.

---

65) 나문경, 「일제시대 금서에 관한 연구」(성균관대학교 석사학위논문, 1996), p. 13 참조.
66) 신동아, 「일정하의 금서 33권」(동아출판사, 1977)

윤치호의 『우순소리』는 1909년 일제가 제정한 내부고시 제27호에 의해 '치안과 풍속을 해친다'는 이유로 금서처분을 받았다. 『우순소리』를 제외한 금서로 지정된 책들은 대부분은 발굴되어 구체적인 내용이 학계나 일반인들에게 알려졌지만 이 책만은 제명(題名)만 확인되다가 100년이 지난 최근에 실물이 소개되었다.

2) 개작본의 등장

검열의 효율성을 위해 문자화를 장려한 총독부는 연극이나 창가 등 구술적 '소리'까지 문서화된 대본을 요구하여 효율적인 검열을 실시했고, 실제 공연이 사전 허가된 대본과 어긋나면 '주의' 또는 '중지' 명령을 내리곤 했다. 이 같은 조처는 작자들로 하여금, 진정으로 발언하고 싶은 바를 제대로 표출하기 위해 개작본을 만들도록 하는 결과를 가져오기도 하였다. 그 좋은 예가 카프 작가들의 개작본이다.

1930년대 후반, 대다수 카프 작가들은 카프 2차 검거사건으로 옥고를 치르고, 전향의 갈림길에 놓여 심리적 동요를 심하게 느끼게 되었다. 이 시기에 나타난 것이 개작본이다. 예컨대 한설야의 『청춘기』는 개작을 통해 전향자들의 삶을 더욱 선명하게 보여주었다. 원본에서는 단순히 시대 형상화에서 그쳤지만 개작 본에서는 시대를 고발하려는 시대인식이라는 의미 있는 성장을 통해 작가 의식을 보여주었다.

원본에 없었던 「태양의 계절」을 개작본에 삽입함으로써 일제의 검열 때문에 표현하지 못했던 원본의 한계를 극복해낸 것이다. 등장인물을 중심으로 판본대조 분석결과, 개작본은 리얼리즘적 요소를 가미시킨 현실성 짙은 작품으로 바뀌어져 있다. 개작 이전에 작가가 표현하지 못했던 사상이나 감정, 단어의 변화까지도 살펴볼 수 있다.[67] 금서 조처를 한다 해서 그 책이 사라지는 것이 아니라 다른 형태로 발전되어 표출된다는 사실을 보여주는 사례라 하겠다.

3) 허구화 표현 방식의 도입

1909년 일제의 언론출판규제법에 의한 금서 조치 이후 국내 문학계에 많은 변화가 발생한다. 특히 작가들은 이전과는 다른 문학표현의 방법을 찾아내기도 했다. 만보산 사건을 간접적으로 표현한 경우가 그 좋은 예이다.

1931년 7월에 일어난 만보산 사건은 일제 식민지 수탈의 피해자인 조선 농민이 만주로 쫓겨 가서 수전 개간을 강행하면서 밭농사를 주로 하던 만주 현지인과 충돌하게 된 전형적인 사건이다. 일본 작가 이토 에이노스케의 「만보산」(『改造』1931)과 중국 작가 이휘영의 『만보산』(上海湖風書店 1933)은 만보산 지역 사건을 직접 작품화했지만, 조선의 작가들은 사건 발생 당시에 만보산 지역 사건을 직접 작품화하지 않았다. 아니 작품화할 수 없었다. 중일전쟁 발발 후 1938년 10월 무한 삼진 함락으로 일본이 중일전쟁에서 승리에 가까울 정도로 유리한 상황이었을 때, 만보산 지역 사건은 비로소 우리 작가에게 소설 소재로 활용되었다.[68] 「농군」의 문제적 면모를 검열과 관련시킨 논

67) 김광숙, 「한설야의 『청춘기』 판본 비교 분석-연재본 · 단행본 · 개작본을 중심으로」(동아대학교 대학원 석사학위논문, 2004), p. 48 참조.

68) 이상경, 「이태준의 「농군」과 장혁주의 『개간』을 통해서 본 일제 말기 작품의 독법과 검열-만보산 사건에 대한 한중일 작가의 민족인식 연구(1)」,『현대소설연구』제43호 (한국현대소설학회, 2010), pp. 178-180 참조.

의로, 중국 작가 이휘영의 『만보산』이 "일제의 음모와 모략에 의한 중국인과 조선인 농민의 희생과 통일전선 형성"이라는 만보산 지역 사건의 주제를 「농군」이 담지 못한 것은 검열 때문이었다든지, 검열 제도 하에서 이태준이 『문장』지 편집인으로서 잡지를 계속하고 발표지면을 얻기 위해 「농군」이 '다분히 시국협력적인 성격'을 띠게 되었다는 논의가 있다.

한편으로는 일본이 만주의 조선 농민을 보호하고 평화를 가져다주는 존재라는 것을 쓰고 싶지 않은데도 검열 때문에 써야만 하는 시기였다는 것도 추측할 수가 있다. 1939년 검열 체제하에서 일본 경찰이나 군대 등 체제를 유지하는 무력에 대해 부정적으로 묘사한다는 것은 불가능한 일이었다. 이점은 당시의 시국과는 별로 관계가 없을 것 같은 박태원의 「소설가 구보 씨의 일일」조차 1934년 신문 연재 당시에는 가능했던 일본군에 대한 희화화가 1938년 단행본 출간 당시는 검열에 의해 삭제된 사례로 방증할 수 있다.

이태준은 '말하고 싶지 않은' 것을 말하지 않기 위한 방법으로 소설을 쓰기도 했는데, 「농군」을 만보산 사건의 실상과는 다르게 일본 경찰의 역할을 빼고 조선 농민과 중국 농민의 갈등으로만 해서 중국군대의 총에 조선농민 사상자가 생겼다고 허구화시켰다.[69] 이처럼 일제의 금서 조처는 당시 문학인들로 하여금 강압과 검열을 피하기 위해 허구화 수법을 애용하게 하는 자극제가 되기도 했다.

---

69) 이상경, 같은 글, p. 196 참조.

4) 언론 출판물의 침체

1907년 7월 법률 1호로 발표된 "신문지는 매회 발행에 앞서 먼저 내부 및 관할관청에 각 2부를 납부해야 한다."는 '신문지법'으로 철저한 사전검열을 명시했고, 이어 법률 2호로 '보안법'을 공표해 집회 및 결사, 언론 등을 통한 애국 활동을 '안녕질서' 유지라는 미명 아래 전반적으로 금지했다. 이 법의 공포로 사실상 국내에서의 애국 언론 활동은 침체되었다.

조선어 신문에 대한 검열행정처분 건수는 이전에 비해 감소했다. 중일전쟁 후 일본 국내에서부터 강화된 언론통제로 인해 검열이 강화되었다는 점이 함께 작용한 결과였다. 광무 신문지법을 비롯하여 보안법, 치안유지법, 제령 제7호, 형법 등을 적용하여 조선 통치에 방해가 된다고 판단하는 기사는 삭제 또는 압수처분에 부치고 심한 경우에는 정간과 함께 언론인을 구속하는 사법처분까지 병행했다. 보도기사, 사설, 논평, 시가(詩歌)와 소설, 만화, 광고에 이르기까지 검열이 거치지 않는 분야가 없었다. 총독부는 철저한 언론탄압을 하면서 그 기록을 남겨두었다. 언론의 논조를 분석하여 조선 통치의 자료로 삼는 동시에 더욱 효율적으로 언론을 탄압하려는 것이 목적이었다.

특히 조선어 신문에 대한 검열은 매우 신속하고 절차도 복잡하게 이루어졌으며 언론의 침체를 더욱 부추겼다. 윤전기가 돌아가고 있는 중에도, 삭제나 압수해야할 부분이 생기면, 즉시 조치가 빠르게 진행되어, 신문사는 문제가 되는 기사를 삭제하고 호외를 내어 대처하기도 했다.[70] 언론의 생명은 자유 보도, 사시 보도인데, 일제의 통제는

70) 이민주, 앞의 글, p. 174 참조.

언론 출판의 정상적인 존립이나 발전을 저해하였다 하겠다.

5) 우리글 서적의 국내 출판 중단

1910년대에 이르러서는 기존 교과서 등에서 한국의 인물, 역사, 문화에 관한 단원을 모조리 제거했다. 1910년 장지연의 『여자독본』을 필두로 우리 교과서가 맞이한 비극은 일제의 조선어 및 민족 말살정책으로 극에 달했고, 일본어 교과서가 '국어(國語)' 교과서가 되고, 조선어는 국어가 아닌 다만 '조선어'가 되었다. 통감부의 통제를 받던 1908년부터 1910년 5월까지 수신(修身), 국어(國語), 한문(漢文), 역사(歷史), 지리(地理)는 77권 신청 중에서 인가된 것이 22권에 불과하였다. 검정제가 실시된 무렵 무조건 사용을 금한 도서가 많았는데, 특히 애국사상을 고취하여 항일 투쟁을 역설한 지리, 역사 교과서가 많았다.

1920년대에는 모든 교재를 국정화하고 서당과 야학당에서도 일본어 교습을 하도록 감시와 지도를 했다. 1930년대는 지배에 저해되는 책자는 가차 없이 금서조치를 취해 1941년 말까지 발매, 반포가 금지된 책자와 우리말로 된 금지 책자는 모두 342종에 이르렀다. 1940년대에 와서는 내용이 어떠하든, '한글판' 인쇄물은 모조리 금서 조치를 취하였다. 한글이라는 문자와 조선말을 몰아냄으로써, 한국인 고유의 말과 문자를 완전히 말살하려고 했던 것이다.[71)]

국내에서 우리 글로 된 책을 간행하기가 어려워지자 외국에서의 간

71) 이승구, 앞의 책, pp. 59-60 참조.

행이 시도되기도 하였다. 1932년 임시정부의 지도자 백범 김구가 이봉창, 윤봉길, 최흥식, 유상근 의사의 의거 등을 다룬 한인애국단의 독립운동 기록 『도왜실기』를 중국 상하이에서 중국어로 처음 간행한 것이 그 사례이다.

일제강점기 금서 현상을 생극론의 관점에서 해석해 보자. 일제가 일련의 책과 글을 금서화하여 탄압한 것은 이들 책을 상극적인 대상으로만 여겼기 때문이다. 금서를 일제에 해로운 것 즉 상극 관계에 있는 것으로만 인식해 금압했기 때문이다. 상극이 상생이고 상생이 상극이며, 극복이 생성이고 생성이 극복임을 알았다면, 금서가 제기하는 도전과 비판을 수용했어야 한다. 일본과 일본민족만을 절대화하여 한민족과 조선의 정체성을 무시하고 멸절해 일본에 동화시키려고 금서 조처를 강행하는 대신, 침탈 행위에 대한 근본적인 반성을 하고 한민족과 조선을 진정으로 이해하고 존중하려는 자세로 임했으면 일본이나 조선에게 피차 유익한 결과가 초래되었을 것이다. 하지만 일본은 그렇게 하지 않았다. 그 결과 일본은 패망하고 말았으며 지금까지도 편협한 자민족 우월주의에 빠져 있어 다른 나라들과 화합하지 못하고 있다. 그때의 상처를 입은 동남아 일대의 나라들에서는 두고두고 그 기억을 떠올리고 있어, 일본과의 관계 맺기에서 일정한 걸림돌로 작용하고 있다. 다양한 금서들을 상생의 기회로 활용하지 못한 소치라 하겠다.

5장
해방기의 금서

1. 금서의 양상

1) 금서의 사회적 배경

1945년 8월 15일, 마침내 일본이 연합국에 무조건 항복함으로써, 우리 민족은 식민통치에서 벗어나 광복을 맞이했다. 해방기는 일제의 숨 막히는 무단통치에서 정치, 경제, 사회, 문화 등 모든 분야에 숨통이 트이면서 자유를 분출하던 시기였다. 일제에 의해 금서가 되었던 모든 서적이 해금되어 우리의 품으로 돌아올 수 있었지만, 일제강점말기에 얼마나 많은 금서가 사라졌는지 가늠조차 할 수 없었다. 그러나 일제의 눈을 피해 벽장 속에서 숨어있던 책, 그나마 단속이 덜하던 시골에서 겨우 살아남은 책, 그리고 압수 등으로 도서관의 창고에 방치되어 있던 귀중한 책들이 모두 자유를 얻어 세상으로 나오기 시작했다.

연합국의 승리에 의해 광복을 맞은 우리는 일제말기의 잔학한 식민통치와 탄압의 영향으로 새로운 질서를 건설할 역량이 부족했다. 출판계가 의욕을 가지고 나섰지만 단기간에 활력을 되찾기는 어려웠다. 일제의 조선어 말살정책으로 인하여 대부분의 조판소에는 남아있는 국문활자가 거의 없었을 뿐만 아니라 인쇄용지도 크게 부족했다. 당시 남한에는 17개 제지공장에서 생산하던 종이 공급량은 소요량의 10%에도 못 미치는 형편이었다. 그리고 해방은 되었지만 남의 손에 의해서 운영되던 경제계의 혼란으로 인쇄공장이 전면적으로 가동되지 못해 물량을 제대로 소화하지 못하는 원인도 있었다.

이러한 악조건 속에서도 출판사가 하나 둘 생겨나 각종 서적이 출판되기 시작했다. 급조된 활자와 질이 떨어지는 종이, 맞춤법조차 정리가 되지 않은 불완전한 책이었지만 전 국민의 관심 속에서 서적은 급속도로 판매되기 시작했다. 해방 직후에 국내 출판사에서 어느 정도의 책을 생산했고, 유통한 서적의 양이 얼마나 되었는지에 대한 공식적인 통계는 없다. 그러나 1947년 조선출판문화협회가 창립될 무렵, 1천여 종의 출판물이 발간되었고, 1948년에는 729개의 출판사에서 무려 1,200여 종의 책을 간행하기에 이르렀다.[1)]

해방 직후에는 읽을 만한 서적이 부족하여 대부분의 서적은 1만부를 발행했는데, 5만부 계획으로 발행한 김성칠의 『조선역사』는 이듬해 즉시 재간을 했으며, 을유문화사가 기획하여 제작한 한글교본 『어린이 한글책』은 다른 아동서적보다 5배가량 비쌌음에도 초판 5만 부

---

1) 한철희, 「해방3년 절판도서 총목록」,『정경문화』(경향신문사, 1984) 참조.

가 순식간에 매진되어 2만 부를 더 간행해야만 했다.[2)]

해방이 되자 일제가 사라진 빈자리를 대신 메운 미군정은 9월 20일 일제하에서 한국인을 억압하던 악법 가운데 출판법 등 12개를 폐지하였고, 이어서 10월 9일에는 법령 제11호를 공포하여 출판법, 보안법, 예비검속법 등 7개 법률을 폐지한다고 밝혀 표현의 자유와 사상의 자유를 제한 없이 보장할 것임을 천명했다.

그러나 승전한 미 · 소 양 대국간 38선을 사이에 둔 예각적인 대립에 따라 이데올로기의 대립은 첨예화되고, 미군정의 자유주의 정책으로 인하여 정치적 혼란과 비극적양상은 날로 심각하게 얽혀가기만 하였다. 좌우익 정치세력들의 사상적 대립이 민족분열의 심각한 위기를 초래하고, 각종 정치 사회단체가 서로 다른 이념을 내세우며 대립하게 되자 문단 역시 정치적 이념에 따라 여러분파가 성립되어 갈등을 일으키게 되었다.[3)] 공산계열이 점차 신문과 출판물을 통해 미군정을 공격하고 이데올로기적인 친공 성향을 노골화하자 미군정은 출판물 규제법을 만들었다. 1946년에는 신문과 정기간행물의 허가제를 실시하기에 이르렀다.

당시 한반도는 좌우 이데올로기의 대립이 복잡 미묘할 때였다. 그래서 출판물의 성향과 내용도 각양각색이었다. 특히 공산계열은 이념 지향과 선동에 주안점을 두었다. 미군정 말기에 공산계열의 활동을 불법화하자 언론계 및 출판계로 침투하는 경향을 보였으며, 국정 교과서에까지 반영되어 경고를 받기도 했다. 미군정이 실시된 남한에서조차 자유를 생명으로 하는 민주주의 시대가 온 줄 알았는데, 여전히

---

2) 이중연, 『책, 사슬에서 풀리다-해방기 책의 문화사』(혜안, 2005), pp. 38-43 참조.
3) 조병춘, 『한국현대시 평설』(태학사, 1995), p. 327 참조.

금서 현상이 존재했다는 것, 역사의 아이러니를 보여주는 시대가 이 시기였다.

2) 금서 조처의 유형

(1) 정기간행물 정간처분과 허가제

해방기는 좌우의 이데올로기 대립이 복잡하게 얽힌 시기였기에 출판물의 내용도 이를 반영하여 각양각색이었다. 특히 공산계열이 신문과 출판물을 통해 미군정을 공격하고 이데올로기적인 친 공산주의 성향을 노골화하자, 1946년 5월 15일 '대동신문'에 대해 3주간 정간처분하고 5월 18일에는 '해방일보'를 정간시켰다. 아울러 같은 달 29일에는 신문과 정기간행물의 허가제를 실시하였다. 공산계열의 언론, 출판물에 단호한 태도를 보이기 시작한 것이다. 1946년 9월 6일 '조선인민보' 등 공산계열 6개지에 내린 정간령과 1948년 5월 26일 '신민일보', '우리신문' 폐쇄령 등에서도 미군정의 이러한 태도는 잘 나타난다.

(2) 유통 및 판매금지

유통 및 판매금지 조처도 내려졌다. 그 대상은 대부분 좌익 이데올로기와 관련이 있는 것들이었다. 해방 직후는 좌익 팸플릿의 시대였다고 할 정도로 많은 종류의 팸플릿을 내놓았는데 이것들이 그 중심을 이루었다.

2. 금서 조처의 대상과 이유

해방기 직후의 정세는 혼란스러웠다. 남북이 분단되고 체제 지향이 다른 미국과 소련이 한반도로 들어왔다. 당시는 대중의 기반이 아직 약했기 때문에 정치권력의 지향에 따를 수밖에 없는 상황이었다. 좌우가 정치권력 및 사상의 통일을 내지 못하고 점차 대립되어가는 시기였다. 이에 남한에 진주한 미군정은 우익 진영의 출판에는 자율성을 보장했지만, 1948년 정부수립 이후에는 반공을 국시로 표방하면서 공산주의를 미화 · 찬양하는 서적의 출판을 전면 금지시켰다.

이 시대의 금서 중에서 1946년 미군정과의 관계, 통일전선문제, 신탁통치문제, 미소 공위 등에 대한 문제를 공산당의 입장에서 쓴 『민주주의조선의 건설』은 공산당 지도자 이강국의 저서이며, 「민주주의민족전선 결성대회 사록」은 1946년 좌익계열 중심의 통일조선조직 민전결성대회의 회의록이다. 「인민당의 노선」은 1946년 여운형, 이여

조선연감

성, 김오성 등 주요 간부들이 발표한 성명서나 정치논설, 연설문 등 인민당 선전 팸플릿이고, 「민주주의 12강」은 1946년 공산주의를 해설한 대중선전용 팸플릿, 「독립과 좌우합작」은 1946년 좌우합작과 관계된 자료를 모은 팸플릿이었다.

『조선토지문제논고』는 남한의 토지개혁이 지주세력의 반대로 지체되고 있을 때 나온 좌익의 토지문제에 대한 입장을 밝히는 자료집이며, 『지도자군상』은 인민당 선전국장이던 김오성이 1946년 당시 좌익계 지도자인 여운형, 박헌영, 김일성 등 18명에 대해 쓴 인물 평전, 『조선해방연보』는 1946년 좌익계인 이강국, 최익한, 박문규, 이석태가 편집을 맡아 해방 후 1년간의 상황전개를 좌익의 시각에서 분석 및 정리한 연보이다. 조선통신사의 종합연감 『조선연감』 등 해방 후 2년간의 움직임을 각 분야와 부문별로 수록하고 있지만, 조선통신사의 좌경화로 절판되었다.

1949년 한성도서출판에서 '그날이 오면'이란 제목으로 심훈의 유고시집을 출간하지만 남한 만의 단독정부 수립이후 좌익에 대한 불법화와 탄압이 가중되는 사회적 분위기속에서 또 한 번 왜곡, 변질되는 수난을 겪게 되기도 한다.

해방기는 일제의 무단통치로 인한 금서가 해금이 되어 다시 우리 국민에게 돌아온 시기였던 것과 동시에 미군정이 일제의 자리를 차지하면서 또 다른 금서의 시대, 즉 이데올로기로 인한 금서를 만들어낸 시기였다. 정치권력 및 사상이 점차 대립되어가던 시기에 아직 기반을 마련하기 못한 대중은 정치권력의 지향에 따를 수밖에 없었다.

좌우 이데올로기의 대립이 복잡 미묘한 시기였던 만큼 출판물의 성향과 내용도 각양각색이었다. 특히 공산계열이 이념 지향과 선동에

〈표 5〉 해방기(미군정기)의 금서

필 자	책 이 름	출판사	출간 연도	내용 및 성격
이강국	민주주의 조선의 건설	조선인민보사	1946	시사
민전선전부	민주주의 민족전선 결성대회사록		1946	회의록
조선인민당 선전부	인민당의 노선		1946	선전 팸플릿
-	민주주의 12강	문우인서관	1946	선전 팸플릿
이강국외 12인	지도자 군상		1946	인물평전
김오성	독립과 좌우합작	삼의사	1946	자료 팸플릿
정시우 편저	조선토지문제 논고	신한인쇄공사	1946	자료집
박순규	조선연감	조선통신사	1947	종합연감
군정청공보부	위폐사건 공판기록	대건인쇄소	1947	공판기록
박일원	남로당 총비판	극동정보사	1948	남로당비판서

주안점을 두자, 미군정이 공산계열의 활동을 불법화하였다. 그러자 공산계열은 언론계 및 출판계로 침투하는 경향을 보였고, 이에 따라 미군정이 3년 동안 문화정책에 직접 나서면서 공산계열의 언론사 및 출판사들의 압박이 시작되었다.

해방 이후 남한을 움직이던 대부분의 권한이 미군정에 있었는데, 해방기의 언론과 출판은 미군정의 의도에 따라 만들어진 출판물 규제법에 의해 결정되었다. 서적이 친공 내용을 담았느냐는 점과 함께 필자가 친공 세력이라는 사실만으로도 금서로 낙인이 찍히는 수난을 겪게 되었다. 따라서 이 시기에 발생한 금서는 출판물 규제법에 의해 절판되거나 출판 자체가 금지되었는데, 이는 결국 미군정의 반공 이데올로기에 의한 금서였다. 고려시대가 불교를 기준으로, 조선시대가 성리학을 기준으로 금서 조처를 내리고, 일제강점기가 식민주의를 기준으로 삼았던 것처럼, 이 시기에는 반공이라는 이데올로기가 새로운 기준으로 작동하였다 하겠다.

3. 금서 조처에 따른 결과

1948년 8월15일 대한민국정부가 수립되면서 문단의 혼란은 어느 정도 정리되었다. 광복 직후부터 이데올로기의 대립으로 문화 · 문학 단체가 대립, 이론의 투쟁으로 격렬한 대립을 해오던 혼란이 정부수립으로 일단락을 짓고, 좌익계의 핵심적인 문인들은 대부분 월북의 길을 택하였다.[4] 미군정 시기의 금서는 대부분 좌익 이데올로기와 관련이 있는 것들이었다. 친공 성향의 노골화가 계속되자 출판물 규제법을 통해서 미군정의 성향을 드러냈다 하겠다. 공산 계열의 언론사에 대한 정간령과 폐쇄령이 내리고, 정기간행물과 출판물에 대한 단호한 태도를 보이며 금서를 만들어냈다.

좌익 도서에 대한 미군정의 이 같은 조처는 대한민국이 수립된 이후 좌익에 대한 태도의 기조를 형성하는 데 크게 작용했다 할 수 있다. 좌익을 배척하는 미군정의 정책은 대한민국 정부에도 이어져, 반공을 국시화하고, 이에 따라 좌익을 절대 악으로 여기는 이념적인 경직성

4) 조병춘, 같은 책, p. 330 참조.

이 강화되었다고 할 수 있는데, 그 원천을 마련한 것이 미군정의 좌익 출판물에 대한 일방적인 규제라고 할 수도 있다. 물론 일제강점기에도 좌익 출판물에 대한 견제가 있었지만, 다른 성향의 출판물도 금압하면서 취해진 것이었지 좌익 출판물 중심으로 진행되지는 않았다.

6장
분단 시대의 금서

1. 남한의 금서

1) 제1공화국 시대의 금서

(1) 금서의 양상

① 금서의 사회적 배경

제1공화국의 미군정은 국내 언론출판의 자유를 보장할 것을 약속했다. 하지만 군정 3년이 지나도 약속은 지켜지지 않았고, 오히려 통제와 압력이 늘어만 갔다. 이승만 정부가 들어서면서부터 언론출판에 대한 통제는 더욱 가중되기 시작했다. 정부 수립 후 1개월여 후부터 빠르게 언론탄압 조치를 취했고, 연이은 신문의 폐간조치가 있었다. 건국 초부터 언론출판을 규제하고 국내 여론을 장악고자 했던 이승만

정권의 목적 때문이었다.[1]

한국전쟁은 출판 활동에 있어서는 치명적인 시련이었다. 출판 자재와 인쇄 시설 및 서적 등이 송두리째 파괴되고 기계가 없어진 출판인들은 아무것도 하지 못하는 상태가 되었다. 전쟁이 끝난 후에도, 출판 활동은 위축되었고, 귀중한 장서가 없어지기도 했다. 또 자재와 제작비의 급등, 판매 거래의 혼란 등으로 출판계는 침체 상태였다.

② 금서 조처의 유형

휴전 성립 후 사회의 안정이 이루어지면서 출판계도 회복세를 보였지만, 이승만 정권의 장기집권과 독재화 경향으로 출판계는 다시 위축될 수밖에 없었다.

한국 전쟁 이후 파괴된 경제는 미국의 원조에 의존해 겨우 유지했는데, 이승만 정부는 국시를 반공에 두고 독재 정치와 장기 집권의 정당화를 꾀하고자 했다. 건국 이전 시기의 미군정 정책과 흐름을 같이하는 좌익계열의 출판물들은 친미, 반공적 성향을 지닌 이승만의 단독정부에 반대하여 투쟁하는 좌익세력의 대민 선전 창구였다. 미군정은 이를 봉쇄하기 위해 제정 직후부터 1950년까지의 좌익계열 출판물 또는 출판인에 대해 국가보안법을 적용했다.[2]

(2) 금서 조처의 대상과 이유

이 시기에는 출판계에도 일관되게 반공 정책을 원칙으로 삼아 다음

1) 김삼웅, 앞의 책, p. 70 참조.
2) 박원순, 『국가보안법연구 2』(역사비평사, 1997), p. 124 참조.

과 같이 여러 가지의 금서가 양산되었다. 첫째, 공산국 계열의 저작물로 마르크스, 레닌, 모택동 등의 저작물은 반입과 번역이 금지되었다. 둘째, 월북(혹은 납북)한 좌익 문인들의 작품도 출판이 금지되었다. 임화, 김남천, 이태준 등이 이에 속한다. 셋째, 공산국가 출신 작가의 문학작품마저도 출판이 금지되었다. 러시아의 대표적인 작가 고리끼의 『어머니』와 함께 파스테르나크의 『닥터 지바고』, 중국의 노신의 작품 등이다. 넷째 정치적인 중립화 이론이나 학설을 다룬 저서나 논문의 번역물 등이 출간 금지되었고, 다섯째 지방색을 부추기거나 그 주제를 다룬 소설 등에 대해서도 철저한 금지조치가 가해졌다.

제1공화국의 대표적인 필화사건은 1955년의 '대구매일' 테러와 1957년의 '문리대' 필화사건, 1959년의 '경향신문' 폐간사건, 1959년의 '동아일보'의 '괴뢰' 오석필화사건, 1959년 '하와이 근성시비' 필화사건 등이 잇따랐다. 정부의 경색된 반공 정책으로 금서가 될 만한 책은 아예 출판되거나 유통될 수 없었다.[3)]

2) 제2공화국 시대의 금서

(1) 금서의 양상

① 금서의 사회적 배경

제2공화국 시대의 과도정부는 7월 1일 '신문 및 정당 등의 등록에 관한 법률'을 공포하여 신문 발행 허가제를 없애고 등록제를 실시하

3) 김삼웅, 앞의 책, pp. 66~72 참조.

는 등 언론, 출판의 황금기를 이뤄내고, 자유당 정권에 의해 철저히 통제되었던 언론출판이 새 시대를 맞아 자유와 신생의 기지개를 펴는 계기였다. 그 결과 금서라는 단어조차 필요 없는 '단군 이래의 자유'가 보장된 시기, 언론 · 출판의 자유가 거의 무제한적으로 보장된 시기[4]였다. 출판계는 민권혁명의 황금기를 맞이하며 금지되었던 책을 출판하고 새로운 민주시대에 부합되는 저술을 간행하기 위해 활발하게 움직였다. 과도 정부에 이은 장면의 민주당 정권도 언론출판의 무한정 자유를 허용했다.

② 금서 조처의 유형

언론 · 출판의 자유가 거의 무제한적으로 보장되었던 이 황금기는 너무나 짧게 끝나고 말았다. 이 시기에는 정부나 정치권력에 의해서가 아니라 학생, 시민들에 이해관계에 의해서, 언론사가 점거되거나 기물이 부수어지는 사례가 숱하게 발생했다. 과거에는 위로부터의 금서 조처였다면, 이 시기에는 그 반대였다 하겠다.

(2) 금서 조처의 대상과 이유

'한국일보'에 연재되던 정비석의 「혁명전야」가 연세대 학생을 명예훼손했다는 이유로 학생들이 신문사로 몰려가 연좌데모를 하여, 결국

4) 1961년 1월 관훈클럽 기념식의 연설에서 장면 국무총리는 "지금 우리나라에는 약간 과장해서 말한다면 북한 괴뢰의 앞잡이들이 '조선인민보'나 '해방일보'를 발행하겠다고 등록을 신청해도 막을 도리가 없을 만큼 언론 · 출판의 자유가 보장되어 있다"고 말하기도 했다. [김삼웅, 같은 책, p. 72.]

소설 연재를 중단시켰으며, 청주 대학생들의 '대전일보' 포위 사건, 부산 상인들의 '민주신보' 점거 사태, 박태선 신앙촌 신도들의 '동아일보' 난입사건 등 비슷한 사건이 많이 발생했다.

3) 제3공화국 시대의 금서

(1) 금서의 양상

① 금서의 사회적 배경

1960년 6월 경, 『현순간 정치문제 소사전』이라는 책으로 기소된 이종률의 '민족자주통일방안심의위원회 사건'[5)]처럼 4.19시기의 통일논의에 대해 용공으로 규정하고 소급 처벌한 것은 박정희 군사정권이 앞으로 어떤 정책방향을 잡을 것인지 충분히 암시하는 것이었다. 박정희 정권은 철저한 반북 · 반공정책을 펴나가면서 민간차원의 통일논의를 금지함은 물론 진보적 성향을 띠는 어떤 학술논의도 허용하지 않았다. 이러한 정책방향은 1961년 7월의 반공법 제정으로 명확하게 구체화되었다.[6)]

1961년 5.16군사쿠데타로 시작된 제3공화국 시대에 모처럼 활기를 찾았던 언론출판의 자유는 다시 검열과 통제 상태로 되돌아갔다. 정부는 1964년 언론윤리위원회법을 공포하고, 1971년 국가보위법을 공포하여 언론과 출판의 자유를 제한하였다.

---

5) 한국혁명재판사편찬위원회, 『한국혁명재판사 제4권 (1962), pp. 167-174 참조. 이는 특수범죄 처벌에 관한 특별법이 출판에 적용된 사례이다.

6) 박원순, 앞의 책, p. 128 참조.

② 금서 조치의 유형

국가보위법의 적용: 1971년에 공포한 국가보위법 제8조에 따르면 언론 및 출판은 권력에 의해 통제되기 쉬운 대상이었다. 그 내용을 보면 비상사태 하에서 대통령은 일정한 사항에 관한 언론 및 출판을 규제하기 위하여 특별한 조치를 할 수 있다고 되어 있다. 첫째, 국가안위에 관한 사항, 둘째, 국론을 분열시킬 위험이 있는 사항, 셋째, 사회질서의 혼란을 조장할 위험이 있는 사항이면 통제의 대상이 되었다.[7)]

유통 및 판매금지: 『한국공산주의운동사』는 고려대학교 교수인 김준엽과 공산권연구자 김창순이 1967년 아세아문제연구소에서 제1권을 출간했다. 이 책은 출판은 허용되었지만 자유로운 유통과 신문 등 매체의 광고가 지나치게 억제되어, 독자들은 쉽게 손에 넣거나 자유롭게 읽기 어려운, 박정희 시대의 금서목록에 낀 책이었다. 그리고 스칼라피노 교수와 이정식 교수가 공동 집필하여 1961년에 한국연구도서관에서 발행한 『한국공산주의운동의 기원』과 1967년 서대숙 교수의 『1918년부터 1948년까지의 한국공산주의 운동』 등도 비슷한 진통을 겪었다.

(2) 금서 조치의 대상과 이유

「언론정화를 위한 포고문」을 발표하고 '민족일보'를 폐간 처분했다.

---

7) 대한민국법령연혁집 편찬위원회편, 「대한민국법령연혁집」(한국법령편찬회, 1987), pp. 52-57 참조.

1963년 여름, 유현목 감독의 영화 '오발탄'이 상영 금지되는 것을 시작으로, 1965년에 방송된 드라마 '송아지'의 작가 김정욱을 용공혐의로 구속, 시인 구상의 희곡 『수치』의 공연정지, 남정현의 단편소설 「분지」의 필화, 1969년 염재만의 장편소설 『반노』 필화 등이 있었다. 이 시기의 필화사건으로 가장 주목받는 것은 1970년 『사상계』의 김지하 '오적' 필화, 1972년 『창조』 김지하의 '비어' 필화 사건이다. 이 시기에는 열거하기 어려울 정도의 수많은 필화사건이 발생해 문학계의 수난시대가 시작되었다 할 만하다.

'오적'은 1970년 5월, 『사상계』에 발표되었는데, 군사정권은 이 시가 '북괴의 선전활동에 동조한 것'이라며 반공법 위반으로 작가 김지하와 『사상계』의 편집인, 그리고 시 '오적'을 전개한 신민당 기관지 '민주전선'지를 압수하기에 이른다. '오적'은 80년대 변혁운동에서 줄곧 다루어지는 계급간의 갈등을 70년대적 상황에서 구체적으로 형상화하고 있으며, 군부 독재세력과 이와 결탁한 특권층의 비리를 신랄히 풍자한 장편 담시이다. 그러나 이 작품은 강렬한 풍자가 대상의 본질을 파악하는 측면보다 대상의 희화화로 치우친 결과 문학성에서는 많은 한계를 지니고 있다. 하지만 비판적인 민중의식의 성장과 더불어 전통적인 판소리와 탈춤의 비판적 풍자정신을 잇고 있어 문제작이다.

'오적'의 화자는 '붓끝이 험한 죄'로 고초를 당하는데, '태평성대'라는 반어적 표현으로 시대적 모순을 질타하고 있다. 오적은 재벌, 국회의원, 고급 공무원, 장성, 장 · 차관 등을 말한다. 오적들의 뱃속은 이나라 '큰 황소불알 만한 도둑 보'가 하나 더 있는 오장 칠보라는 말에서, 정경유착으로 인한 부정부패, 부동산 투기, 부실공사 '천(千)원 공사(工事) 오원에 쓱싹' 등의 문제가 신랄히 비판된다. 한 국가의 총수가 도둑질의 원조라는 사실과, 오적이 '도(盜)짜 한자 크게 써 걸어 놓고 도둑 시합'하는 장면의 묘사, 그리고 장성이 '짐승'으로 표현되고 귀신들도 장 · 차관의 권모술수와 파렴치한 위선을 두려워하여 도망치는 모양의 형상화는 작품의 공격성을 단적으로 말해 준다.

또 근대화로 인한 이농현상을 '중농(重農)이다, 빈농(貧農)은 이농(離農)으로!'와 5 · 16 혁명의 허구성을 '혁명이닷, 구악(舊惡)은 신악(新惡)으로'라 비판하고 있다. 그런데 정작 농사로 호구하지 못해 서울로 온 '전라도 갯땅쇠 꾀수'가 오히려 오적으로 몰려 무고죄로 체포되는 데서 작품의 공격성은 극에 달한다. 즉 오적을 체포하러 간 포도대장은 오히려 오적의 청에 따라 그들의 집을 지키는 하수인으로 만족하는 것이다. 그러나 마지막이 선의 승리와 악의 패배로 끝나는 점에서 불의를 용납하지 않으려는 작가의 정신을 읽을 수 있다.

김지하의 장편 담시 '밀어'가 북괴의 선전 활동에 동조했다는 이유로, 이 작품을 게재한 가톨릭계 월간 종합지인 『창조』가 1972년에 판금 당하고, 창작과비평사에서 간행한 '대설 『남』'과 시선집 『타는 목마름으로』가 판매금지 당하였다가, 각각 1984년과 1985년에 해제되기도 한다.

〈표 6〉 제3공화국 주요 필화 사건

언론 · 출판사	필화 사건	사건연도
동아일보	사설 '국민은 만능이 아니다'	1962
한국일보	'사회노동당' 창립준비기사	1962
	남정현의 단편소설 「분지」 필화	1965
동양통신	군사기밀 필화	1968
사상계	김지하의 '오적' 필화	1970

이 시기에는 제2공화국과 마찬가지로 정부의 출판물에 대한 원칙적인 금서정책 관계로 신문이나 잡지가 필화의 주종을 이루고 단행본의 금서는 드문 편이었다. 그러나 특수한 경우로서 김상협의 『모택동사상』 등 몇 권이 금서로 취급되었다.

『모택동사상』은 1964년 당시 고려대학교의 교수로 재직하면서 집필한, 우리나라에서는 처음으로 나온 중공에 관한 본격적인 연구 저술이다. 중공의 도전에 직면하고 있던 당시의 우리로서 그들의 정체를 똑바로 이해하고 그 강점과 약점을 올바르게 파악함을 통해서 그들의 위험을 극복할 수 있는 효과적인 전략을 세워야 한다는 것이 저자의 저작 동기였다. 발간 3년만인 1967년에 개정판이 나오고, 1975년 일조각에서 개정증보판이 나오는 등 출판은 활발했다. 그러나 운동권이나 재야인사가 소지했다는 것을 문제 삼아 금서가 되어버렸다. 이 시기에 학문과 사상의 자유에 심각한 제한을 두었다는 것을 알 수 있으며, 이데올로기에 대한 정권의 편협한 시각 및 언론 · 출판의 자

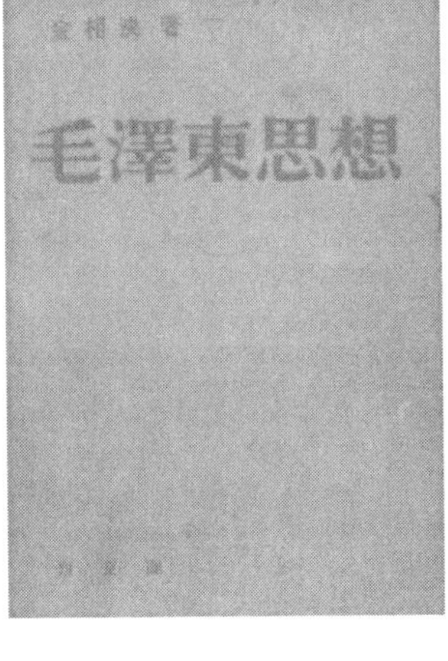

모택동사상

유가 놓였던 상황을 보여준다.[8)]

한편 이 시기는 출간과 증보판 등 출판은 허용하면서 독자들이 읽는 것에 제재를 가하는 모순을 보였다. 겉으로는 자유인 것처럼 위장하고, 실제로는 통제하는 아주 교묘한 방법이었다 하겠다.

〈표 7〉 제3공화국의 금서

필 자	책 이 름	출판사	출간 연도
이정식	한국 공산주의 운동의 기원	한국연구도서관	1961
김상협	모택동 사상	지문각	1964
김준엽 · 김창순	한국공산주의 운동사	아세아문제연구소	1967

4) 유신시대의 금서

(1) 금서의 양상

① 금서의 사회적 배경

1972년 10월 17일 박정희 대통령에 의해 전국에 내려진 계엄령 선포와 더불어 시작한 유신시대는 1979년 10월 26일까지 만 7년 동안 계속되었다. 이 기간은 우리나라의 출판과 관련된 모든 분야가 어느 때보다 위축되고 탄압이 심한 시기였다. 출판계에 있어서 사상의 자유와 민주주의가 최대의 고난을 겪은 암흑의 시기였다.

8) 박원순, 앞의 책, p. 130 참조.

1975년 5월에 긴급조치 9호[9)]가 발동된 직후 당국은 국민여론에 영향을 미치는 도서들을 면밀히 조사하기 시작했다. 그해 8월 긴급조치 위반혐의로 15종의 출판물이 판매금지 당했다. 이때부터 사법 절차가 아닌 행정조치에 의한 출판물의 판금조치가 시작되었다.

---

9) 한국기독교교회협의외 인권위원회, 『1970년대 민주화운동』Ⅱ (동광출판사), pp. 664-665. 박원순, 위의 책, p. 131 재인용. '국가안전과 공공질서의 수호를 위한 대통령긴급조치'라는 이름의 대통령긴급조치 제9호의 조문 가운데, 출판과 관련된 내용이다.

1. 다음 각 호의 행위를 금한다.
   가. 유언비어를 날조, 유포하거나 사실을 왜곡하여 전파하는 행위
   나. 집회 · 시위 또는 신문 · 방송 · 통신 등 공공전파 수단이나 문서 · 도서 · 음반 등 표현물에 의하여 대한민국 헌법을 부정 · 반대 · 왜곡 또는 비방하거나 그 개정 또는 폐지를 주장 · 청원 · 선동 또는 선전하는 행위
   다. 학교 당국의 지도, 감독 하에 행하는 수업, 연구 또는 학교장의 사전허가를 받았거나 기타 의례적, 비정치적 활동을 제외한 학생의 집회 · 시위 또는 정치관여 행위
   라. 이 조치를 공연히 비방하는 행위
2. 제1에 위반한 내용을 방송 · 보도 기타의 방법으로 공공연히 전파하거나 그 내용의 표현물을 제작 · 배포 · 판매 · 소지 또는 전시하는 행위를 금한다.
5. 주무부장관은 이 조치 위반자, 범행 당시의 그 소속 학교, 단체나 사업체 또는 그 대표자나 장에 대하여 다음 각 호의 명령이나 조치를 취할 수 있다.
   다. 방송, 보도, 제작, 판매 또는 배포의 금지 조치
   라. 휴업, 휴교, 정간, 폐간, 해산 또는 폐쇄의 조치
   마. 승인, 등록, 인가, 허가 또는 면허의 취소 조치
6. 국회의원이 국회에서 직무상 행한 발언은 이 조치에 저촉되더라도 처벌하지 아니한다. 다만, 그 발언을 방송, 보도 기타의 방법으로 공연히 전파한 자는 그러하지 아니하다.
7. 이 조치 또는 이에 의한 주무부장관의 조치에 위반한 자는 1년 이상의 유기징역에 처한다. 이 경우에는 10년 이하의 자격정지를 병과 한다. 미수에 그치거나 예비 또는 음모한 자도 또한 같다.
8. 이 조치 또는 이에 의한 주무부장관의 조치에 위반하는 자는 법관의 영장 없이 체포, 구금, 압수 또는 수색할 수 있다.
13. 이 조치에 의한 주무부장관의 명령이나 조치는 사법적 심사의 대상이 되지 아니한다.

당시의 검열효과가 더 이상 유지될 수 없는 상황에서 보다 강력한 통제정책으로 나아갔고, 출판협회와 서적상연합회와 같은 기관을 통한 대행 검열의 강화로 출판물 보급의 원천 봉쇄와 대대적인 단속을 시행했다. 더욱 체계적이며 폭력적인 검열정책, 이른바 금서가 다시 생겨난 것이다.[10)]

② 금서 조처의 유형

• 책에 대한 조처

긴급조치 9호의 적용: 유신 이후 잦은 긴급조치와 계엄령 하에서 언론 · 출판은 사전검열을 받아야 했다. 1975년 7월 13일제 선포한 긴급조치 9호는 ①유언비어 · 사실왜곡 금지, 집회 · 시위 또는 신문 · 방송 · 통신 등 공중전파수단이나 문서 등에 의한 헌법의 부정 · 반대 · 왜곡이나 개정 · 폐지 주장 등 금지 ②학생의 집단적 정치활동 금지 ③위반자의 대표자 등에 대한 행정 명령 ④본 조치 비방 금지[11)]를 내용으로 하고 있다.

이는 유신정권의 강경책을 그대로 반영한 것이었다. 사법 절차를 거치지 않은 채, 행정 편의주의와 군부 독재의 특성에 따른 규제조치가 긴급조치와 더불어 시작되었다는 출판통제 양상의 일대 변화가 온 시기였다.

---

10) 차혜영, 『반공주의와 한국문학』, 「국어교과서와 지배이데올로기」(깊은샘, 2005), pp. 83-84 참조.
11) 「합동연감」(합동 통신사, 1980), p. 124 참조.

판매금지: 유신정권은 10.26 사태까지 긴급조치 위반 등을 이유로 불온서적 33종, 음란저속도서 44종 등 총 77총에 판금조치를 내렸다. 판금조치의 사유는 네 가지로 분류된다. 첫째, 공산주의 관계도서로 좌경 및 용공 서적이다. 둘째, 폭력을 정당화하는 유해도서로 라틴아메리카의 혁명 이론서나 마르쿠제 등의 네오마르크시즘 관계서적이 포함된다. 셋째, 현실을 왜곡 부정하는 사회 안정 저해 도서로 이른바 반체제, 반정부 사회비판 서적을 말한다. 넷째는 미풍양속을 해치거나 지나친 성 묘사 등이 포함된 음란 저속 도서이다.

하지만 관계 당국의 이러한 판금사유에 따른 분류는 명분에 불과하다고 보인다. 유신정권이 중점적으로도 단속하고 금서 처분한 서적들은 음란, 저속도서보다는 국가안보 저해나 긴급조치 위반, 반체제적인 성향을 지닌 서적이었다는 평가가 있기 때문이다.[12)]

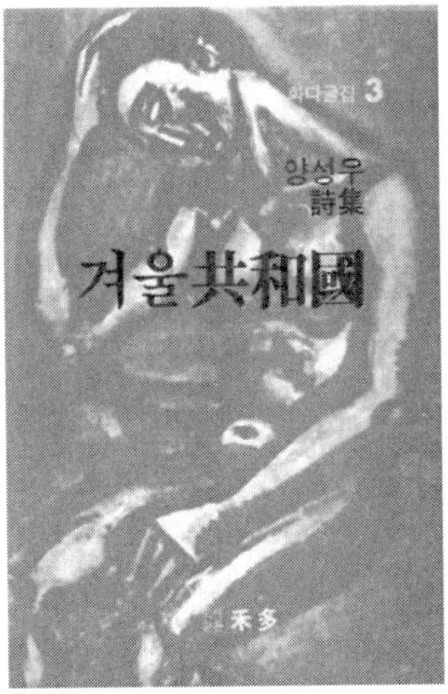

겨울공화국

12) 김삼웅, 앞의 책, pp. 79-80 참조.

필자 및 유통주체에 대한 조치: 국가안보를 무엇보다 중요하게 여기던 유신시대에는 작품에 대한 단속뿐만 아니라 필자와 유통주체에 대한 억압도 심했다.

『사상계』와 같은 1950년대와 1960년대를 대표하는 잡지는 1970년대 초 김지하의 담시 '오적' 필화 사건으로 인해 폐간되고 말았고, 김지하는 민청학련과 인혁당 사건으로 도피하다가 결국 수감되었고, 1975년에 '고행 1974년'으로 재 구속되기도 했다. 1977년에 리영희 교수의 『8억인과의 대화』를 창비에서 간행했지만 출판 한 달 전에 편집자가 반공법 위반혐의로 구속되었고, 양성우 시인은 재야단체의 모임에서 '겨울공화국'을 낭송하여 교단을 떠나야했다. 연세대 출신의 해직교수 김동길은 에세이집 『우리 앞에 길은 있다』가 긴급조치에 걸려 옥고를 치러야 했다.

잡지 『다리』도 문학평론가 임중빈이 '사회 참여를 통한 학생운동'이라는 글에서 좌절과 무기력 상태에 빠져 있던 당시 학생층과 지식인을 비판하고 각성을 촉구하면서 "기성 권위와 가치에 대하여 마땅히 도전해야 한다."고 주장했다가 필화를 당해 필자, 발행인, 편집인이 구속되었다. 필화로 구속된 사람들은 무죄로 풀려났지만, 잡지는 폐간되었다. 『다리』 필화 사건은 글에 대해 문제를 삼기도 했지만, 잡지가 김대중과 가까운 야당 정치인 김상현에 의해 사실상 발행되었다는 점 때문에 일어났다고 평가되기도 한다.[13)]

---

13) 「작두로 잘라 불태운 시집」, 『한겨레21』(한겨레신문사, 2006. 4. 4)

〈표 8〉 유신시대의 금서

필 자	책 이 름	출판사	판금 연도	판금사유
김지하	황토	한얼문고사	1975	긴급조치9호 위반
신석상	속물시대	간동출판사	1975	긴급조치9호 위반
조태일	국토	창비사	1975	
조기탁	밀경작	상헌출판사	1975	긴급조치9호 위반
김경수	목소리	현대문학사	1975	긴급조치9호 위반
신동엽	신동엽 전집	창작사	1975	
장준하	죽으면 산다	사상사	1975	사회안정 저해도서
허요석	한국의 문제들	인간사	1975	
안병욱	A교수 에세이 21장	삼유출판사	1976	
정연희	갇힌 자유	삼익	1976	
황명걸	한국의 아이	창비사	1976	
김우종	그래도 살고픈 인생	창비사	1975	
박형규	해방의 길목에서		1975	현실비판적 에세이
김경수	이 상투를 보라	선경 도서출판사	1977	
김병익	지성과 반지성	민음사	1977	사회비판적 에세이
양성우	겨울공화국	화다	1977	
김동길	우리 앞에 길은 있다		1978	현실비판적 의식
-	길을 묻는 그대에게	삼민사	1978	
김정길	우리의 가을은 끝나지 않았다	효석	1978	
백기완	자주고름 입에 물고 옥색치마 휘날리며	시인사	1979	압수대상
문병란	죽순밭에서	한마당	1979	외설, 정부비판
권지숙 외	반시(反詩)	한겨레	1979	

염무웅	민중시대의 문학	창작사	1979	
전미카엘 외	한아이와 두어른이 만든 이야기	새벽	1979	
구타에레스	해방신학	분도	1977	폭력조장 유해도서
브라이언 시타인	인간화		1975	긴급조치9호 위반
NCC	산업선교는 왜 문제시되는가	기독교교회 협의회	1978	긴급조치9호 위반
장일조	사회운동 이념사	전망사	1979	공산주의도서
마르쿠제	이성과 혁명	박영사	1963	폭력정당화
마르쿠제	위대한 거부	광민사	1979	폭력정당화
라이머	학교는 죽었다	광민사	1979	폭력정당화
프레이리	피압박자의 교육학	한국천주교 평신도회	1979	폭력정당화
조용범	한국자본주의의 원점	법문사	1976	
박현채	민족경제론	한길사	1978	
김윤환 외	한국노동문제의 구조	광민사	1978	현실왜곡. 부정
이영희	8억인과의 대화	창작과비평사	1977	이적국가 찬양고무
김홍철	전쟁과 평화의 연구	박영사	1977	
우인기	건국전야의 비화	박영사	1976	
리영희	우상과 이상	한길사	1977	현실 왜곡, 부정
리영희	전환시대의 논리	창작과비평사	1979	
송건호 회	해방 전후사의 인식	한길사	1979	현실 왜곡, 부정
김용기	운명의 개척자가 되어	한길사	1975	
허요석	한국의 문제들	인간사	1975	
강춘봉	단상단하	인간사	1975	

(2) 금서 조처의 대상과 이유

1955년에 간행된 지도책 『최신아세아요도』는 '소련이 우리나라 영토와 같은 색깔로 되어 있고 공산 소련계와 영국, 호주, 케나다 등이 동일한 분홍색'으로 되어 있다는 이유로 문교부로부터 판매금지 처분을 받았다.

『8억인과의 대화』는 리영희가 1977년에 출판한 책으로 저명한 외국인 학자들의 논문 24편이 수록되어 있다. '중공'이 아닌 '중국'을 처음으로 다룬 『8억 인과의 대화』를 창비에서 간행했지만, 판금도서로 지정되어 서점에 전시되었던 책이 전부 수거당하기에 이르렀다. 이 역시 '국외 공산 계열을 고무 찬양'했다는 이유로 반공법에 적용된 것이다.[14)]

이보다 앞서 리영희는 1974년 평론집 『전환시대의 논리』를 출판했

▎전환시대의 논리

---

14) 박원순, 앞의 책, p. 132 참조.

다가 시판한 지 5년 후인 1979년에 판금되었다. 그러나 이 책은 처음에는 판매금지가 아니었다. 시위하다 잡혀온 학생들마다 이 책을 읽고 눈을 뜨게 되었다고 진술해 뒤늦게 판매금지가 되었다. 『우상과 이성』도 반공법에 걸린 작가가 집필했다는 이유로 1977년에 나오자마자 판매금지가 되었다.

이때 『창작과 비평』 1975년 봄 호가 김지하의 시와 해직된 백낙청의 논문을 실은 것에 대해 창비 편집위원 염무웅 교수는 "어디 칠 테면 쳐봐라의 분위기 속에서, 이 글은 판금의 빌미로 모자람이 없었다."고 회고했다.[15] 리영희의 「베트남 전쟁」이 실린 1975년 여름 호 역시 긴급조치 위반으로 판매 금지되었다.

염무웅의 평론집 『민중시대의 문학』은 1979년 창작과 비평사에서 발행되어 문공부 납본까지 필하고 초판이 매진된 이후에 판금되었다. 통일사회당 간부 김웅삼이 편찬한 『오늘의 민족노선』은 통사당의 자료선전집의 성격을 띤 책이다. 이 책도 출간된 후 곧 판금되었다. 경제평론가 박현채가 집필한 경제평론집 『민족경제론』은 1978년 초 한길사에서 출판된 후 판금조치를 받게 되는데, 탈식민지 및 탈종속의 민족 해방운동의 물질적 기초는 무엇인가라는 이론적 해명을 제시하고자 한 서적이었다.

『황토』는 김지하의 첫 시집으로 초판은 1970년도에 간행되었다. 김지하의 시집이 뒤늦게 판금조치를 당한 것은 민청학련 사건으로 구속되었다가 석방된 후 1975년 '동아일보'에 게재된 '고행 1974년'으로 재구속되었기 때문이다. 『황토』는 긴급조치 9호 위반으로 '현실을 왜

---

15) 「작두로 잘라 불태운 시집」, 『한겨레21』(한겨레신문사, 2006. 4. 4)

곡, 부정하는' 사회 안정 저해도서로 규정되었다. 이 외에도 소설가 신서강의 첫 창작집 『속물시대』, 조태일이 창비시선으로 출판한 두 번째 시집 『국토』, 조기탁의 『밀 경작』, 시인 김성수의 시집 『목소리』 등이 긴급조치 9호 위반혐의로 금서가 되었다. 양성우 시인의 작품집 『겨울공화국』은 '겨울공화국' 외에 현실비판적인 여러 시를 묶었는데, 이 책도 긴급조치 9호 위반혐의로 판금되었다. 책의 제목은 유신 시대를 상징하는 말로 널리 회자됐다.

『신동엽전집』은 뚜렷한 이유 없이 1975년에 판금 조치되었고, 장준하는 의문의 추락사를 한 후 논설 집 『죽으면 산다』가 간행되었으나, 사회 안정 저해도서로 분류되어 판금 당했다. 황명걸의 『한국의 아이』는 제목이 긴급조치 위반혐의로, 박정희 정권에 격렬히 도전해 온 박형규의 현실 비판적 평론집 『해방의 길목에서』는 금서 조치 당했다. 문학평론가 김우종의 평론집 『그래도 살고픈 인생』은 '문인 간첩단 사건'에 연루되어 판금되었으며, 김병익의 사회 비평적 수필집으로 1974년도에 초판이 나왔던 『지성과 반지성』은 현실 비판적 내용이 문제되어 금서조치 당했다.

『우리 앞에 길은 있다』는 연세대 출신의 해직교수 김동길의 에세이집인데 현실 비판적 내용 때문에 1978년에 판금되었다. 『길을 묻는 그대에게』도 비슷한 이유로 금서로 지정되었다. 해직교수 김정길의 사회 비판적 수필집 『우리의 가을은 끝나지 않았다』, 백범연구소 소장인 백기완의 수상집 『자주고름 입에 물고 옥색치마 휘날리며』, 참여시인인 문병란의 시집 『죽순 밭에서』, 동인지 『반시』 제4집도 비슷한 이유로 판금되었다. 『해방 전후사의 인식』은 해방 전후의 상황을 12명의 필자가 주제별로 분담하여 집필한 도서로 일부 필자의 글이 문제되어 그 부

| 자주고름 입에물고- 한울출판사 제공

| 어느 돌맹이의 외침

분을 삭제하고 시판했다가 현실을 왜곡, 부정하는 사회 안정 저해 도서로 찍혀 한때 판금되었다. 제주 4.3항쟁의 참혹성과 상처를 처음으로 폭로했던 소설가 현기영의 『순이 삼촌』, 현장 노동자의 수기인 유동우의 『어느 돌멩이의 외침』도 유신시대 금서로 오랫동안 수난을 겪었다.

해외 저술도 예외가 아니었다. 구스타브 구티에레스의 신학이론집 『해방신학』은 폭력을 주장하는 유해 도서라는 이유, 1968년 파리 5월 혁명의 이념적 지침서가 되었던 마르쿠제의 저술 『이성과 혁명』은 긴급조치 9호 선포 후에 판금되었다.

권력이 개입하기 시작하면서 사상은 구실에 불과하고 권력 자체의 추동력으로 출판에 영향력이 강해지기 일쑤였다.[16] 이 같은 현상은 이 시기뿐만 아니라 『목민심서』를 반동서적으로 내몰아 금서로 지정했

16) 이중연, 앞의 책, pp. 246-247 참조.

던 양반계급 사회의 조선시대에도 존재했으며, 권력이 문화를 통제하려는 모든 시대에 보이는 양상이기도 했다.

5) 제5공화국 시대의 금서

(1) 금서의 양상

① 금서의 사회적 배경

1979년 10.26사태 이후 장기 독재에 눌려 사장되어 가던 여러 종류의 출판물이 간행을 서두르고 있었다. 그러나 얼마 지나지 않아 제5공화국이라는 정권이 탄생하는 과정에서 출판을 제도적으로 규제하고 정비시키는 조치를 단행하는 바람에 출판계는 크게 위축되어 현상유지에 급급했다. 그러나 정권이 비교적 안정기에 접어들고 사회 각 부분의 자율화조치 시책을 내걸면서 크게 규제해 왔던 금서를 해금시키는 유연성을 보이기 시작했다. 그러나 다시 5.17 사태 발생으로 정국은 다시 경직체제로 이어졌다. 당시의 문공부는 단속대상의 성향을 다음과 같이 구분하였다.

첫째, 반국가단체와 국외 공산계열의 활동을 찬양, 고무하거나 자유민주주의와 자본주의를 적대시하고 공산주의 이론을 동조, 찬양하는 내용. 둘째, 공산주의 혁명 이론에 편승하여 사회폭력투쟁과 노동투쟁을 선동, 고무하는 내용. 셋째, 좌경 불온사상을 고취시키는 외국사성서적의 불법 반입 및 이를 복사, 제작한 지하 간행물과 유인물. 넷째, 현실을 왜곡 비판하거나 허위사실을 유포, 국가 사회의 안녕질서

를 해치는 서적과 유인물 등이었다.[17)]

〈표 9〉 제 5공화국의 압수수색영장이 발부된 서적과 유인물[18)]

필자	책이름	출판사	당국의 분석내용
김삼웅	민족민주 민중선언	일월서각	5.16 비난, 유신반대투쟁, 민주회복 국민투쟁 등에 관한 각종 자료 수록
양성우	겨울공화국	화다	현실비판적인 시 58편 수록, 1977년 8월 판매금지 조치된 것
님 웨일즈	아리랑	동녘	일제강점기 중국공산당 활동가 김산의 일대기
임정남	현실과 전망 I	풀빛	80년대의 경찰의 폭력, 대일 종속성, 노동운동의 탄압을 비판
자유실천 문인협의회	민족의 문학, 민중의 문학	이삭	민중해방의 필연성 주장 및 현 체제 부정
맥 닐	볼세비키 전통	사계절	마르크스주의, 볼세비키 전통을 긍정적으로 평가
터커, 샤프	현대소외론	참한	소외에서의 해방은 사유재산폐지가 필연이라 주장
富塚良三	경제학원론	전예원	마르크스 자본론에 입각한 현대자본주의의 모순
편집부 역	전환기의 자본주의	중원	마르크스 사상에 입각한 자본주의 경제 모순 비판
비거	소련 전쟁관 · 평화관 · 중립관	형성사	소련공산당 견해를 중심으로 기술
문병란	땅의 연가	창비	향토색 짙은 소재, 현실 저항, 지역차별, 군에 대한 불평등을 표현

17) 윤재걸, 「금서」, 『신동아』, 1985년 6월호, p. 400.
18) 동아일보 1985년 5월 9일자.

한국기독 청년협의회	노래하는 예수	한국기독 교회협	농촌과 도시 빈민층의 참상, 광주 사태에 대한 노래와 시
스타벤하겐	농업사회의 구조와 변동	백산 서당	아프리카, 라틴아메리카 농업구조 변천과정 기술
편집부 편	근대사회관의 해명	풀빛	자본주의 모순과 이를 극복하기 위한 변증법적 유물론의 유효성 주장
리히트하임	루카치: 사상과 생애	한마당	마르크스주의자 루차키의 사상과 학술 업적 소개
조용범 외	한국독점자본과 재벌	풀빛	한국독점자본의 실태와 한국경제의 대외종속 비판
페릭스그린	제국주의와 혁명	백산서당	선진 자본주의 국가를 제국주의로 보고 비난, 폭력혁명의 필요성 강조
고은 외 25	실천문학 제4권 - 삶과 노동과 문학	실천문학	노동자 빈민 등이 억압 수탈당하는 사회이므로 구조적 모순이 타파되어야 함을 주장한 작품 수록
김성기. 원부한 역	제3세계와 브레히트	일과놀이	예술의 정치적 참여를 주장하는 브레히트 문학론의 정당성 주장
이경용 편	제국주의와 민족운동	화다	아시아 아프리카에서의 민족해방 운동을 사회주의 운동에 입각기술
모리스 돕 외	자본주의 이행논쟁	동녘	마르크시즘에 입각하여 봉건주의 사회로부터 자본주의 이행을 분석
이태호	불꽃이여, 이어둠을 밝혀라	돌베개	70년대 여성노동자투쟁 적극 동조, 찬양
염무웅	민중시대의 문학	창비	70년대 정치경제사회현실을 비판한 평론 수상집
편집부	임금이란 무엇인가	백산서당	노동가치설에 입각하여 임금을 설명
김대중	김대중 옥중서신	청사	김대중이 옥중에서 가족에게 발신한 서신 29편과 부인, 아들의 서신

편집부	로자 룩셈부르크	여래	여성 공산주의자인 로자 룩셈부르크의 사상과 활동상을 소개 찬양
김석영 편	노동운동과 노동조합	이삭	급진 좌경적 노동이론 소개
전태일 기념관 건립위원회	어느 청년 노동자의 삶과 죽음	돌베개	전태일의 과격한 노동투쟁을 미화 찬양한 도서이며, 전태일 우상화로 근로자의 투쟁의식 선동
淺田喬二 외	항일농민운동 연구	동녘	일제강점기 우리나라 농민운동에 관한 논문집
샤프	개인과 휴머니즘	중원	자본주의 하에서의 소외문제의 해결은 사회주의 건설이라고 주장
모리스 돕	정치경제학과 자본주의	동녘	고전과 정치경제학에서 근대 정치경제학에 이르는 과정을 분석
네스토파즈	동지를 위하여	형성사	볼리비아 무장투쟁가인 네스토파즈의 전투일지로 폭력투쟁을 찬양
편집실	일하는 청년의 세계	인간사	자본가와 근로자 간의 구조적 불평등 강조, 근로자의 단결과 투쟁을 고취
프롬	마르크스의 인간관	동녘	진정한 마르크스주의는 인간중심 서구철학의 전통에 뿌리박고 있는 휴머니즘이라 찬양
편집부	철학의 기초이론		변증법적 유물론의 정당성 해설
강재언	일제하 40년사	백산서당	조총련계 학자인 저자가 일제하 공산주의 항일투쟁사를 번역한 것
송효순	서울로 가는 길	풀빛	여성근로자들이 기업주의 착취 때문에 고통 받고 있는 현실을 비판
자유실천 문인협의회	자유의 문학 실천의 문학	형성사, 이삭	자유와 정의를 위한 투쟁, 실천 활동을 추진할 것을 적극 고무, 선동

生川榮治	현대금융자본론	동녘	현대 자본주의 발전단계를 좌경 입장에서 논술
김호균	경제사 기초지식	중원	자본주의를 비롯한 세계 역사를 마르크스주의 시각에서 분석 비판
앤드류 싱클레어	체 게바라	한울림	폭력적 무장투쟁만이 인간해방의 최선의 방법이라고 주장하는 게바라의 혁명사상활동을 미화
아그네스 헬러	개인과 공동체	백산서당	부다페스트학파의 마르크스주의 저자의 주요 논문 6편 수록
브랑코 호바트	자주관리제도	풀빛	마르크스주의 입장에서 유고의 자주 사회주의 경제체제의 특징 서술
오스본	마르크스와 프로이드	이삭	마르크스 이론의 타당성 주장
볼프강 아벤드로트	유럽노동운동사	석탑	유럽 자본주의를 제국주의라 규정하고 노동운동에서 사회주의 중요성 강조
김지하	타는 목마름으로	창비	현실을 암울하게 표현, 비판한 시집
동경대 출판부	중국 혁명의 해부	이삭	제2차 대전 말기부터 1949년까지 중국공산당 정권 수립과정 기술
이원양	브레히트 연구	두레	극작가 브레히트의 마르크스주의 연극과 작품세계를 비판 없이 소개
파킨슨	게로르그 루카치	이삭	헝가리 공산주의 문학가 루카치의 저술과 사상
막심 고리끼	어머니	석탑	자본가의 횡포에 시달리는 러시아 민중의 저항 혁명운동 묘사

② 금서 조처의 유형

• 책에 대한 조처

출판등록규제를 통한 사전 검열: "모든 국민은 법률에 의하지 아니하고는 언론 · 출판 · 집회 · 결사의 자유를 침해받지 아니 한다"는 헌법 제18조에 의해 국민의 기본권이 보장된다. 또 출판사 및 인쇄소의 등록에 관한 법률 제4조와 동 시행령 제5조에 출판사는 간행 출판물의 2부를 소정의 절차에 따라 판매 및 반포 15일 전까지 문화공보부에 제출하면 책임을 다하고, 출판사 등록이 이루어지도록 되어있다. 이것은 간행된 도서에 심의나 검열을 받으라는 조항이 결코 아니다. 그런데 당국에서는 '납본' 규정을 왜곡, 적용하여 실질적인 사전검열과 허가제도적인 방법을 취했다.

납본절차를 이행하고도 최소한 15일 동안 판매하지도 못하고 문공부에서 납본필증이 나오기를 기다려야 한다. 만약 완성된 서적인 경우 납본증이 나오지 않고, 문공부에서 그 서적을 판매하지 못하게 한다면 책을 그대로 폐기처분해야 한다는 이야기다. 검열의 개념은 일반적으로 허가를 받기 위한 표현물의 제출의무가 존재할 것, 행정권이 주체가 된 사전심사 절차일 것, 허가를 받지 아니한 의사표현의 금지일 것, 심사절차를 관철할 수 있는 강제수단이 존재할 것이라고 했다.[19] 출판등록규제는 사실상의 사전검열이었던 셈이다.

특정한 도서가 외설 혹은 저속한 내용을 담고 있으면 사법 절차를 밟은 사법 판결이 있는 경우에만 문공부 차원에서 개개의 도서를 심

---

19) 정필운, 「언론 · 출판의 자유의 제한 체계」, 『법학연구』14(1), 통권 22호 (연세대학교 법학연구소, 2004), p. 237.

의, 판금시킬 수 있었다. 출판사 등록에 대해서도 1981년 이후 6년 동안 일부 특례를 빼고는 서울에서는 출판사의 신규 등록이 접수되지 않았으며, 지방에서도 '창작과 비평사 사건' 이후 85년 말부터 신규 등록이 되지 않았다. 뿐만 아니라 기존 출판사에 대한 명의 변경마저 불가능했다. 출판사 등록이 분명 허가사항이 아니고 신고사항인데도 불구하고 당국은 '행정지도'라는 명목으로 신규 등록을 받아주지 않아서 기록이 생명인 출판문화의 발전을 가로막았다.

판매금지: 우리나라 어떤 법률이나 현행법규 조항에도 출판물에 대한 '판매금지'는 명시되어 있지 않다. 말 그대로 판금은 법률용어가 아니라 행정 편의주의 용어에 불과한 것이다. 그런데도 공공연히 서적의 판매금지가 이루어지는 것은 출판 당국이 출판관계법과 그 시행령의 납본규정을 악용하여 판매금지를 위한 실질적인 효과를 얻었기 때문이다.

문공부의 국회 보도 자료와 달리 86년 10월에 나온 경찰의 '문제도서 목록'은 무려 679종으로 단속대상 도서가 엄청나게 늘어났음을 보여준다. 이 '문제도서 목록'의 작성 처는 미상이지만 당국이 서점에 압수수색을 실시하면서 참고하는 목록이었다. 이 목록에는 유신시대의 판금도서 37종이 끼어 있었다. 유신시대에 판금된 도서들이 대부분 여전히 판금상태에 있으며, 유신시대에 출판된 서적으로 10.26 이후에 새로 추가된 것만도 13종에 달했다.

정부의 이러한 금서조치는 사회비판적인 책이나 특정인, 특정 출판사의 저술, 역사 및 학술, 문학까지 무분별하게 적용되어 많은 반발을 살 수밖에 없었다. 이러한 당국의 판금조치에 대해 10가지 문제점이

지적된 바 있다.[20)]

첫째, 원서 수입은 허가되었으나 번역판은 판매 금지시키는 이유. 둘째, 반대로 원서는 판매 금지되고 번역판은 판매허가를 내준 이유. 셋째, 다른 잡지나 도서에 여러 번 게재되었던 내용을 단행본으로 묶을 경우 판매 금지를 시키는 이유. 넷째, 십여 년 전에 절판된 걸 다시 출간하는 경우에 판금 조처를 한 이유. 다섯째, 초판에서는 납본필증이 나왔으나 재판에서 뒤늦게 판매 금지시키는 것은 일관성 없는 출판정책의 대표적인 예. 여섯째, 특정 주제에 대해 과민반응을 보인 나머지 그에 대한 도서에선 일률적이라고 할 만큼 무조건 판매조취를 취하는 문제. 일곱째, 특정 필자의 경우 무조건 판매금지를 시키는 문제. 여덟째, 아무런 문제가 없이 납본필증이 나왔던 책이라도 학생운동의 주동자들이 갖고 있으면 그 뒤부터 판금시키는 이유. 아홉째, 정부의 고위관리 또는 국회의원의 저서가 불온도서로 판금되는 이유. 열 번째, 특정 출판사의 도서에 대해 편파성을 띠고 판매금지 처분을 내리는 것은 기준이 모호한 데서 연유한 것이니, 판금 당했던 책을 다른 출판사의 이름으로 내니 납본필증이 나오기도 하는 문제 등이다.

압수 수색: 모처럼 일기 시작한 '금서해제'의 자율화 시책은 3년을 넘기지 못하고 다시 강경한 금압조치로 환원되었다. 1985년 2.12 총선 후, 정국은 여야의 격렬한 대립과 정국 불안에 따라 이념서적과 각종 유인물에 대한 대대적인 단속과 압수에 나섰다. 정부 당국은 금서조치는 기본적으로 헌법에 보장된 출판의 자유를 무시했을 뿐만 아니

---

20) 윤재걸, 앞의 책, pp. 413-414 참조.

라 사회비판적인 책이나 특정인, 특정 출판사의 저술 그리고 역사관계 저서, 학술 서적, 문화서적에까지 무분별하게 적용하여 극심한 반발을 샀다.

문공부는 경찰과 합동하여 이념서적에 대한 일제 단속으로 대학가의 서점, 출판사, 복사집 등에 대한 압수 수색을 실시했다. 이 조치는 일부 출판사 및 사회단체에서 발간되는 문제 서적과 유인물 등이 대학가 서적을 중심으로 유통되거나, 대량으로 복사되어 대학생들에게 좌경 및 불온사상을 고취시킨다는 판단 때문이었다.

경찰은 "서점들이 반국가단체 및 공산계열의 활동을 찬양고무, 북괴 등 반국가단체를 이롭게 할 목적으로 자본주의를 비판하고 중공과 소련의 공산주의 및 마르크스주의를 찬양하며 노동투쟁 및 폭력투쟁을 고무하는 내용의 서적을 판매하고 있다"고 압수수색 영장 신청이유를 밝혔다. 경찰이 신청한 압수수색 서적은 『중국혁명의 해부』, 『김대중 옥중서신』, 『겨울공화국』, 『한국농업개발 모델에 관한 연구』, 『마르크스의 인간관』 등 단행본 50종과 유인물 46종이 포함되어 있다. 이들은 이 서적을 발간하고 서점에 공급한 풀빛, 창비사 등의 출판사에 대한 압수수색도 단행했다.

이러한 압수 조치는 갈수록 확대되어 불과 며칠 지나지 않아 단속대상 서적 및 유인물이 96종에서 306종으로 대폭 확대되고 단속 지역도 서울에서 전국으로 넓어졌다. 이 조치에서 이념 서적만도 233종에 이르렀다.

• 필자 및 유통주체에 대한 조처

우리나라는 유신 이래 출판의 자유가 원천적으로 제한되고, 특히 5

공화국에서는 출판사와 출판인에 대한 탄압이 심각했다.

1982년부터 1987년 사이에 출판사 사무실이나 제작 처를 수색하여 압수한 서적의 분량은 5만 7천여 부에 이른다. 압수수색을 당해도 출판사에서 그 부수를 기억하지 못해 실제로는 7만여 부에 이를 것이라는 출판협의회의 견해도 있다. 출판인이 연행된 경우를 살펴보면, 13개 출판사에 연인원 47명, 장기구금은 4개 출판사에 6명, 즉심에서 구류형을 선고받은 경우는 7개 출판사에 13명에 이른다. 출판인의 구속은 1985년에서 87년까지 14개 출판사에서 21명이나 된다. 주요 감시 대상이었던 실천문학사는 등록이 취소되는 일까지 발생했다.

1980년 이후, 정권이 서적 판매상인 서점에 가한 탄압도 심각한 수준이었다. 당국에 불법 연행된 서점 주인들은 48명으로 그 중 16명이 구류형, 6명이 입건되었다. 1986년 이후 전국적으로 70여 개의 서점에 총 126회의 압수수색이 실시되어 6천여 부의 서적이 압수되었다.

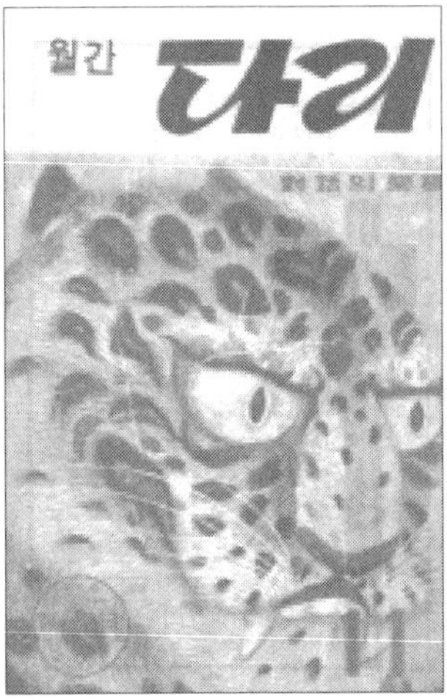

월간 다리

내가걷는 70년대- 범우사 제공

또 1986년 경찰은 이념서적 압수와 더불어 전례 없이 9명의 서점 주인을 국가보안법 위반혐의로 입건하는 보다 강경한 조치를 취했다.

창작과 비평사에 대한 탄압은 그 중 대표적이다. 1965년 계간 『창작과비평』으로 등록된 이후 많은 문인들의 등용문 역할을 해 오던 중 1975년 여름 호가 판매 금지되었고, 1980년 비상계엄령에 따른 언론 통폐합 조치에 의해 여름호(56호)로 『창작과비평』은 폐간되고 말았다. 1985년 부정기간행물 『창작과비평』을 발행했으나 등록 없이 정기간행물을 발행했다는 이유로 출판사 등록도 취소되고 말았다.

이에 당시 범지식인 2,853명이 건의문을 발표하는 등 국내외에서 항의 운동을 활발히 진행하여, 결국 1986년 '창작사'로 출판사 신규 등록을 하고, 1988년 계간 『창작과비평』을 복간했다. 그러나 1989년 『창작과비평』 겨울 호에 황석영의 북한방문기 「사람이 살고 있었네」 게재로 이시영 주간이 국가보안법 위반 혐의로 기소되는 사건이 발생했다.

이에 대한 비난과 반발도 거세었다. 당국의 강압적인 도서압수와 출판인 구속이 잇따르자 자유 실천 문인협의회, 민주언론운동협의회, 민중문화 운동협의회 등 14개 재야단체는 '출판물에 대한 당국의 유신 잔재 적 탄압을 규탄한다.'는 성명을 발표하고 "국민의 정당한 기본권 중의 하나인 표현의 자유, 출판의 자유, 인쇄의 자유, 영업의 자유를 더 이상 탄압하지 말 것과 그런 탄압의 일환으로 빚어지고 있는 인권유린사태를 즉각 중지할 것을 강력히 촉구한다."고 주장했다.

또 당국이 이념서적을 무더기로 압수한 것에 대해 항의하고, 출판업자 33명은 법원에 경찰이 압수한 145종의 서적에 대한 압수처분취소를 요구했다. 법원 신청이유서에는 "압수된 서적들에 경범죄처벌법의 유언비어 처벌조항을 적용했으나 유언비어를 담은 내용은 전혀 없다. 경범죄처벌법 위반 혐의만으로 헌법이 보장하는 출판의 자유를 억압하는 것은 부당하다"고 주장하며 "압수된 서적 중에는 정부가 공산주의 비판 이념서적 출판을 허용해 발행한 책도 포함되어 있어 정부 정책이 일관성을 잃고 있다"고 비판하고 지적했다.

이에 대해 야당과 재야 법조계에서도 위법 압수수색을 비난하고 나서는 등 사회 각계각층에서의 여론이 빗발쳤다. 그러자 정부는 "이념서적 확대 단속에 수거된 간행물 중 내용이 크게 문제되지 않는 서적은 소정의 절차를 거쳐 자유스럽게 시판될 수 있도록 조처할 방침"이라고 밝히기도 했다.

탄압의 일환으로 세무사찰을 행하기도 했다. 건전한 기업경영의 유도와 정당한 과세가 목적인 세무행위인 세무사찰은 오로지 경제적 동기에 한정된다. 당시 인문사회과학 출판사들은 영세한 규모로 운영되었기에 복잡한 세무관련 자료를 일일이 작성하고 비치할 여력이 없었다. 그러나 이런 세무 상의 약점을 잡아 특정 출판사에 대해 세무사찰을 실시해 경제외적 보복조치라는 비난을 받았다.

1985년 창작과 비평사에서 발간한 김지하의 시집 『타는 목마름으로』에 대해 당국은 시판중지를 종용하고 수사관을 보내 보관 중이던 지형과 책 5천부를 압수, 작두로 절단하여 폐기한 일이 있었다. 이 사건과 직접적인 관련이 있는지 관계기관에서 밝히지는 않았으나, 그해 6월 11일 서울지방 국세청에서 세무사찰이라는 명목으로 창작과 비평사의 장부 일체를 압수해 조사한 뒤, 6월 22일 용산세무서에서 발행인에게 거액의 벌금과 추징금을 부과하여 출판사의 경영에 막대한 타격을 주었다. 이는 김지하 시집 발간에 대한 보복 조치라는 느낌이 강한 사건이었다. 출판사의 압수수색에서 기 발간 도서와 제작과정에 있는 도서와 지형 압수로 제작 자체를 막기도 했으며, 심지어는 원고까지 압수된 사례도 있다.

(2) 금서 조처의 대상과 이유

1980년 7월, 정통성이 결여된 정부는 '사회정화'를 빌미로 『창작과 비평』, 『문학과 지성』 등 총 172종의 정기간행물 등록을 취소하고, 언론 관계자와 더불어 문학인들을 구속하기에 이르렀다. 정권이 다소 안정된 1982년 2월에 칼 마르크스의 생애 연구 서적을 비롯해 이념서와 연구 비판서에 대한 출판완화 조치를 취했다. 이 조치에 따라 각종 이념서적이 활기를 띠고 쏟아져 나오면서 일부 해금서적은 베스트셀러가 되기도 했다.

1985년 출판계에 불어 닥친 '이념 냉풍'은 대학가 주변의 서점에서 시작되었다. 압수수색의 대상이 된 것은 이념서적 233종에 유인물 73종이었다. 이념서적은 대체로 정치경제학, 사회학과 같은 사회과학 이론서와 노동운동 및 철학, 마르크스주의를 비판하거나 분석한 책이었으며, 우리의 현실 사회를 비판한 책들이 상당수 끼어 있었다.

1985년 7월 도서출판 아침이 발간한 『빈민여성 빈민아동』에 게재된 내용 가운데 일부가 유언비어이며, 사실을 왜곡한 것이라는 이유로 문공부로부터 해당 서적의 내용을 수정한 후에 시판할 것을 강요받았다. 같은 시기 도서출판 중원문화는 『노동조합입문』에 대해 문공부로부터 제 I 편 「노동조합에 대하여」라는 부분을 전면 삭제할 것을 요구받았으며, 그 책은 결국 납본필증을 교부받지 못했다.

도서출판 청사는 『대청봉 수박밭』에 대해 1985년 4월 치안본부로부터 내용 수정을 요구받았다. 이 책에 실린 시 작품 중 '길소', '영국', '오랑캐꽃 땅에', '신조선', '가얏고' 등 5편의 시에 대해 정당한 이유도 듣지 못한 채, 수정 또는 삭제한 후에 시판할 것을 요구받은 것이다. 1985년 8월에는 『회복기』에 대해 문공부로부터 내용 수정을 요구받았다. 이 시집에 실린 '오월곡'의 내용에 문제가 있다는 이유였다.

6) 제 6공화국 시대의 금서

(1) 금서의 양상

① 금서의 사회적 배경

완전 폐지로 여론이 모아졌던 국가보안법이 제6공화국에서 여전히 영향력을 행사하였다. 7 · 7선언이라는 표면적인 유화정책에도 불구하고 표현의 자유는 계속 억압되어, 1989년 한 해에도 구속, 수배, 연행된 문인의 수가 60여 명에 이르렀다.[21]

> "한 나라의 역사가 침략사일 때 거기에는 반드시 학살의 핏자국이 흩뿌려져 있다. 그 핏방울이 튄 곳에서 언제나 혁명이라는 씨앗이 움텄고 또 거기에는 반드시 해방투쟁사가 있었다. ……꺼져가는 아메리카를 위해 춤을 추라 ……해방을 위해 해방을 추라. 아메리카를 위해 칼춤을 추라 ……언제든지 고문실에서 한밤중 어느 수원지에서 버려질 식민지청년의 운명을 위해……"

---

21) 박원순, 앞의 책, pp. 190-193 참조.

"인민공화국인가 뭔가 하는 만세를 불러싸면서 죽어갔더라더라. 그것도 웃으면서. ……허나 이 애비가 느그 큰아버지한테 원망 품은 적은 단 한 번도 없다. 그 시절이야 똑똑하고 양심바른 사람이면 죄다 빨갱이로 몰렸응께……"

"통일투쟁의 전개는 미제국주의와 매판파쇼정권의 음흉한 음모를 분쇄해 나가는 중요 고리이다. 통일투쟁으로서의 단결은 이철규 열사의 죽음이 지니는 의미를 진상규명에만 머물러 있게 하는 것이 아니라 민족 해방투쟁사에 올바르게 자리매김하는 것이다."[22)]

이 글은 1989년 7월 12일 문학평론가 백진기 씨 등 6명을 국가보안법으로 구속하면서 이들이 작성한 문학작품에 대해 문제 삼은 부분이다. 이들은 조선대 학생 이철규의 죽음을 소재로 시, 단편소설, 창작보고서를 집단창작하기로 하여 초고를 작성하던 단계에서 구속되었다.

② 금서 조처의 유형

국가보안법의 적용: 1988년 7 · 7선언 이후 8월 25일 노태우 대통령은 '뉴스위크'와의 회견에서 경직된 반공이념 교육정책의 파격적 전환의 필요성을 말하며 "젊은이들이 북한의 신문, 서적 등 자료를 정부의 여과를 거치지 않고 있는 그대로를 보고 그들 스스로가 판단하도록 하고, 북한이 받아들이기만 한다면 북한 사회를 보도록 할 것"이라고 밝혔다.[23)]

---

22) 서울지방검찰청 89형 제58776호 국가보안법 위반사건의 공소장. [박원순, 『국가보안법 연구2』(19970, p. 191에서 재인용.)

23) 민주정의당 기관지 '민정신문' 1988년 8월 29일자 기사.

문공부는 중국과 소련 등 공산권 국가와의 상호주의에 입각한 국제 협력을 증진키 위해 안보상황 하에 불가피하게 제한해 오던 북한 및 공산권 자료를 국민에게 대폭 공개하기로 결정했다고 밝혔다. '북한 및 조총련 등 반국가단체가 선전목적으로 발행한 명백히 국헌에 위배되는 자료를 제외하고는 일반 공산권 자료는 모두 공개하고, 북한의 「로동신문」과 영상자료를 일반에게 제한적으로 공개하며, 일반 공개에서 제외된 자료도 학술연구 등을 위해 열람, 대출 등 이용절차를 간소화하고, 자료 이용을 위한 종합자료 센터의 설치운영을 추진한다.'는 입장을 발표했다.[24)]

그러나 이 발표로 북한 원전에 대한 열기가 과열 양상을 보이자, 당황한 정부는 다시 북한 서적 단속에 나섰다. 정부의 '개방선언'은 단지 끓어오르는 민간차원의 대중적 통일운동을 잠재우려는 도구에 불과했던 것이다. 그 동안에도 '북한 바로알기' 운동에 대한 탄압은 끊임없이 진행되었다.[25)]

1988년 봄에 연세대 총여학생회장이 이태영 변호사가 쓴 『북한여성』(실천문학사)의 일부인 "동일한 노동과 동일한 기술을 가진 노력자에게는 연령과 성별을 불문하고 동일한 임금을 지불……1977년 35만 명의 아기가 약 6만 개의 탁아소 및 유아원에서 양육되고 있으며……" 등의 내용을 인용하여 대자보를 작성했다. 그러자 이 내용을 반국가단체의 고무 · 찬양으로 이적 죄에 해당한다며 국가보안법 위반으로 구속했다.

문공부의 자료공개 발표 일주일도 채 안 되는 9월 9일에는 '젊은 예

24) '공산권 자료공개에 관한 정부대변인 발표문', 동아일보 1988년 9월 3일자.
25) 박원순, 앞의 책, pp. 159-161 참조.

수', '창조', '광화문 논장' 등 서울의 3개 서점에 압수수색이 행해졌다. 1989년에만 다섯 차례에 걸쳐 북한 서적 단속에 나섰는데, 이때 출판인 3명을 구속하고 『피바다』 등 북한 원전 37종 1만 4,250권을 압수했다. 정부는 영장도 없이 목록만 제시한 채 서점과 출판사에 들이닥쳐 마구잡이로 압수수색하기 일쑤였다. 이에 출판인, 학자, 학생들은 출판탄압 중지, 출판인 석방, 압수서적 반환, 국가보안법 철폐 등을 요구하며 정부의 출판정책에 저항했다.

1987년 10월 출판물 중 413종을 해금 조치한 이후, 1989년 봄, 공안정국이 도래하면서 수 백여 종의 도서가 금서가 되었다. 정확히 몇 종인지는 공식적으로 확인되지 않는다. 각 기관마다, 지방마다 자체적으로 이적 표현물 목록을 만들었기 때문이다.[26)]

풍속 및 유해도서 판정: 풍속에 의한 금서의 경우도 있다. 1991년 1월 12일, 폭력과 정사 장면의 지나친 묘사로 미풍양속을 해친 『바람과 불』을 출판한 자유시대사 대표 김태진을 구속하고 출판등록을 취소하였다. 1992년 10월 29일, 소설 『즐거운 사라』를 판매금지하고 작가 마광수와 이를 출판한 청하출판사의 대표 장석주를 음란물 제작 및 판매 혐의로 구속하였다. 1997년 5월 30일 법원은 『내게 거짓말을 해봐』의 작가 장정일에 대해 징역 10월을 선고하고 법정 구속하였는데, 김영사가 발행한 이 책은 출판사가 스스로 서점에서 수거, 판매를 중단시킨 경우이다. 가톨릭계 분도출판사에서 간행한 『해방신학』은 폭력을 정당화하는 유해 도서라는 이유로 판매금지가 되었다.

26) 『한겨레 21』, 2006년 4월 4일자.

(2) 금서 조처의 대상과 이유

이기형의 시집 『지리산』이 국가보안법의 도마 위에 오른 것은 빨치산활동을 미화하였다는 혐의였다. 저자 이기형 시인과 출판한 정동익 씨가 함께 입건되어 징역 3년의 구형이 있었다. 황석영 씨의 북한기행문 「사람이 살고 있었네」를 게재했다는 혐의로 창작과 비평사의 주간 이시영 씨가 구속되었다. 그러나 "북한 지역의 실상을 비방과 왜곡 없이 있는 그대로 전달한 것을 반국가단체 고무 · 찬양으로 규정하는 것은 명백한 표현의 침해이며 이미 같은 글이 『신동아』에 게재되었음에도 『창작과 비평』만을 문제 삼아 의도적인 탄압이라는 비판을 받았다.

본격적인 궤도에 오른 제도권 문학, 특히 80년대 시는 운동권의 각광을 받아 가장 많은 목록을 형성하고 있으며, 유신시대의 상징이 김지하의 시라면, 80년대 이후는 문병란으로 거의 대부분이 금서로 묶였다. 전태일 평전 『어느 청년노동자의 삶과 죽음』은 손에서 손으로 전해지던 금서였다. 비평 분야에서도 식민지시대의 프로문학이나 그 후의 활동을 다룬 것이 규제의 조건이 되었는데, 김윤식의 『한국 현대문학 비평사』, 권영민의 『한국 근대문학과 시대정신』, 김학동의 『정지용 연구』, 염무웅의 『민중시대의 문학』 등이다.

판금조치에 묶였던 작품은 권력집중화 현상에 대한 비판이나 관료주의 풍토에 대한 비판의지로서의 민중 의사의 반영, 냉전이념 체제가 빚은 분단의식 극복을 위한 시도 등의 주제가 대부분이었다. 정권이 이를 묶어둘수록 오히려 제도권 문학보다 더 많이 학생이나 지식인층에 읽혀왔다 하겠다.

2. 북한의 금서

1) 금서의 양상 및 사회적 배경

해방 이후 북한의 도서관 사업은 활발했다. 1947년 8월까지 76개의 도서관이 설립되었고, 군 단위 도서관의 보유 장서가 6천 권 정도였다. 그러나 도서관 사업이 활발했던 반면에 보유 도서에 대한 통제는 심했다. '일제의 침략사상으로 충만한 반동서적'으로 규정된 책은 1947년 도서관에서 모두 없애버리는 등 문제가 되는 열람 금지 정도가 아니라 문제가 있다고 지적된 책은 아예 들여 놓지도 않았다. 이것은 1946년 말에 북한의 '군중문화단체협의회'에서 결정한 도서관 사업의 항목 '기설 도서관에서는 그 장서 중 반동적 서적은 숙청할 것'을 실행한 결과였다. 일제 강점기의 일제 관변 자료를 모두 없애버린 것이다. 이 규정에 의해서 당시 북한에서 일본책은 무조건 '반동서적'으로 몰려 압수되는 사태가 초래되었다.[27)]

1970년대 들어 북한은 이전의 유교이념을 주체사상으로 대체하고, 이에 따른 문화체계를 형성하기 시작했다. 북한의 정치문화가 주체사상으로 내재화되고, 관념 문화에서 규범 문화와 물질문화까지 정치문화로서의 위상을 주체문화로 정립해가는 과정으로 돌입하였다. 1972년 10월 21일 노동신문 사설에서 "주체사상은 봉건윤리에 기초한 전통적 정치문화에 대신하여 새로운 정치문화로 등장했으며, 이제 다가올 10년 동안 우리의 혁명과 건설을 성공적으로 수행하기 위한 안

---

27) 이중연, 앞의 책, pp. 251-252 참조.

내 나침반이 되었다"[28]고 밝힌 것이 그 시초였다. 모든 분야에 걸쳐 주체사상을 기반으로 한다는 정치적 의지를 확고하게 드러냈다. 북한의 주체문화는 집단주의적 특성, 전제적 권위주의적 특성, 민족주의적 특성이라는 특징을 가지고 있다. 아울러 집단주의라는 개념으로 설명되는 사회 통합의 실천원리가 북한의 모든 생활과 정치교육의 지도 원리로 되어있다.[29]

이에 따라, "북한문학은 해방 직후의 민족적 통일의 기치와는 달리 그들의 문예 정치적 노선을 정립하는 과정에서 민족을 배제하고 소련과의 연대의식을 통해 자기 노선의 정당성을 확보해 나가면서 구축"[30] 되어 갔다. 이러한 과정에서 남북한의 문학은 점점 단절되어 갔다.

북한은 사회주의 국가이기 때문에 그 문예정책도 사회주의의 문학관에 기초를 두고 있다. 사회주의 문학관은 유물론에 바탕을 둔 마르크스의 인간관이 토대를 이루고 있다. 사회주의의 유물론적 관점은 문학을 수단화하고 계급화하며, 문학을 계급투쟁의 길로 나서게 한다. 문학은 토대의 반영이며, 토대에 의해서 형성된 문학이 다시 토대에

---

28) 양옥순, 「북한 문예정책의 변천에 관한 연구-소설의 주제변화를 중심으로」(한국교원대 석사학위논문, 1996), p. 60 참조.

29) 북한의 헌법 49조에는 "조선민주주의 인민공화국에서 공민의 권리와 의무는 '하나는 전체를 위하여, 전체는 하나를 위하여'라는 집단주의 원칙에 기초 한다"라고 되어 있고, 68조는 "공민은 집단주의 정신을 높이 발양하여야 한다. 공민은 집단과 조직을 사랑하며 사회와 인민의 이익, 조국과 혁명의 이익을 위하여 몸 바쳐 일하는 혁명적 기풍을 세워야 한다"라고 규정하고 있다. 또한 조선민주주의 인민공화국 어린이 보육 교양법 제31조에는 "국가는 어린이들을「하나는 전체를 위하여, 전체는 하나를 위하여」라는 집단주의 정신으로 교양한다"고 하여 교육에 있어 중요한 덕목의 하나로 집단주의를 강조하고 있다. [양옥순, 같은 글, pp. 61-62 참조.]

30) 박승희,「 이찬의 북한 시와 남북한 문학의 단절」, 『배달말』30호 (2002), p. 110.

반작용을 일으키게 될 때에 정치라는 중간 매개물을 거쳐야 한다는 마르크스주의자들의 생각이 계급문학을 낳게 된다.[31] 사회주의 문학은 현실을 묘사해야 한다는 점과 사상 개조와 교육에 사용되도록 창작되어야 한다는 원칙을 가지고 실현한다. 북한은 사회주의 문학관만이 아니라 북한 특유의 주체사상을 개발하여, 이에 중심을 두고 전 부문에 걸쳐 적용시켰는데, 문학도 마찬가지였다. "1960년대 후반, 주체사상이 확립된 이후 다른 사상체계는 전혀 용납되지 않은 북한의 실정에서 '주체사상의 인간관과 문학이론'이 현재 북한의 문학관이 되었다."[32] 따라서 북한을 이해하기 위해서는, 단순하게 사회주의만을 적용해서는 안 되고, 주체사상을 알아야만 한다.

2) 금서 조처의 대상과 이유

(1) 북한의 금서 조처 대상

① 북한 금서 1호, 다산의『목민심서』

조선 후기 실학사상을 대표하는 다산 정약용의 대표적 저서인『목민심서』가 북한에서 엄청난 정치적 소용돌이에 휩싸이며 '금서1호'로 낙인이 찍혔다.『목민심서』가 정치적인 화두로 떠오른 것은 1960년대

---

31) 윤재근 · 박상천,『문학의 현대문학2』(서울: 고려원), 1990, p. 50 참조.

32) 주체라는 용어는 1950년대부터 공식적으로 등장하기 시작했으며, 사상으로서 본격적인 이론 틀을 갖춘 것은 1970년대 초반부터이다. 이후 문화영역에서의 주체사상은 1992년 김정일의 '주체문학론'에서 체계적으로 정리되었는데, 여기서 김정일은 문학예술 창작의 기본 원칙을 제시하였다. [정철현,「남북한 문화정책 비교 연구」,『사회과학논집』제37집 (2006), p. 13 참조.]

중반 '갑산파 숙청사건' 때문이다. 박금철과 이효순으로 대표되는 갑산파는 1930년대 말 김일성의 빨치산부대와 맺었던 인연으로 해방 후 권력핵심에 진입했고, 60년대 들어서는 당중앙위원회 부위원장에까지 오르는 등 상당한 지위와 권한을 누렸다.

그러나 이들은 67년 5월 초 열린 당중앙위원회 제4기15차 전원회의에서 '반당종파분자'의 오명을 쓰고 숙청돼 버렸다. 당시 갑산파 숙청을 주도했던 인물은 김정일로 알려져 있는데 이때 그는 당중앙위원회 조직지도부 중앙기관담당 책임지도원이었다. 공개된 자료에 따르면 이들이 숙청된 사유 가운데 하나는 "민족적인 것을 살리고 주체를 세운다."는 구실 아래 봉건유교사상을 설교했다는 것이었다. 구체적인 실례로 다산의 『목민심서』를 간부들의 필독문헌으로 지정, 각급 당조직에 하달한 것이 문제가 됐다.

그 이전까지 북한에서 정약용은 양반 계급의 제한성은 있지만, 진보적 견해를 보여준 실학사상가로 『목민심서』와 함께 높은 평가를 받았다. 일찍이 김일성은 우리나라 역사와 문화유산 가운데 애국주의사

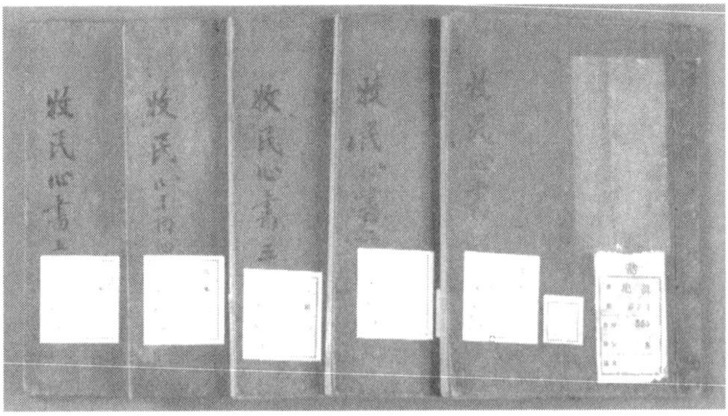

목민심서-한국학중앙연구원 한국민족문화대백과사전 제공

상으로 교양하는 데 좋은 자료들이 적지 않다면서 『춘향전』과 『심청전』 같은 문학작품을 예시한 바 있었다. 또한 사상 사업에서 주체성 확립을 강조한 1955년 12월의 선전선동일꾼대회 연설에서는 박창옥 등 일부 간부들이 사대주의에 젖어 박연암과 정다산 등 선진학자, 작가들의 우수한 작품을 외면했다고 힐난하기도 했다.

이에 따라 북한에서 '주체'가 강조되기 시작했고 전통문화의 가치와 의미를 새롭게 평가하는 작업이 이루어졌는데 실학도 그중 하나였다. 북한이 박지원, 정약용, 이익, 김정희 등 실학자들의 생일에 즈음해 기념추모행사를 개최하고 이들의 저작을 국역, 편찬하는 사업을 벌인 것도 그 일환이었다. 문제의 목민심서도 1962년 과학원출판사에서 번역본으로 출판됐다. 그런데 정치적 이해관계가 엇갈리자 전통문화를 되살리려 한 노력들을 '반당종파행위'로 규정해 그 주역들을 일거에 숙청해 버린 것이다. 갑산파 숙청과 함께 『목민심서』는 금서의 대명사가 돼 버렸고, 이미 배포됐던 책들은 전면 회수돼 시야에서 사라져 버렸다. 북한은 1980년대 들어 『목민심서』를 비롯한 출판물에 대한 통제를 다소 완화해 인민대학습당 등에서 제한적으로 열람할 수 있도록 허용하고 있는 것으로 전해지고 있다.

② 민족파 잡지 『백민』과 『응향』 사건

1945년 12월에 창간되어 '순수문학론'을 표방한 문인들의 글을 많이 실은 『백민』은 북한으로도 보냈으며, 창간호 2만 부 가운데 1만 부가 평양에서 모두 팔렸다. 그런데 2호를 제작하여 평양으로 보내고 판매하는 도중에 압수를 당했다. 남한에서 책을 팔러 갔던 판매원은 구속되었다가 세 달 후에 돌아올 수 있었다. 이후 『백민』은 북한에서 판매 중단되었으며, 판매중단과 압수의 이유는 제작한 출판사에서도 알아내지 못했다.

이와 비슷한 사례는 그 이전에도 있었다. 1945년 11월에 간행하여 다음해 2월에 북한으로 보낸 박헌영의 강연집 『옳은 노선을 위하여』가 사리원에서 트럭 째 몰수되었다. 발간 과정의 문제가 발생했으나 저자가 직접 편집했다고 해서 더 이상 논란이 되지는 않았지만, 월북한 임해가 박헌영과 반대되는 이론을 펼치고 있었던 상황에서 발생한 북한 내에서의 권력 지향이 압수사건의 배경이 되었다는 평가이다.

이후 한표의 논문집 『조선의 통일은 누가 파괴하는가?』도 편집 문제로 인해 압수되는 대표적인 사례이다. 당시 북한에서 발행하는 책은 대부분 책 안표지에 김일성 사진을 넣었다. 이 책에도 그렇게 했는데, 책 제목을 보고 펼치면 마치 조선의 통일을 김일성이 파괴하는 것으로 비칠 수 있다는 것 때문에 즉시 금서조치에 나섰고, 출판사와 서점에 압수조처를 내리고, 팔린 것까지 추적해서 압수했다.[33)]

1946년 말에 북한의 '문예총' 원산지부에서 종합시집 『응향』을 발행했다. 제목이 '엉기고 뭉친 향기'라는 뜻으로 향이 진하다고 풀이할 수도 있지만 반대로 향기를 응고시켜 없앤다고 풀이할 수도 있는데, 시집이 금서 조처된 점은 뒤의 풀이를 적용한 것으로서, 제목부터 금서의 운명을 타고난 것이라 하겠다. 1947년 초, 북한의 여러 신문이 일제히 '시집 『응향』에 대한 결정서'를 싣고 혹독하게 비판하기 시작한다. 비판은 김일성의 지시로부터 시작되었는데, 한설야와 한재덕이 주도해서 조직한 문예총이 이를 주도했으며, 책에 대한 발매금지는

---

33) 이중연, 앞의 책, pp. 244-247 참조.

물론이고 문예총 지방동맹에 대해 '검열사업'을 진행했다. 결과적으로 보면 『응향』 사건은 북한 문예의 방향을 결정짓는 계기가 되었다. 김일성과 한설야의 의도는 『응향』의 발매금지 자체가 아니라 문인통제 조직을 강고히 하고, 이를 통해 공산주의 창작 노선을 세우는 것이었다고 할 수 있다. 이후 1946년에는 해방 전 작품이 많이 실린 『관서시인집』도 발행금지 되었다.[34] 이를 계기로 이후에는 문제되는 책은 '반동서적'으로 지적을 받으면서 압수되고, 도서관에서도 모두 사라졌으며, 북한문학 노선의 정립을 목표로 하여 검열과 금서조처가 강화되었다.

③ 마르크스 등 외국 사상서적

북한에서는 공산주의 서적이 금서 조처의 대상이 되고 있다. 공산주의 서적은 북한 주민들이 자유롭게 읽을 수 없는 대표적인 분야인데, 김일성 부자의 유일사상 체제하에서 사상 서적은 금서로 지정되었고 마르크스, 레닌, 모택동의 저서들은 대부분 북한 주민들이 접근할 수 없는 서적이 되었다.[35]

북한에서의 서적은 북의 체재와 사상에 대한 옹호와 당 정책을 해설하는 강력한 선전도구이기 때문에 이에 반하는 출판물은 금서 조처의

---

34) 이중연, 같은 책, pp. 253-259 참조.

35) 탈북자들의 증언에 의하면, 김일성유일체제로 전환되던 1960년대 중반부터, 북한판 분서갱유 조처가 내려져 수많은 고전 번역본 및 외국 서적 번역본들이 불태워졌다고 한다. 그 결과 1982년에 김일성 탄생 70주년 기념으로 완공된 평양의 인민대학습당에 진열할 책이 부족해, 숨겨놓은 책을 기증하라고 독려할 정도였다고 한다. 따라서 이 시기에 사라진 책들이 무엇이었는지 구체적으로 규명할 일이 앞으로의 과제로 남아 있다 하겠다. [김기창 · 이복규, 『분단 이후 북한의 구전설화집』(민속원, 2005), pp. 21-22 참조]

대상이 되었고, 이에 따라 출판 자체가 이루어질 수 없는 구조로 자리 잡았다. 그리고 외국 서적의 국내 출판이 금지되었고, 『자본론』, 『레닌 선집』 등 외국에서 간행된 좌익 사상의 서적도 반입이 금지되었다.

(2) 월북 작가의 숙청

북한문학은 그 시원부터 꽤 풍부한 작가들을 확보하고 있었다. 박세영, 안막, 이북명, 이정구, 민병균, 안용만, 김우철, 조벽암, 이용악, 오장환 등이다. 그들은 카프 이후 좌파적 경향 속에서 나름의 문학적 시계를 구축하면서 북한 시단에 큰 대오를 형성해 나가기 시작했다. 이 과정에서 작가들의 내부에서는 민족문학 건설의 의지가 깊이 자리하고 있었으며, 이를 위한 각고의 노력 또한 진행되었다. 1945년 11월 중순 무렵 이기영과 한설야 등 예전의 카프작가들이 평양으로 올라와 본격적인 민족문학 조직 건설을 논의하였던 것도 그러한 노력의 과정이었다. 이 시기 서울에서는 '조선 문화 건설 중앙협의회'와 '조선프롤레타리아예술동맹' 간의 대립으로 민족문학전선 내부의 심각한 분열 현상이 나타나고 있었다. 이에 한설야 등 문학예술가 18명이 서울을 떠나 민족문학 건설의 전망을 찾고자 북으로 향했던 것이다.[36)]

그러나 북한 문학사에서 계급과 혁명이 문학의 중심이 되면서, 많은 작가들에 대한 제재는 불가피하였다. 1950년 12월, 당 중앙위 제3차 전원회의에서 결정된 방침에 따라 1951년 3월에 전국작가, 예술인 대회를 소집해 남한에 거주해 왔던 일부 작가, 예술인을 포함한 '조선

36) 박승희, 앞의 글, pp. 113-114 참조.

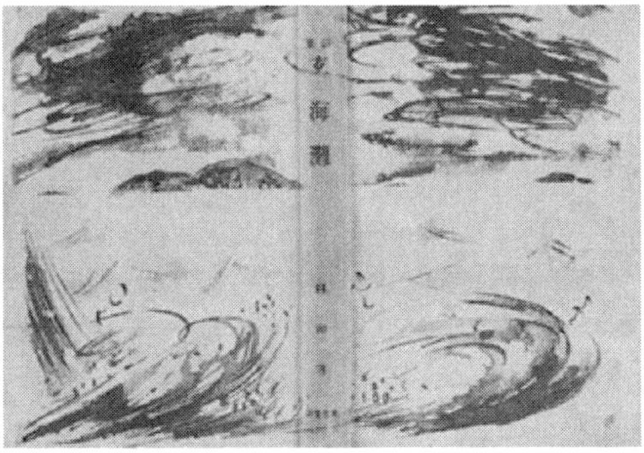

현해탄-임화

문학 예술총동맹'이 결성되었다. 이때 작가, 예술인들의 사상교양사업을 강화하여 혁명적 세계관을 세우고 온갖 반동적 부르주아사상과 형식주의, 자연주의, 감상주의 염전사상 등의 문예조류를 반대하고 문학예술계의 통일단결을 파괴하려는 분파주의를 반대하여 투쟁할 것을 요구했다. 임화, 김남천 등이 '미제의 앞잡이, 종파분자인 박헌영, 이승엽의 졸개, 문학예술분야에서의 반당반혁명분자'로 지목되어 숙청된 것도 이때였다.

월북 문인의 총수로 정치성향이 강했던 임화는 1935년 카프 해체 이후의 친일행적과 남로당 박헌영의 지령에 따른 '국가 변란죄' 및 '간첩행위'의 죄목으로 1953년 8월에 교수형을 당했다. 월북 문인인 김남천도 제1기 최고인민회의 대의원과 '문예총' 서기장까지 지냈으나, '북한의 문학이 문장시대로 돌아가야 한다.'고 주장하는 등의 북한 문예정책 오도와 간첩죄의 죄목으로 사형되었다. 이광수와 이태준도 이때 희생된 것으로 알려져 있다.[37] 김일성 반대파에 대한 숙청작업이

37) 한국비평문학회, 1989: 191-194, 298-306 참조 ; 김정식, 오양열, 「북한 문화예술 정책의 변천과 그 지향성」, 『한국행정사학지』제 10호, pp. 260~261에서 재인용.

1960년에 완료된 이후 문화예술은 유일사상을 담는 형식으로 전환되었다.[38]

3. 금서 조처에 따른 결과

분단시기, 남한 사회와 북한 사회에서 일정한 출판물에 대해 금서 조처한 이유들을 종합해 보면 아래와 같다. 먼저 남한의 경우, 이중적인 모습을 잘 보여준다. 5공화국 당국의 판금조치에 대한 문제점에서도 지적한 바와 같이, 금지 처분을 받은 출판물의 이유는 일관성도 찾기 힘들뿐더러 기준조차 모호하기 때문이다. 반공법과 국가보안법 등을 이유로 수많은 서적이 억압을 받았는데, 그 판금 및 제작 금지 등의 이유가 사실상 공식적인 금지 사유와는 전혀 다른 것을 쉽게 찾아볼 수 있다.

특히 대표적인 필화 사건인 김지하의 '오적'만으로도 이런 의도를 쉽게 알아차릴 수 있다. '오적'은 반공법 위반으로 작가와 편집인 등이 모두 제재를 받았다. '오적'은 계급간의 갈등을 형상화하고, 군부 독재세력과 이와 결탁한 특권층의 비리를 신랄히 풍자한 시이다. 즉 시대적 모순을 질타하고 정경유착을 신랄히 비판했기 때문에 시대의 금서가 된 것이다.

1980년 이후, 정권의 서점 탄압도 금서 탄압을 위한 방법이었다. 서점 주인들의 불법 연행과 압수수색, 서적 압수가 1986년 이후 전국 70

38) 정철현, 「남북한 문화정책 비교 연구」, 『사회과학논집』제37집 (2006), p. 12 참조.

여개 서점, 126회나 벌어졌고, 일부는 국가보안법 위반 혐의로 입건되기도 했다. 이때 창작과비평사는 폐간되었고, 1985년에 발행한 부정기간행물 『창작과비평』은 등록 없이 정기간행물을 발행했다는 이유로 출판사 등록도 취소되고 말았다.

재야단체와 많은 지식인들이 당국의 이념서적 압수에 항의하고, 출판업자 33명은 법원에 경찰이 압수한 145종의 서적에 대한 압수처분 취소를 요구했다. 압수된 서적들에 경범죄처벌법의 유언비어 처벌조항을 적용했으나 유언비어를 담은 내용은 전혀 없으며, 경범죄처벌법 위반혐의만으로 헌법이 보장하는 출판의 자유를 억압하는 것은 부당하다는 주장이었다. 또 압수된 서적 중에는 정부가 공산주의 비판 이념서적 출판을 허용해 발행한 책도 포함되어 있어 정부 정책이 일관성을 잃고 있다는 비판과 지적을 피할 수 없었다.

일부 세무사찰도 사실은 서적에 대한 탄압이었다. 경제적 동기에 한정되어야 할 세무사찰이 세무상의 약점을 잡아 특정 출판사에 대해 경제외적 보복조치를 자행했던 것이다. 이런 식의 탄압은 시판중지, 지형과 책 압수, 원고 압수, 작두 절단을 비롯하여 장부 일체를 압수해 조사한 뒤 발행인에게 거액의 벌금과 추징금을 부과하여 출판사의 경영에 막대한 타격을 주었다. 그 대표적인 것이 바로 김지하의 시집 『타는 목마름으로』를 발간한 창작과 비평사에 대한 것으로 김지하 시집 발간에 대한 보복조치라는 비난을 받은 사건이었다.

유언비어 유포 혐의의 경범죄 위반, 세무사찰 등의 다른 이유를 붙이고 있지만, 그것은 표면상의 이유 또는 명분에 불과하고, 사실은 이념서적에 대한 탄압, 정권에 대한 비판을 철저하게 막으려는 게 이면적인 이유라고 해석된다.

한편 북한의 금서는 어떤가? 북한에서는 금서 사유가 표면적으로 드러난 것보다는 내면으로 숨겨진 사례를 더 많이 찾아볼 수 있다. 북한의 금서는 일찍부터 집권층에 의해 처리되고, 이후에는 권력을 위한 서적 중심으로 제작되었기 때문에 금서의 표면적 이유를 통해 실제 이유를 숨긴 사례는 찾아보기 힘들다. 하지만 성리학이 국시이던 조선에서, 기묘사화 이후 당파적인 이유로 성리학의 원조인 주자의 『근사록』과 『소학』이 일시적으로 금서 조처되었던 것처럼, 사회주의 국가라고 하는 북한에서 김일성 유일체제로 전환하면서 사회주의의 원조인 마르크스와 레닌 등의 서적이 사실상 금서화하여 있는 것은 매우 아이러니컬한 현상으로서, 사회주의를 위한 금서가 아니라 사실상은 김일성 유일 체제 유지를 위한 금서라 하겠다.

북한 문학사에서 계급과 혁명을 문학의 중심으로 만들면서부터 작가들의 활동에 가해지는 제재는 피할 수 없었고, 김일성 반대파 숙청 작업이 완료된 1960년 이후, 김정일이 문화정책을 주도하면서 문화예술의 형식에 유일사상을 담는 것으로 전환했다. 이에 따라 문학도 투쟁문학으로 자리를 굳히고 말았다. 또 1946년 말에 북한의 '군중문화단체협의회'에서 결정한 도서관 사업의 항목 '기설 도서관에서는 그 장서 중 반동적 서적은 숙청할 것'을 실행하며 일제 강점기의 일제 관변 자료를 모두 없애버렸으며, 이 규정에 의해서 1947년 북한에서 일본책은 무조건 '반동서적'이 되어 사라졌다.

그러나 '주체'를 위한 서적만 살아남은 것은 아니다. 북한에서 '주체'가 가장 중점적으로 강조되지만 실학을 비롯한 전통문화를 새롭게 평가하는 작업도 이루어졌다. 그러나 정치적 이해관계가 엇갈리자 전통문화를 되살리려 한 노력을 '반당종파행위'로 규정해 그 주역들을 숙청한 갑산파 숙청이 있었다.

이때 발생한 대표적인 금서가 바로『목민심서』였는데 금서가 된 이유는 '반당종파행위'로 규정된 것이었지만, 사실 서적이나 저작자의 문제가 아니었다. 정치적 소용돌이에 휩싸이면서 '금서1호'로 낙인이 찍히는 희생양이 된 것이다. 이 역시 북한에서도 금서 이유의 이중성을 확인하게 하는 사례라 하겠다.

1) 남한의 금서 조처에 따른 결과

(1) 정권별 금서조처의 결과

제1공화국 시기에는 한국전쟁으로 인한 분단의식과 아울러 이데올로기성의 모든 해외출판물의 국내출판이 불허되는 등 정부의 지나치게 경색된 반공문화정책 때문에, 오히려 금서가 될 만한 책이 별로 없었고, 서적에 대한 국가보안법 적용도 비교적 적었다. 반공 정책으로 많은 서적이 출판의 기회조차 갖지 못하거나 유통의 길이 막혔기 때문이다. 또 잇따른 필화사건으로 언론사와 작가의 활동이 심하게 위축되었다.

언론, 출판의 황금기라고 했던 제2공화국 시대는 정치권력이 아니라 학생, 시민들의 이해관계 때문에 신문에 연재 중이던 소설이 중단되었다. 국가보위법으로 언론과 출판의 자유를 제한한 제3공화국 시기는 '민족일보'의 폐간과 '오적' 등 수많은 필화사건으로 문학계의 수난시대였다. 심지어 유통과정에서 특히 운동권 혹은 재야인사들이 이 책을 소지해 문제로 삼는 특이한 형태의 금서가 나타나기도 했다.

유신시대에는 긴급조치가 발동된 직후 당국은 여론에 영향을 미치는 도서들은 무조건 조사에 착수했으며, 1975년 8월 27일 긴급조치 위반혐의로 15종의 출판물을 판매 금지시켰다. 출판물의 제작과 유통뿐만 아니라 소지와 독서 자체에도 심한 탄압을 가했으며, 저자와 출판사, 유통자까지도 자유로울 수 없었다.

유신 이래 출판의 자유가 원천적으로 제한되었던 5공화국은 문공부를 통해 납본한 도서에서 거슬리는 내용을 수정하여 다시 발간하도록 요구하기도 했다. 심지어 시나 소설도 수정 또는 삭제하도록 요구하기도 했는데, 출판사나 저자가 이를 거부할 경우 납본필증을 교부하지 않아 실질적으로 책의 유통을 가로막았다. 정부가 금서로 묶었던 이데올로기 관련 서적에 대해 부분적인 해금조치를 단행한 지 5년 만인 1987년 2월을 기준으로 이념서적은 1500여 종이 나온 것으로 집계되었다.

한국출판문화운동협의회가 자체 조사한 자료[39]에 의하면, 5년 동안에 간행된 이념서적이 약 1500여 종에 달하며, 부수로는 초판 3천부만 계산해도 약 450만 부 이상이 시중에 유통된 것으로 볼 수 있다. 이 중에서 문공부의 납본필증을 받지 못하거나 판금 조치 등을 받은 도서는 85년에 136종, 86년에 50종 등 모두 186종으로 나타났다. 그 중 문공부가 공식적으로 판매금지를 해제한 책은 17종에 불과하다. 즉 5년 동안 국내에서 출판된 이념도서의 10%는 다시 제재를 받고 묶여 있었던 것이다. 그러나 당국의 단속 대상 도서는 이보다 훨씬 많은 것으로 보인다. 지난 85년 5월 당국의 이념서적 및 불온유인물 목록은

---

39) 문공부, 1987년 10월 19일 출판활성화 조치 발표문 [한국출판문화운동협의회「제6공화국과 출판탄압」(1990) 참조.]

314종에 달했고, 그중 78종만이 문제없는 도서로 판명되어 사후 반환되었다.

제6공화국에 이르러 6월 민중항쟁과 6.29선언의 힘으로 1977년 이후 판금된 650종 가운데 431종의 금서가 해금되었고, 제3~6공화국의 권위주의 시대 동안 불온서적이라는 이름이 붙었던 책들이 쏟아져 나왔다. 1987년 6월 항쟁 전후로 마르크스 레닌 원전 출판물이 대거 선보이고, 1988년 7.7선언에 따라 북한 원전의 대거 출판과 함께 납 · 월북 문인들의 해방 전 작품이 해금되었다. 한국출판문화운동협의회가 자체 조사한 자료에 의하면 5년 동안에 간행된 무크, 반체제민주화운동단체에서 펴낸 도서 등 이념도서는 약 1,500여 종에 달한다. 부수로는 초판 3천부만 계산해도 약 450만 부 이상이 시중에 유통된 것으로 볼 수 있다. 1988년부터는 북한 원전이 출간됨으로써 금서라는 성역이 무너졌다. 1988년 7 · 7선언 이후 서점에 138종의 북한 원전이 쏟아져 나왔고, 북한 전문 출판사와 서점도 등장했다.

그러나 정부의 북한 정보에 대한 개방정책에 힘입어 북한 원정에 대한 관심이 끓어오르자 정부는 폐지 여론이 모아졌던 국가보안법을 더욱 강화시켰고, 출판사와 출판인에 대한 강압정책은 더욱 강해졌다.

(2) 해금과 출판 활성화

① 해금도서의 구분

1987년 10월 19일 정부는 '출판활성화조치'를 발표했다. 판금종용도서의 해제, 납본필증 즉시 교부, 출판사 등록 개방 등이 주요 내용이

다.[40]

문공부는 '그 동안 정부는 형사처벌을 사전 예방하는 차원에서 실정법에 저촉될 우려가 있는 도서의 시판을 자제해 줄 것을 행정 지도했으나, 앞으로는 출판자율화를 기한다는 전향적 관점에서 행정계도 차원의 판금종용은 지양하며 도서 내용의 위법성 여부는 사법부의 판단에 따르기로 했다'고 발표했다.[41]

1987년 10 · 19 조치의 결과를 담은 1988년 한국 출판연감에 의하면, 해금 도서 431종, 유보 도서 38종, 미해금 도서 181종으로 되어 있다. 정치, 사회, 경제 분야는 대부분 이념 서적이 주류를 이루고 있다. 해금 도서 중 문학, 예술 분야 서적은 김지하의 시집 『타는 목마름으로』(창작과비평사, 1982)와 『오적』(동광출판사, 1985), 님 웨일즈의 『아리랑』(동녘, 1984), 김학동의 『정지용연구』(민음사, 1985)가 눈에 띈다.

그런데 유보 도서는 넓은 의미에서 미해금 도서로 볼 수 있기 때문에 월북 작가의 작품 중 유보된 도서가 주목된다. 홍벽초의 『임꺽정』(9권), 김남천의 『맥』과 『대하』, 정지용의 『백록담』과 『정지용시집』, 김기림의 『기상도』, 임화의 『현해탄』, 이용악의 『오랑캐꽃』과 『분수령』, 안회남의 『불』, 오장환의 『헌사』와 『성벽』, 이용악의 『낡은 집』과 『분수령』, 이기영의 『고향』(상 · 하), 한설야의 『탑』, 이찬의 『분향』, 이태준의 『화관』, 박태원의 『천변풍경』과 『금은탑』, 『소설가 구보씨의 일일』 등이다.

---

40) '동아일보', 1987년 10월 19일자.

41) 대한인쇄문화협회, 「시대의 얼굴 금서 :유교적 지배질서를 위반한 이단의 사상들 :이색전시회 조선시대~일제강점기 금서」, 『프린팅코리아』(대한인쇄문화협회, 2004), p. 98.

〈표 10〉 제 5공화국 금서 처리 구분

구 분	해 금	유 보	판 금	합 계
정치	102		78	180
경제	59		31	90
사회	103		20	123
종교 · 철학	32		27	59
역사 · 교육	17		16	33
문학 · 예술	118		9	127
월북 작가 및 공산권 작가		38		38
합계	431	38	181	650

계속 판금되는 181종의 도서는 정치 분야에서 『아리랑2』, 『김형욱 회고록』, 『찢겨진 산하』, 『대지의 저주받은 자들』 등 78종, 경제 분야에서는 『자본-1, 2, 3』, 『한국민중경제사』등 31종, 사회 분야에서는 『해방론』 등 20종, 종교철학 분야에서는 『루카치』, 『마르크시즘과 철학』 등 27종, 역사교육 분야에서 『한국민중사 Ⅰ, Ⅱ』, 『한국민중사』 등 16종, 문학예술 분야에서 『겨레와 어린이』, 『강철은 어떻게 단련되었는가』, 『녹두 서평 Ⅰ』 등 9종이다.

181종의 도서는 '내용이 북한을 비롯한 공산주의 또는 공산주의자들의 활동을 고무 · 찬양하거나 자유민주주의 체제전복을 위한 계급투쟁 및 폭력혁명을 선동하는 지극히 위험한 도서'로 지목되어 위법성 여부에 대한 최종 판정을 사법기관에 의뢰했다.[42]

제5공화국의 출판정책은 통제를 목적으로 한 규제 중심의 정책이

42) 문공부, 출판활성화 조치 발표문 참조. [한국출판문화운동협의회, 「제 6공화국과 출판탄압」, pp. 63-64.]

▎소설가 구보씨의 일일

며, 반공이데올로기를 기반으로 일관성 없고, 금서에 대한 통제가 거의 불가능하다고 분석했다. 출판정책의 일관성도 없고, 큰 실효도 거두지 못했음에도 불구하고 규제중심으로 나갔던 이유는 통치이념과 관계있다.[43] 이 시대에 해금은 문학사에서 상당히 긍정적으로 평가되었다. 비제도권 문학이 제도권으로 당당하게 편입되는 계기를 마련한 셈인데, 우리 문학에서 비제도권 문학이 형성된 것은 유신시대 이후의 현상이었다.[44]

② 월북 및 재북 작가의 서적

월북 또는 재북 작가에 대한 논의가 시작된 것은 1978년 3월13일

---

43) 이창주, 「제5공화국의 출판통제 정책에 관한 연구-금서를 중심으로」(중앙대 신문방송대학원 석사학위논문, 1990), pp. 69-71 참조.
44) 임헌영, 「문학과 이데올로기」, 『임헌영 평론집』실천선서 22 (실천문학사, 1988), p. 275 참조.

국토통일원이 국회에 자료를 제출한 시기와 맞물려 있다. 그러나 이 자료에 의하면 월북 문인과 그들 작품에 대한 언급은 민족사적 전통성을 확립하는 데 기여할 수 있어야 한다는 전제가 있었기 때문에 상당히 제한적인 것이었다. 논의 대상이 되는 작품은 해당 문인의 월북 이전의 사상성(계급사상)이 없으면서 근대 문학성에 뚜렷이 기여한 바가 있어야 하며, 문학사 연구의 목적에 국한하되 내용이 반공법 또는 국가보안법, 사회 안정 법에 저촉되지 않아야 한다는 것이었다. 특히 문학사 연구에 한정한다는 언급과 함께, 월북 또는 재북작가라도 지금은 생존하지 않는 작가여야 한다는 사실이 강조되었다.

이후 1987년 10월19일 조치는 국민의 역사의식의 성숙과 맞물려 있다. 이미 대학을 중심으로 월북 작가와 작품에 대한 논의가 상당히 진행되고 있었다는 사실도 무시할 수 없는 조건이었다. 그 결과 총 650종의 금서 중 431종이 해금되고 38종이 유보되었다. 이를 통해 볼 때 10 · 19조치는 월북, 재북 문인에 대한 논의의 전면적인 해금이었고, 연구 성과물의 발표와 판매를 허용한 것이기도 하였다.

그 첫 번째가 김학동의 『정지용 연구』였다. 그 후 1988년 3 · 31조치에서는 10 · 19조치에서 유보된 정지용, 김기림의 작품이 해금된다. 이는 해방기 두 작가의 활동을 좌우합작 노선으로 수용한 것이라 할 수 있다. 1988년 7 · 19조치에 오면 이기영, 한설야 등 5명을 제외한 월북, 재북 문인에 대한 전면적인 해금이 이루어진다. 이 조치는 월북 후 북한 체제에 적극 동조한 작가가 아닌 이상, 그들의 해방 전의 모든 활동을 '나라 찾기'라는 저항 문학의 범주 속에서 수용한다는 의미를 내포하였다.

그러나 이기영, 한설야의 작품이 해금된 작가의 작품 성격과 큰 차이가 없다는 점에서 볼 때, 미해금의 주된 근거는 해당 작가의 월북 후의 행적이라 할 수 있다. 이기영은 북한 문단의 원로로 문학예술총동맹 위원장을 지냈던 데 반해 해금된 김남천은 남로당의 숙청과 관련하여 임화와 함께 처형당하였기 때문이다.

2) 북한의 금서조처에 따른 결과

북한의 문학예술은 정치적 상황변화와 밀접하게 연결돼 변화해왔다고 할 수 있다. 정치적 숙청과 유일체계 확립, 권력세습과 사회주의권의 동요가 문학예술의 성격변화에 영향을 미쳤으며, 정치적으로 유일체계가 강화됨에 따라 문학예술도 획일화되었다.

정치 세습의 권력에 따라 김정일이 '사회주의 사실주의'와 '주체문예이론'에서 예술의 형식과 내용에 이르기까지 손수 지도했다.[45] 이에 따라 정치세력에 의한 금서 발생은 필연적이라 할 수 있다.

북한문학이 처음부터 정치적 노선에 의해서만 이루어진 것은 아니다. 그러나 해방 이후 민족이 분열을 극복하지 못하고 결국 분단의 역사적 상황으로 치닫게 되자. 북한 문학은 민족보다는 계급에, 통일보다는 독자적인 노선을 선언하면서 민족문학의 길을 버리고 사회주의적 전형의 길로 정치화해 갔다. 이렇게 민족을 배제한 북한 문학은 구호와 선언만 남은 계급 문학으로 전락해 갔다.[46]

1961년부터 현재까지 오직 사회주의 전면적 건설과 사회주의 완

---

45) 노재완, 「김정일의 문예정책에 관한 연구-권력승계와 체제유지를 중심으로」(동국대학교 대학원 석사학위 논문, 2001), p. 89 참조.

46) 박승희, 앞의 글, p. 125 참조.

전 승리를 앞당기기 위한 투쟁시기 문학으로 구분해 오고 있는 게 북한이다. 이에 따라 1961년 이후에는 금서가 될 만한 책의 제작 자체가 아예 없었다. 이 점은 남한과 극명하게 다른 모습이다.

해방기(미군정기) 및 분단 시대의 금서 양상에 대해서도 생극론적인 관점에서 해석해 보자 이 두 시기에 금서 처분을 내린 가장 주요한 기준과 명분은 이념적인 것이다. 이른바 좌익과 우익의 이데올로기 대립에 의한 것이었다. 미군정청이 그 단초를 열어, 좌익 출판물에 금서 조치를 취하였고, 남북한 정부가 수립된 분단시기에 와서도 그 기조는 유지되었다. 남한에서는 좌익이 금기시되었고, 북한에서는 우익이 금기시되었다. 그러나 생극론적인 관점에서 보면, 좌익과 우익이라는 말이 머금은 축자적인 의미 그대로, 좌익(왼쪽날개)과 우익(오른쪽날개)은 상극적인 관계이면서 상호보완적인 관계도 지니는 것으로 이해할 수 있다.

세계사의 진전 과정을 보거나 지금 우리가 귀착한 현재에 와서 보았을 때 더욱 그렇게 말할 수 있다. 1세계의 이념이었던 우익의 이데올로기(자본주의)와 2세계를 지배했던 좌익의 이데올로기(사회주의)의 대립 역사에서 우리가 얻은 교훈은 우익도 좌익도 절대적인 가치는 아니라는 사실이다. 우익은 좌익화하고, 좌익은 우익화하여 있는 게 현실이다. 새가 한쪽 날개로는 날 수 없듯이, 좌익은 우익에서 배우고, 우익은 좌익에서 배우는 상호보완적인 인식이 필요하다는 교훈을 우리는 얻었다. 어쩌면 지금은 이데올로기보다 민족주의나 경제논리가 더 강하게 우리를 지배하는지도 모른다.

그렇게 본다면 해방기(미군정기)와 분단시기에 좌익이나 우익을 적대시하여 극복하려고만 했던 금서 조치는 시대적인 불가피성이 있다 하더라도 바람직한 것만은 아니었다. 두 가지 지향을 다 포용할 수 있는 사회, 두 이념을 포괄하고 조화하여 모두를 통합할 수 있는 나라를 지향해야지, 어느 하나에 매몰되어서는 결코 건강할 수 없다고 판단하기 때문이다. 이념서만이 아니라 반체제적인 책들에 대한 금서 조처도 마찬가지다.

이들 책 역시 더 나은 사회를 만들기 위한 대안으로 제시된 것들로 본다면, 상생적인 의미를 인정할 수 있다. 그 책에서 문제 제기한 것을 적극 포용하여 체제의 결핍 요소를 보완하려는 노력을 기울였다면, 더 건실한 체제와 국가를 생성하는 것이 앞당겨질 수 있었을 것이다. 또한 탄압했다고 해서 그런 책들이 소멸된 것도 아니며, 여전히 이어져 마침내 지금과 같이 보다 민주적인 사회를 생성하도록 작용했다는 사실을 우리는 알고 있다.

결론

이상의 서술에서 얻어진 성과가 무엇인지 종합 · 정리하고, 이 글의 한계 및 앞으로의 과제를 제시하는 것으로 마무리하고자 한다.

첫째, 이 글은 우리나라의 금서의 시대별 양상을 전반적으로 정리한 첫 사례이다. 삼국 · 통일신라시대로부터 남북이 분단된 이 시대의 제6공화국까지, 특히 북한의 금서까지를 포괄하였다는 점에서 기존의 연구와 구별된다.

둘째, 금서의 대상에 '글'도 포함하는 관례를 철저하게 적용함으로써 그간 공백으로 다루었던 통일신라시대의 금서 사례도 찾아내 거론하게 된 것은 물론, 신문이나 잡지에 실렸다가 금서 조치당한 글과 작품(이른바 '필화작품')들도 자연스럽게 포괄해 논의할 수 있는 길을 열었다.

셋째, 각 시기의 금서를 통관하되, 일정한 기준을 동일하게 적용하였는바, 금서의 양상 및 금서 조치의 대상과 이유, 금서 조치에 따른 결과 등을 파악했다. 금서 조치의 방법은 다시 금서 조치의 유형에서

책에 대한 조처, 필자 및 유통주체에 대한 조처의 유형 등으로 세분해 다룸으로써 지속과 변화의 양상이 드러나게 하였다. 금서 조처의 이유의 경우, 표면적인 명분 면에서 통일신라시대까지에는 종교적인 이유는 등장하지 않다가, 고려시대에 들어 종교(불교)를 기준으로 탄압이 가해져 조선시대에도 기조를 이어 유교(성리학)가 잣대가 되어 이단을 금압하는 양상을 보였다. 이후 해방기와 분단시대에 오면, 좌익(사회주의 및 주체사상)과 우익(자본주의)이라는 이데올로기가 새로운 기준으로 등장하는 변화를 보인다는 사실을 확인하였다. 물론 여러 시대에서 명분상의 이유와 실제적인 이유가 분리된 경우가 확인되는데, 이는 분단시대에 들어와서도 마찬가지 양상을 반복하고 있다는 점에서 역사는 되풀이된다 할 수 있다.

넷째, 이상 세 가지의 기준을 적용해 우리나라 금서의 통시적 양상을 살펴본 결과, 우리나라 금서의 효시는 통일신라시대, 진성여왕의 실정을 규탄했다가 투옥되어 처형당할 뻔한 왕거인의 글임이 이번 연구에서 밝혀졌다. 그간의 연구에서는 고려시대부터 비로소 우리나라 금서의 역사가 시작되는 것으로 기술했는데, 이는 금서의 개념을 책으로만 한정해 보는 선입견이 작용한 결과라고 여겨지는바, '글'까지 포괄하는 관점을 철저하게 따른 결과 비로소 파악된 성과라 하겠다. 왕거인 이후 최근에 이르기까지 금서는 간단없이 지속되어 왔다는 것이 다시금 확인되었으며, 다만 각 시대에 따른 사회적 배경과 정책 방향이 차이를 보이기 때문에 금서의 양상도 변화를 보인다는 것도 증명되었다. 아울러 고려시대의 금서인 원천석의 『운곡야사』의 경우는 자기 스스로 금서 처분하는 첫 사례로 평가되며, 조선시대 김시습의 『금오신화』에서도 같은 양상이 반복된다는 것이 밝혀졌다.

다섯째, 대부분의 금서가 국가의 통치정책에 반하는 사유로 지정되어 서적 및 글과 함께 필자와 유통주체들이 수난을 당한 결과, 수많은 책이나 글이 인멸되거나 유통의 제한으로 그 당시에 읽혀지지 않음으로써 지적인 재산이 사회를 변혁하거나 발전시키는 데 작용하지 못하게 되는 사태를 초래하였다는 것을 확인하였다. 예컨대 조선전기에 국문으로도 번역되어 광범위하게 읽혀지다 왕명으로 불태워진 『설공찬전』이 만약 금서 처분을 받지 않았다면 우리 국문소설의 역사는 훨씬 앞당겨질 수 있었을 것이다. 하지만 국문으로는 민중에게 처음으로 읽힌 그 작품이 금서 처분 당함으로써, 우리 창작 국문소설은 100년도 더 지나서야 허균에 의해 지어지는 문화 지체 현상을 가져오고 말았다. 금서 조치는 문화 발전을 저해하는 죄악이라는 사실을 이 연구를 통해 인식할 수 있었다. 우리가 학문적인 자료의 부족을 외세의 침략이나 자연 재해 탓으로 돌리기 일쑤이지만, 우리 내부의 금서 조처가 또 하나의 재앙으로 작용하였다는 것을 일깨울 수 있었다. 아울러 우리가 확인할 수 있는 역설적인 사실 한 가지는 금서 처분 때문에 해당 책이나 글이 더 유명해져 사람들의 지적 호기심을 자극해, 길게 보면 더 많이 읽혀지는 결과를 가져오기도 했다는 사실이다. 금서 처분을 내린 주체들의 의도와는 정반대의 사태가 빚어진다는 역설은 오늘의 우리에게 시사하는 바가 크다 하겠다.

여섯째, 모든 시기에서 발견할 수 있는 것은 아니지만, 금서의 이유에서 겉으로 드러난 탄압의 사유와는 달리 실제적인 이유가 이면에 숨겨져 있는 경우, 이른바 금서 처분의 이유가 지닌 이중성도 확인할 수 있었다. 성리학이 국시였던 조선에서 성리학의 원조격인 주자의 『근사록』과 『소학』이 기묘사화라는 정쟁의 결과 금서가 되고, 채수의 『설공찬전』, 김종직의 『점필재집』, 박세당의 『사서사변록』과 천주교 서적에 대한 탄압도 집권파의 정치적 입지를 다지고 상대방을 무력화하기 위한 고도의 정치적 목적 아래 전개된 것임을 밝혔다. 일제강점기는 음란물 검열이란 미명 아래 정치사회적 의미와 사회의 지배 이데올로기에 대한 대항 담론을 금압하고, 표현의 자유를 제한한 사례도 찾을 수 있었다. 이러한 점은 현대에 와서도 나타나는데, 남한에서 '오적', '한국의 아이', 『8억인과의 대화』 등에 대한 금서 조치, 북한에서 사회주의 서적마저 김일성유일체제를 위해 금서 조치한 사례 등이다. 명분으로 내건 이유는 보편적인 이념이나 가치이지만, 실제로는 한 개인 또는 한 정파의 이익을 위한 것이기도 했다는 이 연구의 성과는 국내외 금서 현상의 본질적인 측면을 이해하는 틀로서 일정하게 기여할 수 있으리라 기대한다.

일곱째, 각 시대를 대표할 만한 금서에 대해서는 따로 분석해 그 양상을 제시함으로써 그 시대나 시기 지배집단과 금서 사이의 갈등 대립상을 예각적으로 이해하게 하였다. 조선시대에는 『설공찬전』, 일제강점기에는 『금수회의록』을 금서라는 데 초점을 맞추어 자세히 다루었다.

여덟째, 생극론(生克論)의 관점으로 금서 현상을 해석하려 시도해 보았다. 조동일 교수가 최근에 제창한 생극론을 금서 문제에 처음으로 적용한 셈이다. 그 결과 금서 조처를 내린 권력 담당층은 금서를 상극 관계로만 인식한 나머지 그 책이 지닌 상생적이거나 상호보완적인 가치를 상실함으로써, 더 나은 국가와 문화를 창출해 가는 데 한계를 보였다는 점을 지적했다. 이 점은 오늘날의 권력 담당층에게 좀 더 다면적이고 거시적인 시각으로 이 문제를 다루어야 할 교훈을 시사한다.

아홉째, 금서 조처를 통해 완전히 사라진 책과 글이 많다는 것을 확인해, 현전하는 책이 과거에 존재한 책들의 전부가 아니라는 사실을 똑똑히 인식할 수 있었다. 모든 책과 글은 지은이의 체험과 가치관과 지혜가 담긴 것으로서 유일무이한데, 불완전한 기준에 의해 금서 조치당해 사라짐으로써 초래된 문화적 손실은 지대하다. 이런 비극이 되풀이되어서는 안 될 것이다.

이상의 몇 가지 성과에도 불구하고 이 글은 몇 가지 한계를 지니고 있다. 무엇보다도 모든 시대를 통관하는 데 핵심을 두었기에 개별 사안에 대해 치밀한 검토를 할 수 없었다는 점이다. 각 시기와 개별 금서에 대한 미시적이고 심도 있는 고찰이 부족하다. 아울러 금서 현상은 정신사, 문화사, 정치사 등이 한데 어우러진 현상이라 이들 다양한 분야에 대한 종합적인 이해가 필요한데 필자의 연구가 깊지 못해 보다 심층적이고 획기적인 해석에는 이르지 못하였다.

앞으로 더 연구할 과제를 몇 가지 들어보면 다음과 같다.

첫째, 우리나라 금서 현상이 가진 특수성과 보편성을 파악하기 위해서는 앞으로 외국의 금서 역사와 비교하는 작업이 이루어져야 한다. 이 책에서 우리나라 금서를 파악한 방법이나 기준을 동일하게 적용해 중국이나 일본 또는 서양 금서의 양상을 검토하면, 자연스럽게 같은 점과 다른 점이 드러나리라 전망하는데 반드시 해야 할 작업이라 생각한다.

둘째, 이 책에서는 6공화국까지의 금서만 다루었으나, 그 이후 오늘날의 금서에 대해서도 연구해야 한다. 또한 연구 내용을 인쇄물 중심으로 다루었지만, 전파문학 또는 영상문학의 시대이자 디지털시대인 요즘에는 다양한 매체를 통해 정보가 생산되고 유통되므로, 새로운 유형의 금서가 파생될 수 있다. 인터넷이나 페이스북, 카카오톡 등을 포함하는 금서 연구도 후속되어야 한다. 최근 사회적으로 큰 문제가 되었던 블랙리스트도 일종의 금서현상과 연관관계가 있다고 보인다. 정권의 방향에 반하면 아예 대중 앞에 서지 못하게 하는 미리 막아버리는 이러한 조처는 정보화 시대에 일종의 현대판 금서조처라 볼 수 있다. 또 얼마 전 작고한 마광수 교수의 경우도 들 수 있다. 표현의 자유와 예술을 위해 세상에 여러 작품을 내놓았지만, 과도한 선정적인 내용이라는 권력의 횡포와 입을 다문 학계 및 일부 독자들로부터 뭇매를 맞아 금서가 되고만 사례가 아닌가 한다. 결국 작가는 은둔하다시피 살다가 스스로 생을 마감하고 말았다. 이러한 관점에서 바라본다면 사회적 압박과 작가 및 작품을 평가하는 시선도 일종의 금서처분을 내리는 양상이라 하겠다.

셋째, 이 책에서 시대별로 정리한 내용을 바탕으로, 각 시대 또는 항목별로 미시적인 접근도 후속되어야 할 것이다. 삼국시대에 금서가 없는 이유, 금서가 없을 것 같은 해방기에 금서가 존재하는 현상이 지닌 의미에 대한 논의가 따로 이루어져야 한다. 이 책에서 새롭게 제기한 문제들에 대해서는 우선적으로 연구해야 하리라 본다. 북한의 금서에 대해서 일부 다루긴 했으나 자료의 제한으로 매우 소략한 바, 남북 간의 교류가 어서 확대되어 북한의 금서에 대한 궁금증이 소상하게 밝혀져야 한다.

참/고/문/헌

1. 단행본

- 『삼국사기』
- 『고려사절요』
- 『태종실록』
- 『예종실록』
- 『성종실록』
- 『중종실록』
- 『영조실록』
- 『정조실록』
- 『대동야승』, 민족문화추진회, 1985.

- 강영심 외, 『일제 시기 근대적 일상과 식민지 문화』(이화여자대학교 출판부, 2008)
- 고미숙, 『열하일기 웃음과 역설의 유쾌한 시공간』(그린비, 2003)
- 국사편찬위원회, 『고등학교 국사 교사용 지도서』(교육부, 1996)
- 김기창 · 이복규, 『분단 이후 북한의 구전설화집』(서울: 민속원, 2005)
- 김삼웅, 『금서, 금서의 사상사』(백산서당, 1987)
- 김진학, 한철영, 『제헌국회사』(신조출판사, 1954)
- 니콜라스 J. 캐롤리드스, 마거릿 볼드, 돈 B. 소바, 『100권의 금서』(위즈덤하우스, 2006)
- 대한민국법령연혁집 편찬위원회편, 『대한민국법령연혁집』(한국

법령편찬회, 1987)
• 마이클 화이트, 『교회의 적, 과학의 순교자 갈릴레오』(사이언스 북스, 2009)
• 박원순, 『국가보안법연구 2』(서울: 역사비평사, 1997)
• 불교사학회, 『고려중후기불교사론』(서울: 민음사, 1989)
• 서희곤, 『잃어버린 역사를 찾아서1』(서울: 고려원, 1998)
• 신동아편집부, 『일정하의 금서 33권』(동아출판사, 1977)
• 신일철, 『한국의 민속 종교사』(서울: 삼성출판사, 1983)
• 신채호, 『조선사 연구초』(동재, 2003)
• 안춘근, 『세계발행금서도서 100선』(서울: 서문당, 1982)
______, 『한국출판문화사대요』(서울: 청림출판, 1987)
______, 『한국출판문화론』(서울: 범우사, 1981)
• Ong, W. j., 이기우 · 임명진 역, 『구술문화와 문자문화』(서울: 문예출판사, 1995)
• 윤재근 · 박상천 공저, 『문학의 현대문학2』(서울: 고려원, 1990)
• 이민희, 『조선을 훔친 위험한 책들』(글항아리, 2008)
• 이복규, 『설공찬전』(시인사, 1997)
• 이상각, 『영광과 좌절의 오백년 조선황조실록』(서울: 도서출판 들녘, 2009)
• 이승구 · 박붕배, 『한말 및 일제강점기의 교과서 목록 수집조사』(한국교과서연구재단, 2001)
• 이중연, 『책, 사슬에서 풀리다 해방기 책의 문화사』(혜안, 2005)
______, 『책의 운명-조선~일제강점기 금서의 사회 · 사상사』(혜안, 2001)

- 임헌영, 『문학과 이데올로기』(서울: 실천문학사, 1988)
- 제홍규, 『고서분류목록법 상』(한국도서관협회, 1970)
- 조동일, 『한국문학사상사』(서울: 지식산업사, 1978)

  ______, 『한국문학통사』제4판 (서울: 지식산업사, 2005)

  ______, 『학문론』(서울: 지식산업사, 2012)
- 조병춘, 『한국현대시평설』(서울: 태학사, 1995)
- 조선사편수회, 『조선사편수회사업개요』(조선총독부, 1938)
- 최동호 외, 『20세기 한국필화문학연구』Ⅰ · Ⅱ (도서출판 서정시학, 2008)
- 최운식, 『한국 고소설 연구』(보고사, 2004)
- 최효찬, 『5백년 명문가 지속경영의 비밀』(위즈덤하우스, 2008)
- 한국출판문화운동협의회, 『제6공화국과 출판탄압』(1990)
- 한국혁명재판사편찬위원회, 『한국혁명재판사』제4권 (1962)
- 『한국사론 2』(국사편찬위원회, 1986)
- 『한국사』1996-2001 (국사편찬위원회)
- 국립국어원, 『표준국어대사전』
- 김용덕, 『한국민속문화대백과사전』(창솔, 2004 개정판)
- 동아출판사, 『동아세계대백과사전』vol. 24 (동아출판사, 1982)
- 이희승 편저, 『국어대사전』(민중서림, 1981)
- 제홍규 편저, 『한국서지학사전』(경인문화사, 1974)
- 한국도서관협회 엮음, 『문헌정보학용어사전』2010년 개정판.
- 한글학회, 『우리말 큰 사전』(1991)
- 합동통신사, 『합동연감』(1980)

2. 논문

- 강진호, 「'조선어독본'과 일제의 문화정치」, 『상허학보』 29집 (상허학회, 2010)

  ______, 「'국어' 교과서의 형성과 일제 식민주의-『국어독본』(1907)과『조선어독본』(1911)을 중심으로」,『현대소설연구』46호 (한국현대소설학회, 2011)
- 강혜영, 「조선후기의 서적금압에 대한 연구」, 『서지학 연구』제 5 · 6호 (서지학회, 1990)
- 고영진, 「남명사상이 정인홍에게 미친 영향」, 『남명학회 제3회 국제학술회의 자료집-남명 조식의 사상과 그 시대』(남명학회, 2003)
- 곽동철, 「일제치하의 도서검열과 도서관에서의 지적자유에 관한 연구」(연세대학교 대학원 석사학위논문, 1986)
- 김광숙, 「한설야의 『청춘기』 판본 비교 분석-연재본 · 단행본 · 개작본을 중심으로」(동아대학교대학원 석사학위논문, 2004)
- 김교빈, 「하곡철학사상에 관한 연구-존재론, 인생론, 사회지식에 대한 구조적 이해를 중심으로」(성균관대학교 박사학위논문, 1992)
- 김삼웅, 「지성과 반지성의 한국사-한국사를 왜곡하고 인멸한 범인들」, 『인물과 사상』통권 112호 (인물과 사상사, 2007)
- 김세봉, 「서계 박세당의 대학인식과 사회적 반향」, 『동양고전연구』제34집 (동양고전학회, 2009)
- 김영귀, 「금서와 분서를 통해 본 책의 수난사」, 『부산여자대학교 논문집』37집(부산여자대학교, 1994)

• 김윤수, 「남명집의 책판과 인본의 계통」, 『남명학연구』제2집 (남명학회, 1992)

_____, 「점필재집의 판본 연구」, 『서지학연구』제35집 (서지학회, 2006)

• 김재영, 「회고를 통해 보는 총력전 시기 일제의 사상관리-계용묵, 채만식, 유치진의 경우」, 『한국문학연구』제33집 (동국대학교 문화학술원 한국문화 연구소, 2007)

• 김정식, 오양열, 「북한 문화예술정책의 변천과 그 지향성」, 『한국행정사학지』 10호.

• 김철준, 「이규보 '동명왕편'의 사학사적 고찰 - 구 삼국사기 자료의 분석을 중심으로 - 」, 『동방학지』 합8집 (1985)

• 김헌선, 「조동일 생극론의 생극관계」, 『조동일 학문의 성격과 위상』경기대학교서울교사 학술발표요지, 2012, 12.7.

• 김혈조, 「연암체의 성립과 정조의 문제반정」, 『한국한문학연구』6 (한국한문학회, 1982)

• 김혜진, 「명 · 청대 금서소설 연구」(경희대 교육대학원 석사학위논문, 2007)

• 나문경, 「일제시대 금서에 관한 연구」(성균관대학교 대학원, 석사학위논문, 1996)

• 노재완, 「김정일의 문예정책에 관한 연구-권력승계와 체제유지를 중심으로」(동국대학교 대학원 석사학위논문, 2001)

• 박경련, 「일제하 출판검열에 관한 사례연구-농산선생문집을 중심으로」, 『서지학연구』제23집 (서지학회, 2002)

• 박균섭, 「학문의 자유와 통제」, 『한국학연구』제30호 (고려대학교

한국학연구소, 2009)

• 박문열, 「고려시대 서적정책에 관한 연구」(중앙대학교 박사학위논문, 1992)

______, 「고려시대 서적의 분포와 금훼에 관한 연구」, 『인문과학논집』12집 (청주대인문과학연구소, 1993)

______, 「고려시대의 금서정책에 관한 연구」, 『문헌정보학보』(중앙대학교 1993)

______, 「운곡선생집초시사에 관한 연구」(청주대학교 한국문화연구소, 2011)

• 박승희, 「이찬의 북한 시와 남북한 문학의 단절」, 『배달말』30호 (배달말학회, 2002)

• 박현숙, 「원생몽유록의 수용 양상 고찰-독자 수용에 따른 작품 형성을 중심으로」(인천대학교 대학원 석사학위논문, 2007)

• 배창섭, 「조선시대의 금서의 서지역 연구」(경북대학교 대학원 석사학위논문, 1993)

• 성봉현, 「일제시기 문집간행과 출판검열: 『송암집』을 중심으로」, 『서지학보』제31호 (한국서지학회, 2007)

• 소인호, 「『설공찬전』 재고」, 『어문논집』37 (안암어문학회, 1998)

• 안세현, 「문체반정을 둘러싼 글쓰기와 문체 논쟁」, 『어문논집』제54집 (민족어문학회, 2006)

• 양옥순, 「북한 문예정책의 변천에 관한 연구-소설의 주제변화를 중심으로」(한국교원대 대학원 석사학위논문, 1996)

• 유순태, 「왕조시대의 기록물 보존관리」, 『속기계 37호』(속기협회, 2000)

• 윤병철,「정감록의 사회변혁 논리와 사회적 의의」,『정신문화연구』28권 1호(한국학중앙연구원, 2005)
• 윤재걸,「금서」,『신동아』1985년 6월호 (동아일보사, 1985)
• 이대희,「조선 시대 문화 정책의 역사적 변화」,『한국행정학보』37권 제4호, 2003.
• 이민주,「일제시기 검열관들의 조선어 미디어와 검열업무에 대한 인식」,『한국언론학보』제55권 1호 (한국언론학회, 2011)
• 이병희,「고려 현종대 사상과 문화정책」,『한국중세사연구』제29호 (2010)
• 이상경,「이태준의「농군」과 장혁주의 '개간'을 통해서 본 일제 말기 작품의 독법과 검열-만보산 사건에 대한 한중일 작가의 민족인식 연구(1)」,『현대소설연구』제 43호 (한국현대소설학회, 2010)
• 이상호,「초기 서학의 전래와 유교적 대응」,『2001년도 추계학술회의 발표 자료집-유교와 가톨릭의 만남』(한국가톨릭철학회 · 동양철학연구회, 2001)
• 이소연,「조선 전기 중국 서적의 유입과 영향에 대한 고찰」(한양대학교 대학원 석사학위논문, 2011)
• 이이화,「조선시대의 금서」,『샘이 깊은 물』1968(8) (뿌리깊은나무, 1968)
• 이종묵,「규장각과 책의 문화사」제1회 해외 한국학 사서워크숍 팸플릿, 2009.
• 이종범,「점필재 김종직의 내면세계와 초기 사림파」,『동양한문학연구』28집(동양한문학회, 2009)

- 이준희, 「일제시대 음반검열 연구」, 『한국문학』제39집(서울대학교 규장각한국학연구원, 2007)
- 이중연, 「중일전쟁 이후 일제의 출판 · 독서 통제」, 『한국문화연구』제8호 (이화여자대학교 한국문화연구원, 2005)
- 이창주, 「제5공화국의 출판통제 정책에 관한 연구-금서를 중심으로」(중앙대학교 신문방송대학원 석사학위논문, 1990)
- 이필귀, 「「홍길동전」에 나타난 허균의 사상」(공주대학교 교육대학원 석사학위논문, 1991)
- 이효정, 「윤치호의 『우순소리』 소개」, 『국어국문학』153호 (국어국문학회, 2003)
- 임지영, 「조선 정조 조에 구입된 중국본의 서지학적 연구」(이화여자대학교 대학원 석사학위논문, 2008)
- 임지혜, 「고려시대 왕실문고에 관한 고찰」(동덕여대 대학원 석사학위논문, 2002)
- 장동석, 「금서, 한국을 말하다」, 『기독교사상』2001(3) (대한기독교서회, 2001)
- 장 신, 「한국강점 전후 일제의 출판통제와 '51종 20만권 분서(焚書)사건'의 진상」, 『역사와 현실』통권 80호 (한국역사연구회, 2011)
- 전소영, 「일제 통감부기 국사교육정책과 국사교과서에 대한 고찰」(명지대학교 교육대학원 석사학위논문, 2004)
- 정근식, 「식민지적 검열의 역사적 기원, 1904~1910년」, 『사회와 역사』통권 64집(한국사회사학회, 2003)

______, 「일제하 검열기구와 검열관의 변동」, 『대동문화연구』51

호(성균관대학교 동아시아학술원, 2005)

______, 「제1회 해외 한국학 사서워크숍 팸플릿 - 식민지검열연구와 자료」

• 정의성, 「고려조의 금서사상에 관한 고찰」, 『인문과학』(광주대학교 인문과학연구소, 1998)

• 정인재, 「양명학의 정신과 그 발전」-석학과 함께하는 인문강좌 제6강, 제5주차 강의 자료집(서울역사박물관, 2011. 6. 18)

• 정진석, 『'日帝시대 民族誌 압수기사모음'의 시대시적 의미: 1920-1936년 3대민족지 항일언론(동아 · 조선 · 시대일보 압수기사 총 1061건)』(LG상남언론재단, 1998)

______, 「일제 말기의 언론 탄압: 일제말 마지막 압수 기사, 어린이 작물 '쌀'」, 『신문과방송』통권 482호 (한국언론진흥재단, 2011)

• 정철현, 「남북한 문화정책 비교 연구」, 『사회과학논집』제37집 (2006)

• 정필운, 「언론 · 출판의 자유의 제한 체계」, 『법학연구』14(1) 통권 제22호 (연세대학교 법학연구소, 2004)

• 정후수, 「추강 남효온의 생애와 사상」, 『민족문화』제5집 (한성대학교 민족문화연구소, 1991)

• 주영아, 「박세당(朴世堂)의 개방적 학문관 연구」, 『동방학』20 (한서대학교 부설동양고전연구소, 2011)

• 최용철, 「중국의 역대 금서 서설 연구」, 『중국어문론』제13호 (중국어문연구회, 1997)

• 최유식, 「일제 하에도 언론은 살아 있었다: 조선 · 동아 등 민족지

'압수기사모음' 발간...일제, 비판 기사는 검열로 삭제」, 『주간조선』1513호 (조선일보사, 1998)

- 최혜주, 「小田省吾의 교과서 편찬활동과 조선사 인식」, 『동북아역사논총』27호(동북아역사재단, 20100
- 치악한문교육연구회 편, 「운곡 원천석의 삶과 얼을 찾아서」, 『강원문화연구』제26집 (2007)
- 한기형,「문화정치기 검열체제와 식민지 미디어」, 『대동문화연구』51호 (성균관대학교 동아시아학술원, 2005)
- 한만수, 「일제시대 문학검열 연구를 위하여」, 『배달말』(배달말학회, 2000)

______, 「일제 식민지시기 문학검열과 원본 확정」, 『대동문화연구』51호 (성균관대학교 동아시아학술원, 2005)

______, 「식민지시기 한국문학의 검열장과 영웅인물의 쇠퇴」, 『어문연구』34(1)(한국어문교육연구회, 2006)

- 한철희, 「해방3년 절판도서 총목록」, 『정경문화』(경향신문사, 1984)
- 허경진, 임미정, 「윤치호 『우순소리(笑話』의 성격과 의의」, 『어문학』제105집,(한국어문학회, 2009)
- 허태용, 「정조대 후반 탕평정국과 진산사건의 성격」, 『민족문화』제35집 (한국고전번역원, 2010)

3. 신문, 잡지, 팸플릿

- 동아일보, 1985년 5월 9일자 기사.
- 동아일보, 1987년 10월 19일자 기사.

- 동아일보, 1988년 9월 3일 기사 : '공산권 자료공개에 관한 정부 대변인 발표문', 민정신문(민주정의당 기관지), 1988년 8월 29일자 기사.
- 법보신문, 2009년 8월 25일자 기사 : '이것이 한국 불교 최초'
- 조선일보, 1985. 10. 4일자 기사 : 이상시
- 주간 『한겨레21』, 2006년 4월 4일자 기사 : '작두로 잘라 불태운 시집'
- 월간 『신문과방송』, 2011년 2월호
- 월간 『조선문학』, 1991년 9월호
- 계간 『문학아카데미』 1995년 가을호
- 대한인쇄문화협회, 「시대의 얼굴 금서 :유교적 지배질서를 위반한 이단의 사상들:이색전시회 조선시대~일제강점기 금서」, 『프린팅코리아』(대한인쇄문화협회, 2004)
- 삼성출판박물관, 전시회 도록 : 「다시 찾은 우리 책」

부록 1
우리나라의 시대별 금서목록

1. 삼국 · 통일신라시대

조대	금서 종류	금지사유
진성여왕	왕거인이 써서 조정 앞 큰길에 걸어놓은 글	진성여왕의 실정을 규탄한 글이라 하여 투옥 후 처형하려 함

2. 고려시대

조대	금서 종류	금지사유
태조	각종 비기류	궁중 밖에서 열람이나 소지 금지. 국초부터 태복감을 설치하여 서적을 통제, 관리하였으며 민간에게 비공개
광종	참서(讖書)	광종 사후 태자가 즉위해 참서를 불살라 버림
숙종	역서, 음양서	역서는 사실과 배치, 음양서 위조와 민심 현혹
인종	노장 사장 금지	도덕경 이단시, 열독과 강론 금지

3. 조선시대의 금서

조대	금서 종류	저자
태조	도선비기	도선 등
	도참, 비결 등 참위술수서	
태종	운곡야사	원천석
세조	고조선비사	
	대변설	
	조대기	
	지공기	
	표훈천사	
	삼성밀기	
	도징기, 통천록(천통서)	구전 기록
	안함로원동중삼기	안함로, 원동중 지음
	금오신화	김시습
	소학, 근사록	주자
	점필재집	김종직
	원생몽유록	원호
	사육신전	남효온
예종	주남일사기	
	지공기	
	표훈천사	
	삼성밀기	
	도증기	
	지리성모하사량훈	
	삼인기 1백 여권	문태, 옥거인, 설업
	호중록	
	지화록	
	명경수	

성종	천문, 음양, 지리에 관한 책	
중종	설공찬전	채수
광해군	홍길동전	허균
인조	남명집	조식
숙종	사서사변록	박세당
	예기유편	최석정
	가례원류	윤선거
	우서	유수원
	하곡집	정제두
영조	잡술에 관한 방서 금지	
정조	천주실의 등 천주교관련 서적	
	열하일기	박지원
	홍문관에 소장된 한역 서양서적	
순조	주교요지	정약종
고종	동경대전 등 동학서적	최제우
	금수회의록	안국선
	월남망국사	월남 소남자 술, 양계초 편찬, 현채 역본에 부록
	정감록	

4. 일제 강점기 대표적인 금서 51종

필자	금서 제목	출간	내용 및 성격
정인호 편집, 장세기 교열	初等大韓歷史 (초등대한역사)	1908	단군~조선까지 간략하게 기술한 개설서. 배일, 애국사상 고취
현채 지음	普通教科東國歷史 (보통교과동국역사)	1899	대한제국 학부, 중학교 교과서로 8권 3책. 단군조선, 기자조선, 위만조선부터 기술

유근, 원영의	新訂東國歷史 (신정동국역사)	1906	역사책
국민교육회 간행	大東歷史略 (대동역사략) 7권1책	1906	대한제국 교과서. 단군조선, 기자조선, 마한, 신라 역사 소략 기술
장지연 (시일야방성대곡)	大韓新地誌 (대한신지지)	1906	지리교과서. 우리나라 자연지리와 속, 물산 등 인문지리 다룸
현채	大韓地誌(대한지지)	1899	교과서, 총론과 13도편으로 대한전도와 각 도 지도, 지역 설명
정인호	最新高等大韓地誌 (최신고등대한지지)	1909	교과서로 편찬, 동해를 조선해로 표기하고 있음
노익형	問答大韓新地誌 (문답대한신지지)		
정인호	最新初等大韓地誌 (최신대한초등지지)		
정인호	最新初等小學 (최신초등소학)		
장지연	高等小學讀本 (고등소학독본)		
원영의	국문과본		
국민교육회	初等小學(초등소학)	1906	교과서로 편찬
대한제국 학부	國民小學讀本 (국민소학독본)	1895	교과서로 편찬. 자연현상과 이치, 세계 주요 문명화, 중상주의 기술
원영의	小學漢文讀本 (소학한문독본)		
장지연	녀ᄌᆞ독본 (자는 아래아)	1908	여성용 교과서

강화석	婦幼讀習(부유독습)	1908	교과서로 편찬
휘문의숙 편집부	高等小學修身書 (고등소학수신서)	1907	교과서로 편찬
안종화	初等倫理學敎科書 (초등윤리학교과서)	1907	교과서로 편찬
휘문의숙 편집부	中等修身敎科書 (중등수신교과서)	1908	교과서로 편찬
유근 (언론인)	初等小學修身書 (초등소학수신서)		
정운하 (독립운동가)	獨習日語正則 (독습일어정칙)	1907	
박중화 (교육가)	精選日語大海 (정선일어대해)	1909	
최재학 (평양유생)	實地應用作文法 (실지응용작문법)	1909	
양계초	飮氷室文集 (음빙실문집)		
정인호	國家思想學 (국가사상학)		
양계초, 유호식 역	民族競爭論 (민족경쟁론)		
Bluntschli (독), 안종화 역	國家學綱領 (국가학강령)	1907	
양계초	飮氷室自由書 (음빙실자유서)		
천도교 중앙 총부	準備時代 (준비시대)	1905	천도교 해설서

김우식	國民須知 (국민수지)	1906	대한제국 시절 가장 널리 퍼진 국민계몽서로 큰 영향을 미침.
유호식 번역	國民自由進步論 (국민자유진보론)		
斯密哥德 (스미스 골드), 변영만 역	世界三怪物 (세계삼괴물)	1908	제국주의를 비판. 금권정치, 군국주의, 제국주의로 세 마리 괴물이 세계를 황폐화시킨다고 비판
변영만 역	二十世紀大慘劇帝國主義(20세기 대참극 제국주의)	1908	
유문상 역	强者의 權利競爭 (강자의 권리경쟁)	1893	진화론을 통해 천부인권설, 이상주의 관념 · 종교 · 세계관 소개
유문상 역	大家論集 (대가론집)		
유문상 역	青年立志編 (청년입지편)		
최학조	男女平權論 (남녀평권론)	1908	남녀평등 사상을 다룬 책
홍종온	片片奇談警世歌 (편편기담경세가)		대한매일신보에 연재. 아전에게 골탕 먹는 지방수령 이야기 등
임경재	쇼ᄋᆞ교육		
이채병	愛國精神(애국정신)		아래 책의 한문본
이채병	ᄋᆞ국경신담	1908	애국단체 서우학회의 기관지,
			서우에 연재되었던 글모음
유원표 (해직군인)	夢見諸葛亮 (몽견제갈량)	1908	꿈에 제갈량을 만났다는 뜻으로 사회비판과 계몽주의를 논함.

신채호	乙支文德 (을지문덕漢文)	1908	
신채호	을지문덕(국문)	1908	
양계초	伊太利建國三傑傳 (이태리건국 삼걸전)	1902	이탈리아 건국의 세 주역에 대한 이야기
양계초	噶蘇士傳(갈소사전)		헝가리 애국자 헤수스 이야기
이해조 역	華盛頓傳(화성돈전)	1908	미국 초대대통령 워싱턴 전기
작자불명	波蘭末年戰史 (파란말년전사)		폴란드 왕국의 독립전쟁. 1905년 대한매일신보연재
현은	美國獨立史 (미국독립사)	1899	
장지연 역	埃及近世史 (애급 근세사)	1905	이집트의 근세사

▶ 일제치하 주요 금서 33권

필자	금서 제목	지정년도
유인석	조의신편	1902
장지연	애급근세사	1902
김택영	역사편약	1905
현채	월남망국사	1907
현채	유년필독	1907
박은식	서사건국지	1907
안국선	연설법망	1907
장지연	대한신지지	1907
최익현	면암선생문집	1908
안국선	금수회의록	1908
유원표	몽견제갈량	1908

신채호	을지문덕	1908
김병제	사회승람	1908
이채우	19세기 구주문명진화론	1908
이승만	독립정신	1910
이해조	자유종	1910
김택영	창간집	1911
박은식	몽배 김태조	1911
황현	매천집	1912
박은식	한국통사	1913
김영우	대한독립혈전기	1919
김병조	한국독립운동사략	1920
박은식	한국독립운동지혈사	1920
한용운	님의 침묵	1926
박용만	제창아조선독립문화지일이어	1927
안재홍	월남 이상재	1929
김동환	시가집	1929
최현배	조선민족 갱생의도	1930
주요섭	조선교육의 결함	1930
김동사	갑오동학란	1930
김구	도왜실기	1931
김동환	평화와 자유	1932
권병덕	이조전란사	1935

5. 미 군정기의 금서

필자	금서 제목	출판사	출간	내용 · 성격
이강국	민주주의 조선의 건설	조선인민보사	1946	시사민전선전부

민주주의	민족전선결성대회 의사록		1946	회의록
조선인민당	선전부인민당의 노선		1946	선전 팸플릿
-	민주주의 12강	문우인서관	1946	선전 팸플릿
이강국외 12인	지도자 군상		1946	인물평전
김오성	독립과 좌우합작	삼의사	1946	자료 팸플릿
정시우 편저	조선토지문제 논고	신한인쇄공사	1946	자료집
민주주의민족 전선사무국	조선해방연보		1946	
박순규	조선연감	조선통신사	1947	종합연감
군정청공보부	위폐사건 공판기록	대건인쇄소	1947	공판기록
박일원	남로당 총 비판	극동정보사	1948	남로당비판서

6. 제1공화국의 금서

필자	금서 제목
마르크스, 레닌, 모택동 등	공산국 계열의 저작물의 반입과 번역금지
임화, 김남천, 이태준 등	월 · 납북한 좌익 문인들의 작품 출판금지
고리끼, 파스테르나크, 노신 등	어머니, 닥터 지바고 등
공산국가 출신 작가	
정치적인 중립화 이론, 학설 펼친 저자	저서 및 논문의 번역물 등 출간 금지
-	지방색을 부추기는 주제의 소설 등 출판 금지

7. 제2공화국의 금서 : 없음

8. 제3공화국의 금서

필자	금서 제목	출판사	출간연도
이정식	한국 공산주의 운동의 기원	한국연구도서관	1961
김상협	모택동 사상	지문각	1964
김준엽 · 김창순	한국공산주의 운동사	아세아문제연구소	1967

9. 유신시대의 금서

필자	금서 제목	출판사	판금	판금사유
김응삼	오늘의 민족전선	한일출판사	1975	
김우창	궁핍한 시대의 시인	민음사	1975	
김지하	황토	한얼문고사	1975	긴급조치 9호 위반
신석상	속물시대	간동출판사	1975	긴급조치 9호 위반
조태일	국토	창비사	1975	
조기탁	밀경작	상헌출판사	1975	긴급조치 9호 위반
김경수	목소리	현대문학사	1975	긴급조치 9호 위반
신동엽	신동엽 전집	창작사	1975	
장준하	죽으면 산다	사상사	1975	사회안정 저해도서
허요석	한국의 문제들	인간사	1975	
안병욱	A교수 에세이 21	장삼유출판사	1976	
정연희	갇힌 자유	삼익	1976	
황명걸	한국의 아이	창비사	1976	

김우종	그래도 살고픈 인생	창비사	1975	
박형규	해방의 길목에서		1975	현실비판적 에세이
현기영	순이 삼촌	창비사	1977	
김경수	이 상투를 보라	선경 도서출판사	1977	
김병익	지성과 반지성	민음사	1977	회비판적 에세이
양성우	겨울공화국	화다	1977	
김홍철	전쟁과 평화의 연구	박영사	1977	
송건호	한국민족주의의 탐구	한길사	1977	
장익 옮김	세상에 열린 신앙	분도출판사	1977	
전 미카엘	노동자의 길잡이	가톨릭출판사	1977	
존스 지음, 안재응 옮김	제3세계와 인권운동		1977	
김동길	가노라 삼각산아	정우사	1977	
김동길	우리 앞에 길은 있다		1978	현실비판적 의식
김동길	길을 묻는 그대에게	삼민사	1978	
김정길	우리의 가을은 끝나지 않았다	효석	1978	
유동우	어느 돌멩이의 외침	대화출판사	1978	
백기완	자주고름 입에 물고 옥색 치마 휘날리며	시인사	1979	압수대상
문병란	죽순 밭에서	한마당	1979	외설, 정부비판
권지숙 외	반시(反詩)	한겨레	1979	
염무웅	민중시대의 문학	창작사	1979	

전미카엘 외	한 아이와 두 어른이 만든 이야기	새벽	1979	
구타에레스	해방신학	분도	1977	폭력조장 유해도서
브라이언 시타인	인간화		1975	긴급조치 9호 위반
NCC	산업선교는 왜 문제시 되는가	기독교교회 협의회	1978	긴급조치 9호 위반
장일조	사회운동 이념사	전망사	1979	공산주의 도서
마르쿠제	이성과 혁명	박영사	1963	폭력정당화
마르쿠제	위대한 거부	광민사	1979	폭력정당화
라이머	학교는 죽었다	광민사	1979	폭력정당화
프레이리	피압박자의 교육학	천주교 평신도회	1979	폭력정당화
조용범	한국자본주의의 원점	법문사	1976	
싱클레어, 채광석 옮김	쟝글	광민사	1979	
파울로프레리 저, 성찬성 옮김	페다고지	천주교 평신도회	1979	
프란츠파농 저,박종열 옮김	대지의 저주받은 자들	광민사	1979	
박현채	민족경제론	한길사	1978	
김윤환 외	한국노동문제의 구조	광민사	1978	현실왜곡, 부정
리영희	8억인과의 대화	창작과비평사	1977	이적국가 찬양고무

김홍철	전쟁과 평화의 연구	박영사	1977	
우인기	건국전야의 비화	박영사	1976	
리영희	우상과 이성	한길사	1977	현실 왜곡, 부정
리영희	전환시대의 논리	창작과비평사	1979	
송건호 회	해방 전후사의 인식	한길사	1979	현실 왜곡, 부정
김용기	운명의 개척자가 되어	한길사	1975	
허요석	한국의 문제들	인간사	1975	
강춘봉	단상단하	인간사	1975	
강석원 옮김	인간 없는 학교	한마당	1980	
강원룡 옮김	크리스찬의 정치적 책임	대한기독교서회	1979	
김대중	내가 걷는 70년대	범우사	1980	
김대중	조국과 함께 민족과 함께	한섬사	1980	
김정준	시편 명상	기독교서회	1980	
김지명 옮김	가난한 자에게 복음을	대화출판사	1979	
김창완	새끼를 꼬면서	평민사	1980	
박권흠	대변인	한섬사	1980	
박종화 옮김	그리스도의 몸이 되어	기독교서회	1979	
송기준	송기준 연설문	한일출판사	1980	
양성우	북치는 앉은뱅이	창작과비평사	1980	
이광복	사육제	대청문화사	1980	
이무영	체제와 민중	청사	1980	
이문구	누구는 누구만 못해서 못하나	시인사	1980	
이병주	왜 김영삼 이냐	신태양	1980	
이순기	서민이 나의 친구다	관동출판사	1980	

이주억 옮김	청년과 사회변동	대한 기독교서회	1979	
이호채	한국 외교정책의 이상과 현실	법문사	1980	
장동성	한글세대론	공학사	1980	
장일조	사회운동이념사	전망	1989	
정을병	인동덩굴	세광공사	1980	
정철	인간 이상향	신기원사	1980	
조태일	고여 있는 시와 움직이는 시	전예원	1981	
채선웅	맞벌이꾼의 수기	관동출판사	1979	
한완상 외	다시 하는 강의	새밭	1981	
한완상 외	이 시대에 부는 바람	대양문화사	1980	
한완상	불균형시대의 문제의식	일월서각	1980	

11. 제6공화국 시대의 금서

(필자명, 출판사명 및 발간연도가 미확인된 것은 생략)

필자	금서 제목	출판사	출간연도
	국가독점자본주의론	한울	1986
	국제노동운동사		
	꽃 파는 처녀, 아침, 황토, 열사람		
	노동계급의 민족이론	형성사	1989
	노래얼		
	닻은 올랐다	힘	1989
	레닌그라드에서 평양까지 (원저: 소련 과학아카데미)	함성	
	레닌의 청년, 여성론	함성	

	레닌저작집 I	전진	1988
	미학의 기초 1,2,3 (원저: 소련 과학아카데미	논장	1989
	반제반봉건민주주의혁명과 사회주의혁명이론-주체사상총서 제4권	백산서당	1989
	위대한 주체사상총서	사회과학출판사	1985
	반제반파쇼운동론	온누리	1989
	변혁과 통일(원저: 남조선혁명과 조국통일, 구월서방, 일본)	그날	1989
	북한 보건의료 연구	청년세대	
	북한사회의 새 인식	남풍	
	북한현대사 입문	백의	1990
	사회주의 경제건설이론-주체사상총서 제7권 (원저: 위대한 주체사상총서, 사회과학출판사, 북한, 1985)	태백	1989
	사회주의, 공산주의 건설이론-주체사상총서 제5권 (원저: 위대한 주체사상총서, 사회과학출판사, 북한, 1985)	태백	1989
	신식민지국가독점자본주의논쟁	벼리	1988
	영도예술-주체사상총서 제10권 (원저: 위대한 주체사상총서, 사회과학출판사(북한), 1985)	지평	1989
박상훈, 리근영, 고신숙	우리나라의 어휘정리	백의	1989
	우리의 전술	이상	

김소민	원전 마르크스-레닌주의 입문	백의	1989
	인민민주주의혁명 전략전술	온누리	1989
	전기 김일성 상, 하 (원저: 『위대한 주체사상총서』, 사회과학출판사, 북한)	형성사 - 미발간	1989
	조선의 맥박	대동	
	조직노선		
	주체사상에 대하여 (원저: 위대한 주체사상총서, 사회과학출판사, 북한, 1985)	진달래	1988
	주체사상의 사회역사적 원리-주체사상총서 제2권 (원저: 위대한 주체사상총서, 사회과학출판사, 북한, 1985)	백산서당	1989
	주체사상의 지도적 원리-주체사상총서 제3권(원저: 위대한 주체사상총서, 사회과학출판사, 북한, 1985)	백산서당	1989
	주체사상의 철학적 원리-주체사상총서 제1권(원저: 위대한 주체사상총서, 사회과학출판사, 북한, 1985)	백산서당	1989
	주체 학습론-원저: 금성청년출판사, 북한	미래사	1989
	진달래 I	한	
	통일국가론 입문	남풍	
	한 자위단원의 운명	황토	
	한국사회구성체논쟁 I, II	죽산	

	한라가 백두에게, 백두가 한라에게		
	항일무장투쟁 회상기 상, 중, 하	대동	1989
	항일혁명문학예술(원저: 사회과학출판사, 북한, 1971)	갈무지	1989
	혁명의 여명	힘	1990
	혁명적 세계관과 청년, 북한, 1977(원저: 금성청년출판사)	광주	1989
	혁명전통강좌	갈무지	
	현대 마르크스-레닌주의 사전		
	현대민족사의 재인식-원저:구월서방, 일본	그날	1989
강석진	대중선동론	아침	1989
강운번	인간개조이론-주체사상총서 제6권(원저: 『위대한 주체사상 총서』, 사회과학출판사, 북한, 1985)	조국	1989
강학태	조선의 아들	한마당	1988
	계간 창작과 비평 1989년 겨울호	창작과 비평사	
과학백과사전 출판사	다국적기업과 현대제국주의	함성(북)	
과학백과사전 출판사	문학예술사전	열사람(북)	1989
교양과학연구회	일하는 자의 철학	사계절	1986
김광진, 손전후, 정영술	조선에서의 자본주의적 관계의 발전(원저: 사회과학출판사 경제편집부, 북한)	열사람	
김노박	마르크스주의란 무엇인가	새날	1989

김달수 저, 임규찬 옮김	태백산맥 상,하	연구사	1988
김대웅 엮음	철학문답, 원저: 북경대학 철학연구실	한마당	1986
김병진	보안사	소나무	1988
김상민	북으로 가는 동지에게(원저: 옥문이 열리던 날, 1948)	아리랑	1989
김석형	고대한일관계사, 원저: 사회과학출판사, 북한	한마당	1988
김성민	민족해방철학 1	힘	1988
김한길	현대조선역사, 원저: 사회과학원 역사연구소, 북한	일송정	1988
김현철, 서인성 외	NL론 비판 I, II	벼리	1988
남대현	청춘송가 상, 하	공동체	1988
남현우 엮음	항일무장투쟁사	대동	
노민영 편	잠들지 않는 남도	온누리	1987
다미야 다까마로	우리 사상의 혁명	논장	
레닌	공산주의에서의 좌익소아병	돌베개	1989
레닌	레닌의 선거와 의회전술 I, II	백두	1989
레닌	무엇을 할 것인가	백두	1988
레닌	유물론과 경험비판론		
레닌	제국주의론		
레닌	좌익소아병과 두 가지 전술. 공산주의에서의 좌익소아병과 사회민주주의자의 두 가지 전술의 합본		1987
리지린, 강인숙	고구려역사(원저: 사회과학출판사, 북한)	논장	1989

루이제 저, 강규원 옮김	기결살수	형성사	1988
마르크스	자본 I-1, 2, 3	이론과 실 천	1987
마르크스	공산당선언	청년사, 백산서당	1988
마르크스	잉여가치학설사, 원저: 조선노동 당출판부, 북한	백의	
마르크스	자본론	백의	1989
마르크스, 엥겔스 지음, 김대중(김명 기) 옮김	마르크스,엥겔스의 문학예술론	한울, 논장	1989
맥코맥, G	남북한 비교연구	일월서각	
무크	녹두서평 1,2,3집	녹두	1987
무크	애국의 길 I	녹두	1989
무크	현단계 1집	한울	1987
무크	현실과 과학 1, 2, 3, 4집	새길	1989
미야카와 미노루 지음	자본론 해설 I, II	두레	1986
민해철	노동자의 철학 I, II	거름	1986
박노해	우리들의 사랑, 우리들의 분노	노동문학사	1989
박세길	다시 쓰는 한국현대사 1, 2	돌베개	1988
박수천	역사인식의 길잡이	동녘	
박승덕	사회주의 문화건설이론-주체사 상총서 8권(원저: 위대한 주체사 상총서, 사회과학출판사, 북한, 1985)	조국	1989
박태원	갑오농민전쟁	공동체	1988
반 카인	반	함성	

백두연구소 엮음	주체사상의 형성과정 I	백두	1989
백두연구소 엮음	북한의 혁명적 군중노선	백두	1989
버첫 지음, 김남원 옮김	북한현대사	신학문사	1988
브루어, 안소니 지음, 염홍철 옮김	제국주의와 신제국주의	사계절	1984
블라소바	철학의 기초	새날	1989
4,15 문학창작단(북한)	1932년 상, 하	열사람	
4,15창작단(북한)	민중의 바다 상, 하	한마당	1988
사회과학원 경제연구소	경제사전 I, II	이성과 현실(북)	1988
사회과학원 문학연구소	조선문학통사	인동(북)	1988
사회과학원 문학연구소	북한의 문예이론	인동(북)	1989
사회과학원 언어학연구소	조선문화어사전	아리랑(북)	1988
사회과학원 언어학연구소	현대조선말사전	백의(북)	1988
사회과학원 역사연구소	역사사전 I, II	지양사(북)	1989
사회과학원 역사연구소	조선근대사(북한)	논장	1989
사회과학원 역사연구소	조선근대혁명운동사(북한)	한마당	1989
사회과학원 역사연구소	조선문화사(북한)		1989

사회과학원 역사연구소	조선전사(북한)	푸른숲	1989
사회과학원 역사연구소	조선통사 상, 하(북한)	오월	1988
사회과학원 철학연구소	정다산 연구(북한)	한마당	1989
사회과학원 철학연구소	철학사전(북한)	힘	1989
사회과학출판사	정치사전(북한)	지양사	1989
석윤기	봄우뢰 상, 하(원저: 총서『불멸의 역사』, 북한, 1984)	힘	1989
신재용 엮음	실천의 철학	백산서당	1987
아라리연구원	4.3 민중항쟁	소나무	1988
아판셰프, V.G. 지음, 김성환 옮김	변증법적 유물론(원저: 소련)	백두	1988
아판셰프 V.G. 지음, 김성환 옮김	역사적 유물론(원저: 소련)	백두	1988
양은식 외	분단을 뛰어넘어		
역사과학연구소(북한)	고구려문화사(원저: 사회과학출판사)	논장	1989
오봉옥	붉은 산 검은 피 Ⅰ, Ⅱ	실천문학사	1989
	월간『노동해방문학』1989년 5-11월호	노동문학사	1989
	월간 대학의 소리 1989년 4월호	대학의 소리사	1989
	월간 사회와 사상 1989년 11월호		
	월간 함께하는 농민 1989년 5월호		

유청 엮어 지음	종파주의 연구	두리	1989
윤영만	강좌철학 I, II (원저: 프랑스 공산당)	세계	1985
이기형	지리산	아침	1988
이성광	민중의 역사 I, II	열사람	1989
이재화	한국 근현대민족해방운동사	백산서당	1988
이정민	우리시대의 철학	대동	
이종현	근대조선역사(원저: 사회과학원 역사연구소, 북한, 1984)	일송정	1988
이진경 엮음	주체사상 비판 1,2	벼리	
이진경	사회구성체 비판과 사회과학방법론	아침	1986
이태영	북한여성	실천문학사	1988
이한 엮음	북한통일정책변천사 상, 하	온누리	
자유언론실천대학신문, 학술기획기자연합 엮음	민족해방운동론 연구	백두	1988
장덕순 외	조국광복회운동사	지양사	1989
전대협 통학추	우리는 결코 둘일 수 없다	남풍	1988
정민 엮어 옮김	주변부사회구성체론	사계절	1985
정민	껍데기를 벗고서	동녘	1987
정성철	실학파의 철학사상과 사회정치적 견해(원저: 철학법학도서편집주 편집, 사회과학출판사, 1974)	백의한마당	1989
정홍교, 박종원	조선문학개관	사회과학출판사, 북	1988
조기천	백두산- 원저: 북한	실천문학사	1989
조민해	제안	백산서당	1988

조선노동당중앙위원회 당역사연구소(북한)	조선노동당략사 I, II	돌베개	1989
조선노동당중앙위원회(북한) 엮음	김일성 선집 I	대동	
조선미술가동맹 엮음	조선미술사 (북한)	한마당	1989
조선민주주의민족전선	해방조선 I, II	과학과 사상	1988
조영진	대중활동가론	두리	1988
조진경	민족자주화운동론 I, II	백산서당	1988
조진경	청년이 서야 조국이 산다	백산서당	1989
조해문	애국시대 상, 하	대동	
주강현 엮음	조선의 민속놀이	푸른숲	
채광석, 채희석	사람됨의 철학 I, II	풀빛	
최운규	조선근현대경제사	갈무지	
최익한	실학파와 정다산-원저: 북한	청년사	1989
최현 편역	사회구성체이행론 서설	사계절	1986
팸플릿	긴급전술	사노맹	
팸플릿	정의의 전쟁	새세대	
팸플릿	짓밟힌 조국, 지향지점, 주체철학 I II III, 고추잠자리I II, 노동계급 2,3,4호, 혁명기치		
편집부 엮어 옮김	레닌과 아시아 민족해방운동	남풍	1988
편집부 엮음	강철서신	눈	1989
편집부 엮음	러시아혁명사 I, II, III, 황인평 엮음, 1985년도 판을 게재 재출간	거름	1987
편집부 엮음	미제침략사	남녘	

편집부 엮음	민족과 경제 1,2	대동	
편집부 엮음	민족과 철학	대동	
편집부 엮음	민족해방운동의 사상과 이론	열사람	
편집부 엮음	북한 조선노동당대회 주요문헌집	돌베개	1988
편집부 엮음	북한의 사상	태백	1989
편집부 엮음	북한의 혁명론(원저: 통일혁명당 중앙위원회 선전부)	신학문사	
편집부 엮음	북한현대소설선 I	물결	
편집부 엮음	사회과학사전		1984
편집부 엮음	세계와 인간	한마당	1988
편집부 엮음	세계철학사 I, Ⅱ, Ⅲ(원저: 소련 과학아카데미, 『철학교정』)	녹두	1985
편집부 엮음	애국민주운동론	녹두	1989
편집부 엮음	의혹 속의 KAL기 폭파사건	힘	
편집부 엮음	조국통일전선	남녘	
편집부 엮음	통혁당	대동	
편집부 엮음	팜플렛 정치노선	일송정	1988
편집부	정치경제학 원론-원저: 소련 과학아카데미	녹두	1986
포너, 필립 지음, 조금안 옮김	클라라 체트킨 선집	동녘	1987
포소니, 스테판 엮음	조직, 전략, 전술	논장	-
하수도 지음, 한백린 옮김	김일성사상 비판	백두	1988
하수도	유물론과 주체사상	시린새벽	-
한겨레사회연구소	평양축전	죽산	1989

한국민중사연구회	한국민중사 I,II,	풀빛	1986
한민 엮음	민족해방민중민주주의혁명론	한	1989
한민 엮음	새 삶을 위하여	한	1989
현승걸	아침해 상, 하(원저: 북한)	청년세대	1989
홍기문	북한 사람들이 즐겨 읽는 옛날이야기, 물결	북한	1964
	원저: 낙랑벌의 사냥-실화와 전설		
홍동근	미완의 귀향일기 상, 하	한울	1988

12. 북한의 금서

필자	금서 제목	금서 이유
정약용	목민심서	봉건유교사상 설교
	민족파 잡지 백민	사상
	종합 시집 응향	제목
	마르크스 등 외국 사상서적	
	자본론, 레닌선집 등 외국 간행 서적	좌익 사상의 서적

부록2
일제 강점기의 출판법

1. 출판법(법률 제6호 1909년(융희 3년) 2월 23일

제 1조 기계와 기타 여하 방법을 물론하고 발매 또는 분포로 목적 삼은 문서와 도서를 인쇄함을 출판이라 하고 기문서를 저술하거나 또는 번역하거나 또는 편찬하거나 또는 도서를 작위하는 자를 저작자라 하고 발매 또는 분포를 담당하는 자를 발행자라하고 인쇄를 담당하는 자를 인쇄자라 함.

제 2조 문서 도서를 출판코자 하는 시는 저작자 또는 기 상속자와 발매자가 연인해야 고본을 첨하여 지방장관(한성부에서는 경시총감으로 함)을 경유해야 내부대신에게 허가를 신청함이 가능함.

제 3조 관청의 문서 도서 혹은 타인의 연설 또는 강의 필기를 출판코자 하는 시외 또는 저작권이 있는 타인의 저작물을 출판코자 하는 때에는 전조의 신청서에 해당 관청의 허가

서 또는 연설자, 강의자, 저작권의 승낙서를 첨부함을 요함. 전항의 경우에 있어서는 허가 또는 승낙을 얻은 자로서 저작자로 간주함.

제 4조 공립학교, 회사, 기타 단체에서 출판하는 문서 도서는 해당 학교, 회사, 기타 단체를 대표하는 자와 발행자가 연인해야 제2조의 절차를 행함이 가능함. 전항의 대표자는 저작자로 간주함.

제 5조 제2조의 허가를 취득하여 문서와 도서를 출판한 때에는 즉시 제본 2부를 포함하여 납부해야 함.

제 6조 관청에서 문서 도서를 출판한 때에는 기 관청에 제본 2부를 포함하여 송부해야 함.

제 7조 문서 도서의 발행자는 문서 도서를 판매함으로 영업삼는 자에만 한함. 단 저작자 또는 기 상속자는 발행자를 겸함을 얻는다.

제 8조 문서 도서의 발행자와 인쇄자는 성명, 주소, 발행소, 인쇄소급 발행 인쇄의 연월일을 해당 문서 도서의 말미에 기재함이 가능하고 인쇄소가 영업상 관용한 명칭이 있는 경우에는 해당 명칭도 기재해야 함. 계산하는 사람이 협동하여 발행 또는 인쇄를 경영하는 경우에는 업무상의 발행자 또는 인쇄자로 간주함.

제 9조 문서 도서를 재판하는 경우에는 저작자 또는 상속자와 급 발행자가 연인하여 제본 2부를 첨부하고 지방장관을 경유하여 내부대신에게 신고해야 함. 단 개정증감하거나 주해, 부록, 그림책 등을 첨가코자 하는 때에는 제2조의 절

차를 의지함.

제10조 서간, 통신, 보고, 회칙인찰, 광고, 모든 예술의 차제서, 모든 종류의 용지류 및 사진을 출판하는 자는 제2조, 제6조, 제7조에 의함을 요구하지 않는다. 단 제11조, 제1호, 제2호, 제3호에 해당하는 경우에는 불법으로 의해 처분함.

제11조 허가를 취득하지 아니하고 출판한 저작자는 그름을 구별하여 처단함.

1. 국교를 저해하거나 정체를 변경하거나 나라 법을 어지럽히는 문서 도서를 출판한 때에는 3년 이하의 역형
2. 외교와 국사의 기밀에 관한 문서 도서를 출판한 때에는 2년 이하의 역형
3. 앞 2호의 경우 외에 안녕질서를 방해하거나 또는 풍속을 어지럽히는 문서 도서를 출판한 때는 10개월 이하의 감옥형
4. 기타의 문서 도서를 출판한 때는 100원 이하의 벌금. 전항 문서 도서의 인쇄를 담당하는 자의 죄도 역시 가함.

제12조 외국에서 발행한 문서 도서 또는 외국인이 국내에서 발행한 문서 도서로 안녕질서를 방해하거나 또는 풍속을 어지럽힐 때에는 내부대신은 그 문서 도서를 국내에서 발매 또는 반포함을 금지하고 그 인본을 압수한다.

제13조 내부대신은 본법을 위반하여 출판한 문서 도서의 발매 또는 반포를 금지하고 해당 각판 인본을 압수한다.

제14조 발매반포를 금지한 문서 도서인출을 알고 이를 발매 또는 반포하거나 외국에서 수입한 자는 6개월 이하의 감옥에

처함. 단 그 출판물로서 제11조 제1항 제1호 내실 제3호 1에 해당한 때에는 동 조례에 비춰 처단함.

제15조 본법 시행 전 이미 출판한 저작물을 재판코자 하는 때에는 본법의 규정에 의함.

제16조 내부대신은 본법 시행 전 이미 출판한 저작물로 안녕질서를 방해하거나 또는 풍속문란 할 곳이 있을 경우에는 기 발매 또는 반포를 금지하거나 해당각판, 인본을 압수한다. (한국통감부 관보 제4311호 융희 3년(1909) 2월 26일)

2. 출판법 중 개정법률(법률 제47호 1934년(소화9년) 5월 1일)

제16조중 '곡비하고'를 '선동하거나 혹은 곡비하고'로, '상휼하거나 또는 형사재판 중의 자를 훼방하는'으로 정정한다.

제26조중 '정체를 변경하거나'를 '황실의 존엄을 모독하고 정체를 변경하거나 또'는 으로 정정한다.

제27조중 '풍속을 괴란하는'을 '안녕질서를 방해하거나 또는 풍속을 괴란하는'으로 정정한다.

제36조 본법은 발매반포의 목적으로 음을 기계적으로 복제하는 행동에 이바지하는 기구에 음의 베끼는 것을 공평하게 다스린다. 단 저작자라 함을 취입자로 한다.

부칙

본법 시행의 기일은 칙령으로서 이를 정한다.(조선총독부 관보 제2194호 1934년 5월 7일)

3. (교과용도서검정) 심사방침

1) 정치적 방면

① 우리나라와 일본과의 관계 및 양국 친교를 막는 비 논의가 없는지.

② 우리나라 국시에 맞지 아니하여 질서와 안녕을 해하고 국리민복을 무시한 언설이 없는지.

③ 본국에 고유한 위배되는 기사가 없는지.

④ 기교하고 오류한 애국심은 고취하는 일이 없는지

⑤ 비일사상을 고취하고 또는 특히 우리나라 사람으로 하여금 일인과 외국인에 대하 여 악감정을 품게 하는 기사와 어조가 없는지.

⑥ 기타 언론이 시사 논평에 관련된 일이 없는지.

2) 사회적 방면

① 음란, 기타 풍속을 괴란하는 언사와 기사가 없는지

② 사회주의 및 기타 사회의 평화를 해롭게 하는 기사가 없는지.

③ 망탄 무계한 미신에 속하는 기사가 없는지.

3) 교육적 방면

① 기재 사항에 오류가 없는지.

② 정도 분량과 재료의 선택이 교과서의 목적과 적응하는지.

③ 편술의 방법이 상당한지

위의 심사방침에 따라 학부에서 심사한 결과, 중요한 결점을 지적하여 다음의 심사 개황으로 열거하고 있다.

4. (교과용도서검정)심사개황

1) 교육적 방면

① 기사의 내용에 오류와 장찬이 많은 것.

② 재료 선택 또는 서술의 방법이 적당함을 득하지 못한 것이 많은 것.

③ 분량 정도에 관하여 주의가 부족한 것.

④ 편술의 조직이 적당하지 못한 것.

⑤ 조사에 용의하지 아니한 것.

2) 정치적 방면

「류별」

① 정면으로 우리나라 현시의 상태를 통론한 것.

② 과격한 문자를 사용하여 자주독립을 설하여 국권을 만회치 못함이 불가함을 절언한 것.

③ 외국의 사정을 인용하여 우리나라의 장래를 경고한 것.

④ 우어를 교설하여 타국에 의뢰함이 불가하다고 풍자한 것.

⑤ 일본과 기타 외국에 관계가 있는 사담을 과장하여 일본과 기타 외국에 대한 적개심을 도발한 것.

⑥ 비분한 문자로 최근의 국사를 서술하여 일한국교를 조애한 것.

⑦ 본국에 고유한 언어 풍습 습관을 유지하고 외국에 모방함이 불가하다고 설하여 배외사상을 창도한 것.

⑧ 국가론과 의무론을 게재하여 불온한 언설을 조작한 것.

⑨ 대언장담을 사용하여 막연 오류한 애국심을 고취한 것.

「개괄」

① 이면과 표면으로 우리나라의 현상을 파괴하고자 하는 정신을 선양한 것.

② 배일사상을 고취하여 우리나라와 일본의 친교를 조애하고자 한 것.

③ 편협하고 오류한 애국심을 도발하여 자제를 오하게 할 우려가 있는 것.

5. 일반검열표준

제1. 안녕질서(치안) 방해사항

1) 황실의 존엄을 모독할 우려가 있는 사항
2) 신궁 · 황릉 · 신사 등을 모독할 우려가 있는 사항
3) 조국의 유래, 국사의 대체를 곡설분경하고 기타 국체 개념을 동요시킬 우려가 있는 사항
4) 국기 · 국장 · 군기 또는 국가에 대하여 이를 모독함과 같은 우려가 있는 사항
5) 군주제를 부인하는 것 같은 사항
6) 법률, 재판 등의 국가 권력 작용에 관하여 계급성을 고조하거나 또는 이를 곡설하고 기타 국가기관의 위신을 실추시킬 우려가 있는 사항
7) 비합법적으로 의회 제도를 부인하는 사항
8) 공산주의, 무정부주의의 이론 및 전략 전술을 지원, 선전, 또는 그 운동의 실행을 선동하는 사항
9) 혁명운동을 선동하거나 또는 이를 찬양하는 것 같은 사항

10) 폭력직접행동, 대중폭동, 각종쟁의, 동맹파업, 동맹휴교 등을 선동 혹은 원조 찬양하는 것 같은 사항
11) 납세, 기타 국민의무를 부인하는 사항
12) 국외의 군주, 대통령 또는 제국에 파유된 외국사절의 명예를 훼손하고 이로서 국교상 중대한 지장을 초래할 우려가 있는 사항
13) 군사, 외교상의 기밀에 저촉되거나 또는 국가의 불이익을 초래할 우려가 있는 사항
14) 국가존립의 기초를 동요시키거나 혹은 그 통제를 문란하게 할 우려가 있는 사항
15) 군 질서를 문란하게 하고 군민이간 및 반군사상을 선동, 고취하는 사항
16) 전쟁도발의 우려가 있는 사항
17) 반 항일 및 배일을 시사, 선동하거나 또는 이를 찬양하는 것 같은 사항
18) 재계를 교란하고 기타 현저하게 경제계의 불안을 야기 시킬 우려가 있는 사항
19) 범죄를 선동하거나 곡비하거나 또는 범죄인 및 형사피고인을 찬양 구호하는 사항
20) 공개하지 않는 관청의 문서 및 의사에 관한 사항
21) 공판에 회부하기 전에 중죄, 경죄에 예심에 관한 사항 및 방청을 금한 재판에 관한 사항
22) 중대범인의 수색상 심대한 지장을 초래하거나 또는 불검거로 인하여 사회의 불안을 야기시키는 것 같은 사항
23) 조선의 독립을 선동하거나 또는 그 운동을 시사 혹은 찬양하

는 것 같은 사항

24) 내지인과 조선인과의 대립을 시사, 선동, 또는 이를 선전하여 내지인과 조선인간의 융화를 저해할 우려가 있는 사항

25) 조선민족의식을 앙양하는 것 같은 사항

26) 조선총독의 위신을 훼손하거나 또는 조선통치의 정신에 배반하는 사항

27) 조선 민족의 경우를 곡설하고, 이를 모욕하고, 기타 조선통치상 유해하다고 인정되는 사항

28) 기타 안녕질서(치안)를 방해하는 사항

제2. 풍속 괴란의 사항

1) 춘화, 음본의 류

2) 성, 성욕, 또는 성애 등에 관한 기술로서 음외수치의 정을 일으켜 사회의 풍교를 해치는 사항

3) 음부를 노출한 사진, 회화, 그림엽서의 류(아동은 제외)

4) 음부를 노출하지 않았으나 추악 도발적으로 표현된 나체사진, 회화, 그림엽서의 류

5) 선정적 혹은 음외수치의 정을 유발할 우려가 있는 남녀포옹, 키스(아동은 제외)의 사진, 회화의 류

6) 난윤한 사항. 단 난윤한 사항을 기술을 기술하여도 조사 평담하거나 선정적 혹은 음외한 자구의 사용이 없는 것은 아직 풍속을 해한 것으로 인정하지 않는다.

7) 수태의 방법 등을 소개한 사항

8) 잔인한 사항

9) 유리마굴의 소개로서 선정적이거나 또는 호기심을 도발하는 것 같은 사항.
10) 서적, 성구, 약품 등의 광고로 현저하게 사회의 풍기를 해칠 사항
11) 기타 선량한 풍속을 해칠 사항

6. 특수검열표준

1) 출판물의 목적
2) 독자의 범위
3) 출판물의 발행부수 및 사회적 세력
4) 발행당시의 사회사정
5) 반포구역
6) 불온개소의 분량

7. 편집에 관한 희망 및 그 지시사항

검열표준은 확고부동한 것이 아니라 시세의 변천에 따라 당연히 변할 것으로 이미 출판허가가 있었던 것이라도 차압 혹은 재판을 인정치 않는 경우가 있는 것으로 이 점 오해가 없도록 주의하라.

1. 황실의 존엄을 모독할 우려가 있는 기사와 사진은 일절 취급치 말 것
2. 왕 · 공족에 관한 기사, 일한병합 후 기술한 문장에는 제점을 주의할 것
   1) 조선 역대왕의 호에다 성상, 금상의 자구를 사용하지 말 것
   2) 고종, 순종, 동비에 대하여는 황제, 황후를 사용하지 말 것
3. 조선 통치정신에 위배되는 기사

1) 역사에 관하여

① 일한병합 후 기술한 문장에 아조, 본조, 대명, 황명, 천명, 천사 등의 문구를 사용하지 말 것

② 배일의 자료를 제공하려는 기사, 일한병합 전후의 내선관의 사실에 대하여 비분강개의 문자, 문구

③ 일한병합에 반대한 인물의 성명을 다수 나타낸 것

④ 고려말기의 충신, 전사를 칭찬하는 문장으로서 병합 이후 제작 기술하여 병합전후의 상황에 비유하려는 기사

⑤ 일한병합의 당사자, 공로자의 기사는 말살하지 말 것

2) 년 호

① 일한병합 후 기술한 문장에는 원칙적으로 황기 또는 명치, 대정 소화 년 호를 사용하고 서력, 중국력은 보충적으로 사용할 것

② 서력은 정치, 역사적 의미가 없는 것과 세계적 기사에 한하여 사용 할 것

4. 내선일체 및 내선융화에 관한 기사는 그 예가 극히 적은 것은 유감이다. 이후로는 형식적으로 흐르지 말고 성의를 가지고 차종의 선량한 기사를 취급할 것

5. 내선관계 문자에 있어서 일본내지인, 동경유학생 등 마치 내지를 외국과 같이 취급하는 경향이 있으나 이는 온당치 않으므로 주의할 것

6. 총독부의 국어(일본어) 장려운동에 순응하여 이후 될 수 있는 대로 국어기사를 많이 취급할 것

7. 사회주의 또는 민주주의자로서 운동 중인 소작은 전향 후에는 출판하지 말 것

부록 3
분단시대 남북한 출판 관련 법률

1. 남한의 관련 법률

대한민국 헌법

제2장 국민의 권리와 의무는 대한민국 헌법의 기본권적 인권 부분이다. 즉, 미국의 권리장전이나 프랑스 인권선언과 같은, 대한민국의 권리장전이다.

제21조 언론 · 출판의 자유, 집회 · 결사의 자유, 언론 · 출판에 의한 피해의 보상

① 모든 국민은 언론 · 출판의 자유와 집회 · 결사의 자유를 가진다.

② 언론 · 출판에 대한 허가나 검열과 집회 · 결사에 대한 허가는 인정되지 아니한다.

③ 통신 · 방송의 시설기준과 신문의 기능을 보장하기 위하여

필요한 사항은 법률로 정한다.

④ 언론 · 출판은 타인의 명예나 권리 또는 공중도덕이나 사회윤리를 침해하여서는 아니 된다. 언론 · 출판이 타인의 명예나 권리를 침해한 때에는 피해자는 이에 대한 피해의 배상을 청구할 수 있다.

국가보안법

제1장 총칙

제1조 (목적 등)

① 이 법은 국가의 안전을 위태롭게 하는 반국가활동을 규제함으로써 국가의 안전과 국민의 생존 및 자유를 확보함을 목적으로 한다.

② 이 법을 해석 적용함에 있어서는 제1항의 목적달성을 위하여 필요한 최소한도에 그쳐야 하며, 이를 확대해석하거나 헌법상 보장된 국민의 기본적 인권을 부당하게 제한하는 일이 있어서는 아니 된다. [신설 91 · 5 · 31] [본조제목개정 1991 · 5 · 31]

제2조 (정의)

① 이 법에서 "반국가단체"라 함은 정부를 참칭하거나 국가를 변란할 것을 목적으로 하는 국내외의 결사 또는 집단으로서 지휘통솔체제를 갖춘 단체를 말한다. [개정 91 · 5 · 31]

제2장 죄와 형

제3조 (반국가단체의 구성 등)

① 반국가단체를 구성하거나 이에 가입한 자는 다음의 구별에 따라 처벌한다.

1. 수괴의 임무에 종사한 자는 사형 또는 무기징역에 처한다.
2. 간부 기타 지도적 임무에 종사한 자는 사형 · 무기 또는 5년 이상의 징역에 처한다.
3. 그 이외의 자는 2년 이상의 유기징역에 처한다.

② 타인에게 반국가단체에 가입할 것을 권유한 자는 2년 이상의 유기징역에 처한다.

③ 제1항 및 제2항의 미수범은 처벌한다.

④ 제1항제1호 및 제2호의 죄를 범할 목적으로 예비 또는 음모한 자는 2년 이상의 유기징역에 처한다.

⑤ 제1항제3호의 죄를 범할 목적으로 예비 또는 음모한 자는 10년 이하의 징역에 처한다. [개정 91 · 5 · 31]

제4조 (목적수행)

① 반국가단체의 구성원 또는 그 지령을 받은 자가 그 목적수행을 위한 행위를 한 때에는 다음의 구별에 따라 처벌한다. [개정 91 · 5 · 31]

1. 형법 제92조 내지 제97조 · 제99조 · 제250조제2항 · 제338조 또는 제340조제3항에 규정된 행위를 한 때에는 그 각조에 정한 형에 처한다.
2. 형법 제98조에 규정된 행위를 하거나 국가기밀을 탐지 · 수집 · 누설 · 전달하거나 중개한 때에는 다음의 구별에

따라 처벌한다.

가. 군사상 기밀 또는 국가기밀이 국가안전에 대한 중대한 불이익을 회피하기 위하여 한정된 사람에게만 지득이 허용되고 적국 또는 반국가단체에 비밀로 하여야 할 사실, 물건 또는 지식인 경우에는 사형 또는 무기징역에 처한다.

나. 가목 외의 군사상 기밀 또는 국가기밀의 경우에는 사형 · 무기 또는 7년 이상의 징역에 처한다.

3. 형법 제115조 · 제119조제1항 · 제147조 · 제148조 · 제164조 내지 제169조 · 제177조 내지 제180조 · 제192조 내지 제195조 · 제207조 · 제208조 · 제210조 · 제250조제1항 · 제252조 · 제253조 · 제333조 내지 제337조 · 제339조 또는 제340조제1항 및 제2항에 규정된 행위를 한 때에는 사형 · 무기 또는 10년 이상의 징역에 처한다.
4. 교통 · 통신, 국가 또는 공공단체가 사용하는 건조물 기타 중요시설을 파괴하거나 사람을 약취 · 유인하거나 함선 · 항공기 · 자동차 · 무기 기타 물건을 이동 · 취거한 때에는 사형 · 무기 또는 5년 이상의 징역에 처한다.
5. 형법 제214조 내지 제217조 · 제257조 내지 제259조 또는 제262조에 규정된 행위를 하거나 국가기밀에 속하는 서류 또는 물품을 손괴 · 은닉 · 위조 · 변조한 때에는 3년 이상의 유기징역에 처한다.
6. 제1호 내지 제5호의 행위를 선동 · 선전하거나 사회질서의 혼란을 조성할 우려가 있는 사항에 관하여 허위사실

을 날조하거나 유포한 때에는 2년 이상의 유기징역에 처한다.

② 제1항의 미수범은 처벌한다.

③ 제1항제1호 내지 제4호의 죄를 범할 목적으로 예비 또는 음모한 자는 2년 이상의 유기징역에 처한다.

④ 제1항제5호 및 제6호의 죄를 범할 목적으로 예비 또는 음모한 자는 10년 이하의 징역에 처한다.

제7조 (찬양 · 고무 등)

① 국가의 존립 · 안전이나 자유민주적 기본질서를 위태롭게 한다는 점을 알면서 반국가단체나 그 구성원 또는 그 지령을 받은 자의 활동을 찬양 · 고무 · 선전 또는 이에 동조하거나 국가변란을 선전 · 선동한 자는 7년 이하의 징역에 처한다. [개정 91 · 5 · 31]

③ 제1항의 행위를 목적으로 하는 단체를 구성하거나 이에 가입한 자는 1년 이상의 유기징역에 처한다. [개정 91 · 5 · 31]

④ 제3항에 규정된 단체의 구성원으로서 사회질서의 혼란을 조성할 우려가 있는 사항에 관하여 허위사실을 날조하거나 유포한 자는 2년 이상의 유기징역에 처한다. [개정 91 · 5 · 31]

⑤ 제1항 · 제3항 또는 제4항의 행위를 할 목적으로 문서 · 도화 기타의 표현물을 제작 · 수입 · 복사 · 소지 · 운반 · 반포 · 판매 또는 취득한 자는 그 각항에 정한 형에 처한다. [개정 91 · 5 · 31]

⑥ 제1항 또는 제3항 내지 제5항의 미수범은 처벌한다. [개정 91 · 5 · 31]

⑦ 제3항의 죄를 범할 목적으로 예비 또는 음모한 자는 5년 이하의 징역에 처한다. [개정 91 · 5 · 31]

긴급조치 9호

긴급조치 제1호

① 대한민국 헌법을 부정, 반대, 왜곡 또는 비방하는 일체의 행위를 금한다.

② 대한민국 헌법의 개정 또는 폐지를 주장, 발의, 청원하는 일체의 행위를 금한다.

③ 유언비어를 날조, 유포하는 일체의 행위를 금한다.

④ 전 1, 2, 3호에서 금한 행위를 권유, 선동, 선전하거나 방송, 보도, 출판, 기타 방법으로 이를 타인에게 알리는 일체의 언동을 금한다.

⑤ 이 조치에 위반한 자와 이 조치를 비방한 자는 법관의 영장 없이 체포, 구속, 압수, 수색하며 15년 이하의 징역에 처한다. 이 경우에는 15년 이하의 자격정지를 병과할 수 있다.

⑥ 이 조치에 위반한 자와 이 조치를 비방한 자는 비상군법회의에서 심판, 처단한다.

⑦ 이 조치는 1974년 1월 8일 17시부터 시행한다.

긴급조치 제2호

- 긴급조치를 위반한 자를 처벌하는 비상군법회의 설치

- 중앙정보부 부장이 사건의 정보, 조사, 보안업무를 조정, 감독
- 적용 사례: 1974년 1월 15일, 긴급조치 1호 위반자에 대한 비상보통군법회의: 장준하, 백기완에 징역15년, 자격정지 15년

긴급조치 제4호

- 민청학련과 이것에 관련한 제 단체의 조직에 가입하거나, 그 활동을 찬동, 고무 또는 동조하거나 그 구성원에게 장소, 물건, 금품 그 외의 편의를 제공하거나 그 활동에 관한 문서, 도서, 음반, 그 외의 표현물을 출판, 제작, 소지, 배포, 전시, 판매하는 것을 일제히 금지한다.
- 이 조치를 위반한 자, 이 조치를 비방한 자는 영장 없이 체포되어 비상군법회의에서 사형, 무기 또는 5년 이상의 징역형에 처한다.
- 학생의 출석거부, 수업 또는 시험의 거부, 학교 내외의 집회, 시위, 성토, 농성, 그 외의 모든 개별적 행위를 금지하고 이 조치를 위반한 학생은 퇴학, 정학처분을 받고 해당 학교는 폐교처분을 받는다.
- 군의 지구사령관은 서울특별시장, 부산시장 또는 도지사에게 학생탄압을 위한 병력출동 요청을 받을 때는 이에 응하고 지원해야 한다.

반유신운동 탄압

- 1974.3.1. 서강대와 경북대 반유신 시위
- 4.3. '전국민주청년학생총연맹(민청학련) '민중 민족 민주선언' 발표, 전국 시위 계획-4월 3일 밤부터 대대적으로 학생들 검거
- 5일까지 200여명 검거, 총 1,024명 수사

- 윤보선, 박형규, 김동길, 김찬국 등 기소, 180명 군사재판에 회부, 이철, 김지하 등 사형선고

재판과정의 불공정성

- 피고인 가족 1인에게만 방청 허용
- 피고인들의 형량: 사형 9명, 무기징역 21명, 그 외 140명 형량합이 1,650년

긴급조치 제5호

- 대통령 긴급조치 제1호와 동 제4호의 해제에 관한 긴급조치
- 대통령 긴급조치 제1호와 동 제4호를 해제한다.
- 해제 당시, 대통령 긴급조치 제1호 또는 동 제4호에 규정된 죄를 범하여, 그 사건이 재판 계속 중에 있거나 처벌을 받은 자에게는 영향을 미치지 아니한다.
- 이 조치는 1974년 8월 23일 10시부터 시행한다.
- [편집] 긴급조치 제6호[편집] 내용〈대통령 긴급조치 제3호의 해제 조치〉
- 대통령 긴급조치 제3호 「국민생활의 안정을 위한 대통령 긴급조치」를 해제한다.
- 해제 당시 대통령 긴급조치 제3호의 적용을 이미 받았거나 받을 사항에 대하여는 영향을 미치지 아니하며 그에 관한 사항의 처리는 종전의 예에 의한다.
- 해제 당시 대통령 긴급조치 제3호에 의하여 부과하였거나 부과할, 또는 감면하였거나 감면할 제세에 관하여는 종전의 예에 의

한다.

- 해제 당시 대통령 긴급조치 제3호에 위반한 행위에 대한 벌칙의 적용과 그 재판관할에 있어서는 종전의 예에 의한다.
- 이 조치는 1975년 1월 1일 0시부터 시행한다.

긴급조치 제7호

- 1975년 4월 8일 17시를 기하여 고려대학교에 대하여 휴교를 명한다.
- 동교 내에서 일체의 집회, 시위를 금한다.
- 위 제1,2호를 위반한 자는 3년 이상 10년 이하의 징역에 처한다. 이 경우 10년 이하의 자격정지를 병과할 수 있다.
- 국방부장관은 필요하다고 인정한 때에 병력을 사용하여 동교의 질서를 유지할 수 있다.
- 이 조치에 위반한 자는 법관의 영장 없이 체포 · 구금 · 압수 · 수색할 수 있다.
- 이 조치에 위반한 자는 일반법원에서 관할 심판한다.
- 이 조치는 1975년 4월 8일 17시부터 시행한다.

긴급조치 제8호

- 「대통령 긴급조치 제7호의 해제조치」
- 대통령 긴급조치 제7호를 해제한다.

긴급조치 제9호

① 다음 각 호의 행위를 금한다.

가. 유언비어를 날조, 유포하거나 사실을 왜곡하여 전파하는 행위

나. 집회 · 시위 또는 신문, 방송, 통신 등 공중전파 수단이나 문서, 도화, 음반 등 표현물에 의하여 대한민국 헌법을 부정 · 반대 · 왜곡 또는 비방하거나 그 개정 또는 폐지를 주장 · 청원 · 선동 또는 선전하는 행위

다. 학교 당국의 지도, 감독 하에 행하는 수업, 연구 또는 학교장의 사전 허가를 받았거나 기타 예외적 비정치적 활동을 제외한 학생의 집회 · 시위 또는 정치 관여 행위

라. 이 조치를 공연히 비방하는 행위

② 제1에 위반한 내용을 방송 · 보도 기타의 방법으로 공연히 전파하거나, 그 내용의 표현물을 제작 · 배포 · 판매 · 소지 또는 전시하는 행위를 금한다.

③ 재산을 도피시킬 목적으로 대한민국 또는 대한민국 국민의 재산을 국외에 이동하거나 국내에 반입될 재산을 국외에 은닉 또는 처분하는 행위를 금한다.

④ 관계 서류의 허위 기재 기타 부정한 방법으로 해외 이주의 허가를 받거나 국외에 도피하는 행위를 금한다.

⑤ 주무부장관은 이 조치 위반자 · 범행 당시의 그 소속 학교 · 단체나 사업체 또는 그 대표자나 장에 대하여 다음 각 호의 명령이나 조치를 할 수 있다.

가. 대표자나 장에 대한, 소속 임직원 · 교직원 또는 학생의 해임이나 제적의 명령

나. 대표자나 장 · 소속 임직원 · 교직원이나 학생의 해임 또는 제적의 조치

다. 방송 · 보도 · 제작 · 판매 또는 배포의 금지 조치
라. 휴업 · 휴교 · 정간 · 폐간 · 해산 또는 폐쇄의 조치
마. 승인 · 등록 · 인가 · 허가 또는 면허의 취소 조치

⑥ 국회의원이 국회에서 직무상 행한 발언은 이 조치에 저촉되더라도 처벌되지 아니한다. 다만 그 발언을 방송 · 보도 · 기타의 방법으로 공연히 전파한 자는 그러하지 아니한다.

⑦ 이 조치 또는 이에 의한 주무부장관의 조치에 위반한 자는 1년 이상의 유기징역에 처한다. 이 경우에는 10년 이하의 자격정지를 병과한다. 미수에 그치거나 예비 또는 음모한 자도 또한 같다.

⑧ 이 조치 또는 이에 의한 주무부장관의 조치에 위반한 자는 법관의 영장 없이 체포 · 구속 · 압수 또는 수색할 수 있다.

⑨ 이 조치 시행 후, 특정범죄 가중처벌 등에 관한 법률 제2조(뇌물죄의 가중처벌)의 죄를 범한 공무원이나 정부관리 · 기업체의 간부직원 또는 동법 제5조(국고손실)의 죄를 범한 회계관계직원 등에 대하여는, 동법 각조에 정한 형에, 수뢰액 또는 국고손실액의 10배에 해당하는 벌금을 병과한다.

⑩ 이 조치 위반의 죄는 일반법원에서 심판한다.

⑪ 이 조치의 시행을 위하여 필요한 사항은 주무부장관이 정한다.

⑫ 국방부 장관은 서울특별시장, 부산시장 또는 도지사로부터 치안질서유지를 위한 병력출동의 요청을 받은 때에는 이에 응하여 지원할 수 있다.

⑬ 이 조치에 의한 주무부장관의 명령이나 조치는 사법적 심사의 대상이 되지 아니한다.

⑭ 이 조치는 1975년 5월 13일 15시부터 시행한다.

* 긴급조치(緊急措置)는 1972년 개헌된 대한민국의 유신 헌법에 규정되어 있던, 대통령의 권한으로 취할 수 있었던 특별조치를 말한다. 당시 대한민국의 대통령이었던 박정희는 이 조치를 발동함으로써 "헌법상의 국민의 자유와 권리를 잠정적으로 정지" 할 수 있는 권한을 가졌다. 이는 역대 대한민국 헌법 가운데 대통령에게 가장 강력한 권한을 위임했던 긴급권으로, 박정희는 이를 총 9차례 공포했다. 1980년 헌법이 개정되면서 폐지되었다.

2. 북한의 출판법

조선민주주의인민공화국 출판법

- 주체64(1975)년 8월 8일 최고인민회의 상설회의 결정 제17호로 채택
- 주체84(1995)년 9월 13일 최고인민회의 상설회의 결정 제63호로 수정보충
- 주체88(1999)년 1월 21일 최고인민회의 상임위원회 정령 제372호로 수정

제1장 출판법의 기본

제 1조 조선민주주의인민공화국 출판법은 출판 분야에서 제도와 질서를 세워 출판 사업을 발전시키고 출판물에 대한 인민들의 수요를 보장하는데 이바지한다.

제 2조 조선민주주의인민공화국 출판 사업은 혁명적 출판전통에 기초하여 사회주의위업을 고수 발전시키는데 복

무한다. 국가는 출판 사업에서 이룩한 성과를 공고히 하고 출판물의 정치사상성, 대중성, 진실성을 보장하여 인민들의 사상문화생활을 건전하고 풍부하게 하도록 한다.

제 3조 출판물은 인민대중의 자주적사살의식과 창조적 능력을 높이고 사회를 문명하게 하는 힘 있는 사상문화수단이다. 출판물에는 각종 신문, 잡지, 도서, 지도, 력서 같은 것이 속한다.

제 4조 출판 사업에 대한 통일적인 지도는 그의 건전한 발전을 위한 중요업보이다. 국가는 출판기관을 합리적으로 조직하고 출판 사업에 대한 유일적인 지도를 실현하다.

제 5조 국가는 출판물에 대한 수요와 현실조건을 타산하여 출판계획을 세우고 어김없이 실행하도록 한다.

제 6조 공민은 저작 또는 창작 활동을 자유롭게 할 수 있다. 국가는 광범한 대중을 저작 및 창작 활동에 적극 참가시키도록 한다.

제 7조 국가는 인쇄 수단과 기술을 현대화하여 출판물의 질을 높이고 출판문화를 발전시키도록 한다.

제 8조 국가는 전체 인민이 출판물을 제때에 정상적으로 보고 리용할 수 있도록 한다.

제 9조 국가는 출판 분야에서 다른 나라들과의 교류와 협조를 발전시킨다.

제10조 이 법은 출판 사업을 하는 기관, 기업소, 단체와 공민에게 적용한다. 기관, 기업소, 단체에 조직되어 출판 사업

을 하는 편집부서, 인쇄실에도 이 법을 적용한다.

제2장 출판기관

제11조 출판기관은 출판물 원고를 집필, 편집하고 출판물을 발행하는 기관이다. 필요에 따라 출판기관은 인쇄사업도 할 수 있다. 출판기관에는 출판사, 신문사, 잡지사 같은 것이 속한다.

제12조 출판기관은 등록하여야 출판 사업을 할 수 있다. 출판기관의 등록은 새로 조직되었거나 그 성격과 임무, 사업범위가 달라진 경우에 한다. 출판기관을 등록하는 사업은 내각 또는 출판지도 기관이 한다.

제13조 출판물은 출판기관이 출판한다. 기관 안에서 이용할 출판물은 해당 기관, 기업소, 단체도 출판할 수 있다.

제14조 출판기관은 등록된 성격과 임무에 맞지 않는 출판물을 출판할 수 없다. 필요한 경우 출판지도기관 또는 해당 중앙기관의 승인을 받아 출판할 수 있다.

제15조 출판기관은 출판물을 재판, 전재, 복사하거나 수정 보충할 경우 저작자와 합의하여야 한다. 저작자와 합의할 수 없을 경우에는 출판지도기관 또는 해당 중앙기관의 승인을 받는다.

제3장 출판계획과 계약

제16조 출판계획은 출판물에 대한 수요를 보장하기 위한 국가계획이다. 출판계획은 출판물 원고편집 계획과 출판물

발행계획으로 나눈다.

제17조 출판계획은 출판 지도기관 또는 해당 중앙기관은 중요저작물, 교과서와 같은 필요한 출판물의 집필계획을 따로 세울 수 있다. 세워진 집필계획의 승인은 내각 또는 해당 기관이 한다.

제18조 출판 지도기관 또는 해당 중앙기관은 중요저작물, 교과서와 같은 필요한 출판물의 집필계획을 따로 세울 수 있다. 세워진 집필계획의 승인은 내각 또는 해당 기관이 한다.

제19조 출판계획을 세우는데서 지켜야 할 원칙은 다음과 같다.

1. 출판물수요를 타산하여 발행규모를 정한다.
2. 출판물의 성격과 이용대상에 맞게 출판물의 형식을 정한다.
3. 출판사업 능력과 조건을 고려하여 출판계획 기간을 정한다.

제20조 출판계약은 집필계약과 발행계약으로 나눈다. 집필계약은 출판물원고의 집필계획 또는 편집계획에 기초하여 출판기관과 출판물원고를 집필해야 할 기관, 기업소, 단체, 공민 사이에, 발행계약은 출판물의 발행계획에 기초하여 출판물인쇄를 의뢰한 기관 기업소, 단체, 공민과 인쇄공장 사이에 맺는다.

제21조 출판계약을 맺는데서 지켜야 할 원칙은 다음과 같다.

1. 계약이행담보를 확인한다.
2. 계약이행기일과 보수를 합의한다.

3. 계약위반에 대한 책임을 합의한다.
4. 저작권, 출판권을 담보한다.

제4장 출판물원고의 집필과 편집

제22조 출판물원고의 집필은 개별적으로 또는 여럿이 협력하여 할 수 있다.

제23조 출판기관의 기자, 편집원은 출판물 원고의 집필, 편집계획을 어김없이 실행하여야 한다. 해당 기관, 기업소, 단체는 기자, 편집원의 취재조건을 보장하여야 한다.

제24조 출판기관은 집필계획 실행을 위하여 기관, 기업소, 단체 또는 공민에게 출판물 원고의 집필을 의뢰할 수 있다. 해당 기관, 기업소, 단체와 공민은 의뢰받은 출판물 원고를 정한 기일 안에 질적으로 집필하여 제출하여야 한다.

제25조 출판기관은 제출된 출판물 원고에 대하여 해당 기관 또는 전문가의 심사를 조직하여야 한다. 필요에 따라 심사를 조직하지 않을 수 있다. 교과서 원고의 심사는 심의위원회를 조직하여 할 수 있다.

제26조 출판물 원고의 교열, 편집은 출판기관의 기자 또는 편집원이 한다. 출판기관에 원고를 교열할 수 있는 기자, 편집원이 없을 경우에는 해당전문가에게 의뢰할 수 있다. 특별히 중요한 원고는 부문별로 조직된 편집위원회 또는 편찬위원회에서 교열, 편집한다.

제27조 교열과정에 제기된 출판물원고의 수정은 집필자가 한

다. 집필자의 의도를 변경시키지 않을 경우에는 편집자도 수정 보충할 수 있다.

제28조 출판물 원고는 인쇄, 제작을 위하여 편성한다. 편성자는 출판물의 성격과 인쇄의 기술적 조건에 맞게 편성하여야 한다.

제5장 출판물의 인쇄와 발행

제29조 출판물의 인쇄는 해당 인쇄공장에 의뢰하여 한다. 인쇄공장을 가지고 있는 출판기관은 자체로 인쇄할 수 있다.

제30조 출판물을 인쇄하려는 기관, 기업소, 단체와 공민은 출판물 인쇄승인과 발행허가를 받아야 한다. 출판물 인쇄승인과 발행허가는 출판지도기관 또는 해당 중앙기관이 한다.

제31조 출판물 인쇄조직은 인쇄공장이 한다. 인쇄공장은 인쇄공정의 기술적 요구를 지켜 출판물을 제때에 질적으로 인쇄하여야 한다.

제32조 출판기관은 인쇄과정에 있는 원고는 교정하여야 한다. 출판지도기관 또는 해당 중앙기관의 승인 없이 인쇄과정에 있는 원고는 수정 보충할 수 없다.

제33조 인쇄가 끝난 출판물에 대한 검사는 인쇄공장 또는 해당 검사기관이 한다. 출판물 검사과정에 발견한 결함은 다시 인쇄하거나 고침표를 붙이는 방법으로 고친다.

제34조 출판물의 발행은 출판기관이 한다. 경우에 따라 해당 기관, 기업소, 단체도 발행할 수 있다. 출판물을 발행하

는 기관, 기업소, 단체는 출판물의 정상상태를 확인하고 제때에 발행하여야 한다.

제35조 출판기관은 발행하는 출판물에 출판, 인쇄 기관의 이름과 집필, 심사, 편집자의 이름, 인쇄와 발행 날짜, 부수, 값 같은 것을 밝혀야 한다.

제36조 출판물의 값은 생산원가와 사명을 고려하여 정한다. 대중교양용 출판물, 교육용 출판물의 값은 낮게 정한다.

제37조 출판기관은 발행하는 출판물을 정한 부수대로 납본하여야 한다. 출판물 납본 대상과 부수는 출판지도기관 또는 해당 중앙기관이 정한다.

제38조 출판물이 발행되면 원고료를 지불한다. 원고료의 지불기준과 절차, 방법은 내각이 정한다.

제6장 출판물의 보급

제39조 출판물보급은 출판물보급기관이 한다. 기관 안에서 이용할 출판물은 해당 기관이 배포할 수 있다. 출판물보급기관 또는 해당 기관은 출판물을 정확히 배정하고 제때에 배포하여야 한다.

제40조 출판물은 배포승인을 받아야 보급할 수 있다. 출판물의 배포승인은 출판지도기관 또는 해당 중앙기관이 한다.

제41조 출판물 배정은 기관, 기업소, 단체, 세대별로 한다. 출판물 보급기관은 출판물의 성격과 내용, 보급대상의 특성에 맞게 출판물을 배정하여야 한다.

제42조 출판물은 책방을 통하여 배포한다. 필요한 경우 출판물

보급기관이 기관, 기업소, 단체에 배포할 수 있다. 신문, 잡지는 예약에 따라 체신기관이 송달한다.

제43조 출판물 보급기관은 읽은 책 수매보급을 비롯한 여러 가지 합리적인 방법을 받아들여 출판물의 보급률을 높아야 한다.

제44조 출판물 보급기관과 체신기관, 해당 기관은 보급과정에 있는 출판물이 손상되지 않도록 정히 다루어야 한다. 보급, 리용 과정에 손상되었거나 이용 가치를 잃은 중요출판물은 정해진 절차에 따라 처리한다.

제7장 출판 사업에 대한 지도통제

제45조 출판 사업에 대한 지도는 출판지도기관 또는 해당 중앙기관이 한다. 출판지도기관 또는 해당 중앙기관은 출판사업체계를 바로 세우고 공정별 사업 책임량, 소요기일 같은 출판사업 기준을 정해주며 출판사업 전반을 정상적으로 장악 지도하여야 한다.

제46조 국가계획기관과 해당 기관, 기업소, 단체는 출판 사업에 필요한 설비, 자재, 자금을 제때에 보장하여야 한다.

제47조 출판 사업에 대한 감독통제는 출판지도기관 또는 해당 기관이 한다. 출판지도 기관과 해당 기관은 출판물을 통하며 기밀이 새여 나가거나 반동적인 사상과 문화, 생활풍조가 퍼지지 않도록 하며 인쇄설비를 등록하고 그 이용을 감독 통제하여야 한다.

제48조 기밀을 누설시키거나 반동적인 사상과 문화, 생활풍조

를 퍼뜨릴 수 있는 출판물은 생산, 발행, 보급과 반출입을 중지시키고 회수한다.

제49조 등록하지 않고 이용한 인쇄설비는 몰수한다.

제50조 이 법을 어겨 엄중한 결과를 일으킨 기관, 기업소, 단체의 책임 있는 일군과 개별적 공민에게는 정상에 따라 행정적 또는 형사적 책임을 지운다.

찾아보기

김 길 연

국제대학교(현 서경대학교) 국어국문학과 졸업
서경대학교 대학원 석 · 박사(문화예술학박사)
고려대학교 국제대학원 이수
경희대학교 경영대학원 이수
선문대학교 행정대학원 이수
Lincoln Nebraska Community college 이수
국제 피플투피플 한국본부 총재 역임
소월기념사업회 부이사장 역임
서경대학교 교양학부 초빙교수
수필가, 시인
민주평통 자문위원
국가경영전략연구원 이사

저서: 수필집 『피어오르는 물안개 속에서』
시집 『사랑은 흐른다』
창작 오페라 『뚜나바위』

한국의 금서

초판 인쇄 | 2018년 2월 28일
초판 발행 | 2018년 2월 28일

저　　자 김길연

책임편집 윤수경

발 행 처 도서출판 지식과교양
등록번호 제2010-19호
주　　소 서울시 도봉구 삼양로142길 7-6(쌍문동) 백상 102호
전　　화 (02) 900-4520 (대표) / 편집부 (02) 996-0041
팩　　스 (02) 996-0043
전자우편 kncbook@hanmail.net

ISBN 978-89-6764-114-6 93010 **정가** 25,000원